DANS L'INTIMITÉ DES WINDSOR
1940-1945

Née en 1923 et décédée en 2001, Alathea Fitzalan-Howard était une aristocrate anglaise. Durant la Seconde Guerre mondiale, elle part vivre chez son grand-père à Cumberland Lodge, près du château de Windsor, où elle côtoie les princesses Elizabeth et Margaret.

ALATHEA FITZALAN HOWARD

Dans l'intimité des Windsor

1940-1945

PRÉFACE D'ADÉLAÏDE DE CLERMONT-TONNERRE

AVANT-PROPOS D'ISABELLA NAYLOR-LEYLAND
OUVRAGE ÉDITÉ PAR CELESTRIA NOEL

Traduit de l'anglais par Nathalie Azoulai

STOCK

Titre original :

THE WINDSOR DIARIES
1940-1945
Publié pour la première fois au Royaume-Uni en 2020
par Hodder & Stoughton, une maison du groupe Hachette UK.

ISBN : 978-2-253-10736-1 – 1re publication LGF

À la mémoire d'Alathea.

Préface

Une jeune fille dévale à bicyclette la Long Walk du Grand Parc de Windsor avant de peiner un peu plus sur la montée finale. Elle arrive à l'imposante forteresse de craie héritée de Guillaume le Conquérant et qui a donné son nom à la dynastie la plus célèbre de notre temps : les Windsor. Alathea Fitzalan a seize ans, l'âge où tout semble possible.

Nous sommes en 1940. Londres vit au rythme des sirènes et des bombes. Pour sa sécurité, Alathea, fille mal aimée d'un couple qui ne s'entend pas, a été envoyée chez son grand-père, l'austère Lord Fitzalan. Le patriarche de plus de quatre-vingts ans vit avec la Tante Magdalen, dite « la Tigresse », qui ne s'est jamais mariée. Leur demeure de Cumberland Lodge est sise dans le parc de la résidence royale. On y récite le chapelet tous les soirs à six heures et demie en présence du personnel et la vie dans la grande demeure n'est pas gaie. C'est pour fuir cette atmosphère grise et confinée qu'Alathea pédale vers Windsor avec tant d'énergie.

Un destin simple à la lisière de l'extraordinaire. On pourrait résumer ainsi la vie d'Alathea Fitzalan

Howard, et c'est ce qui rend son témoignage si émouvant. Dans ce journal, cinq ans de vie sont rassemblés. Avec toute la sincérité de sa jeunesse et des écrits intimes, elle partage ses aspirations, ses douleurs, ses humiliations et ses rêves de grandeur dont on sait qu'ils seront largement piétinés par les injustices de son époque. Si le texte a, en soi, déjà la grâce de retracer avec enthousiasme une époque révolue, il offre surtout un regard très rare sur la personnalité et le cœur d'une autre jeune fille, de trois ans sa cadette : la future Elizabeth II. La princesse héritière est elle aussi réfugiée à la campagne. Sa sœur, Margaret, et elle s'installeront d'abord au Royal Lodge avant, la menace se précisant, de déménager au « Château ».

Entre les deux amies, pas de chichis. Alathea l'appelle Lilibet et mettra du temps à lui donner du « Princesse Elizabeth ». L'entente est évidente, enfantine, même si, déjà, les différences de rang et d'avenir sont posées. Fine observatrice, Alathea attache une importance particulière aux vêtements. Pas une apparition des princesses qui ne soit précisément décrite – et commentée – par celle qui recevra, toute sa vie durant, des éloges pour sa parfaite élégance. La jeune femme s'intéresse aux coupes, aux couleurs, au langage de l'habit, s'offense de voir les princesses porter deux fois le même ensemble, s'amuse d'une photo montrant Lilibet en short ou s'indigne qu'un homme ose sortir en pantalon de velours, vert de surcroît.

Jeux innocents, pique-niques, cours de danse, pièces de théâtre, on pourrait croire à une vie rêvée. De temps en temps, pourtant, au milieu du patinage et des colin-maillards, des thés gourmands et des charades, les coups de semonce du monde extérieur. Font alors irruption dans ces moments d'enfance les combats en Hollande, l'invasion de la Belgique, la capitulation du roi Léopold… L'angoisse monte peu à peu et les premières restrictions se font sentir. Sans parler des bombes en pleine nuit, les heures passées dans la cave où notre observatrice commente le degré de nudité des différents réfugiés réveillés en catastrophe… Les lendemains douloureux, enfin, où elle donne le nom de ceux qui n'ont pas survécu.

Les sentiments de la jeune femme envers la guerre sont ambivalents pourtant : « Les princesses brillent par leur jeunesse et leur vitalité pour moi qui vis au milieu de tous ces adultes un peu trop vieux à mon goût ! Nous sommes amies à présent, ce qui ne serait jamais arrivé sans la guerre. La guerre m'a donc fait ce cadeau et je lui en serai toujours reconnaissante. »

Alathea fait, à ce moment-là, vraiment partie de la vie de famille des Windsor. Elle passe à plusieurs reprises le week-end au Château, le roi et la reine viennent lui souhaiter bonne nuit comme à leurs filles, ils prennent des repas ensemble, regardent des films ensemble, partent en expédition ensemble. Elle a accès aux appartements privés des princesses et décrit leurs chambres comme leur évolution au fur et à mesure qu'Elizabeth et Margaret grandissent.

En compagnie de ses amies, Alathea déambule sans surveillance au sein de l'imposante demeure de mille pièces, mais, si elle est sensible aux rituels et aux honneurs – le fait d'être raccompagnée chez elle en voiture, la protection des armes quand elle se déplace avec les souverains, les attentions particulières –, elle garde malgré tout une conscience aiguë du caractère privilégié mais aussi potentiellement éphémère de ces instants volés à la guerre. On ne peut qu'être frappé par sa lucidité sur elle-même et ses fragilités, comme sur les incertitudes de l'avenir : « [...] dans ce Château, malgré ses dorures et ses couloirs rouges, il règne une atmosphère de vie de famille harmonieuse que je n'ai moi-même jamais connue. Quelle ironie que ce soit chez le roi et la reine d'Angleterre que je trouve un foyer aussi chaleureux plutôt que chez moi ! La Première Dame de ce pays a gagné mon affection plus que ma propre mère. [...] Seigneur, faites que tout ne s'évanouisse pas avec mon enfance. »

Alathea pressent déjà ce qui va advenir et ce qu'elle redoute de toutes ses forces, l'éloignement de la famille royale, la divergence des destins. Elle accorde à chaque heure une attention intense et retient la fuite du temps par l'écriture, nous offrant des aperçus sur la personnalité si secrète de Lilibet.

Déjà se dessinent certaines passions de la future souveraine : les oiseaux, les chiens, les chevaux. Elle possède même un caméléon ! Elizabeth aime les choses simples, se contente de peu, apprécie sincèrement de faire la vaisselle, la cuisine, ces tâches que l'on n'attendra pas d'elle. Sur les marches du trône, elle hésite et avoue même, un soir de confidence, qu'une fois mariée elle s'enfuira. Refus d'obstacle auquel Alathea ne croit pas, tant la jeune princesse a déjà le « sens du devoir ».

Peu à peu naissent les premiers émois amoureux. À cet âge charnière de l'adolescence, les jeunes filles s'épient, s'interrogent et se confortent sur leur beauté. Elles se taquinent aussi à propos de leurs sentiments éphémères ou plus durables pour « les garçons », encore qualifiés de « soupirants », bien que ce soit surtout elles qui soupirent. Alathea s'attache méticuleusement à l'évolution des corps, aux tentatives des unes et des autres de s'habiller « en dame » ou de se maquiller. Les remarques prêtent d'ailleurs à sourire, comme lorsque notre jeune autrice souligne que « Lilibet a une poitrine énorme » !

Très vite dans le texte et dans la vie de la future souveraine, un personnage clé apparaît : Philip de Grèce. Alathea le trouve « très beau », mais ne semble pas du tout aussi perméable à son charme que la future reine du Royaume-Uni et du Commonwealth. Cette grande sensible pressent pourtant qu'il deviendra l'époux d'Elizabeth, et qu'il sera « parfait pour elle ». À raison.

Dans son journal, on croise une foule de personnages. Certains sont illustres, notamment le roi George VI et la reine Elizabeth, future « Queen Mum », avec qui Alathea partage une véritable intimité, l'archevêque de Canterbury, les Kent, le jeune roi Pierre de Yougoslavie, le roi de Grèce ou les Spencer, notamment un garçonnet appelé à devenir le père de

Lady Diana. D'autres moins en vue jouent un rôle plus durable et éclairent à leur tour l'enfance de Lilibet. Crawfie, par exemple, sa nurse, qui écrira *The Little Princesses*, un best-seller sur l'enfance de ses célèbres élèves. La famille royale sera profondément blessée par cette trahison, notamment parce qu'elle révélera les humeurs tempétueuses du roi et les relations glaciales entre la Reine et Wallis Simpson. Crawfie, si joyeuse et vivante dans ce récit, sera la toute première d'une longue série de collaborateurs à capitaliser sur les Windsor. Elle quittera le cottage qui lui avait été attribué à vie et achètera une maison à cent quatre-vingts mètres de Balmoral, autre résidence royale. Des années plus tard, elle expliquera dans la note rédigée après une tentative de suicide ne plus supporter « d'entendre ceux qu'[elle] aime passer à sa porte sans s'arrêter ». Queen Mum, Elizabeth II et Margaret ne lui adresseront plus jamais la parole…

Autre personnage notable, la charmante Diana Bowes-Lyon, cousine germaine de la future souveraine, née entre deux sœurs sacrifiées à qui la célèbre série *The Crown* a, dans sa dernière saison, consacré un épisode qui a fait scandale. Les deux enfants, atteintes d'une maladie mentale, ont en effet été déclarées mortes et reléguées dans un institut toute leur vie afin de préserver la Couronne d'un soupçon d'imperfection génétique.

L'avantage de ce journal est avant tout sa franchise que viennent embellir de très jolies formules et une étonnante acuité psychologique pour une si jeune femme. Quoique déférente, Alathea n'a pas la plume dans sa poche. Elle questionne les goûts cinématographiques de la famille royale, leurs choix vestimentaires ou leur appétence pour les blagues idiotes proférées à la radio, tout en clamant – décidément romanesque – que si une révolution devait advenir, elle serait prête à mourir pour eux. La liberté de ton est réelle grâce à la forme même du journal intime. Sans aborder clairement l'idée de le publier, du moins pas avant la toute fin de sa vie, Alathea espère confusément qu'il sera lu par les générations à venir. Elle se rend compte également que son texte sera un témoignage précieux sur Lilibet et elle voit juste, à nouveau.

De son vivant, Elizabeth II est devenue une légende, dont le règne a battu le record de longévité de son aïeule Victoria. Cela fait soixante-neuf ans qu'elle s'en tient au « *Never complain, never explain* », gardant pour elle, en toutes circonstances, ses sentiments et ses doutes. Déjà, Alathea remarque que la princesse héritière, à treize ans, se forge sa « carapace », tout en étant parfois capable d'être « si gaie et si drôle ». Ce sont ces rares moments d'abandon qu'elle saisit et qui font la rareté de son récit. Grâce à lui, nous découvrons la femme en devenir avant la souveraine. Sous le regard vif et clairvoyant d'une amie dévouée, elle se révèle dans la candeur de ses jeunes années, vivante, facétieuse, authentique, amoureuse, juste avant qu'elle n'apprenne pour de bon à refermer son cœur.

Adélaïde DE CLERMONT-TONNERRE

1942

Avant-propos

Alathea est entrée dans ma vie en 1975, lors de ma rencontre avec Philip, celui qui allait devenir mon mari. J'avais dix-sept ans. C'était sa tante maternelle et elle avait cinquante-deux ans. Elle était mariée à Edward Ward, le jeune frère du comte de Dudley. Ils formaient à mes yeux, et de fait aux yeux de tous, un couple à l'ancienne.

Elle n'était pas vraiment séduisante et avait une drôle d'allure mais je l'ai tout de suite aimée. Avec les années, je l'ai même trouvée magnifique. Elle était tranquille et posée, tempérée, surannée, pudique, généreuse, franche et toujours prompte à rire, même si elle ne savait pas toujours comment s'y prendre. Elle était aussi gentille, rêveuse et drôle, parfois à son corps défendant. J'en suis venue à l'adorer. Quand elle est morte en 2001, elle m'a laissé son journal intime, en tout soixante-quatre volumes, qui, selon ses propres mots, a été tenu « chaque jour *sans exception* depuis 1940[1] ! ».

---

1. La publication de ce journal a, bien sûr, occasionné de nombreuses suppressions.

Ce n'est qu'en commençant à le lire que j'ai découvert la tristesse qu'avait été sa vie.

Alathea Alys Gwendolen Mary Fitzalan Howard était la fille aînée du second et dernier vicomte Fitzalan de Derwent, et de Joyce Langdale, devenue ensuite comtesse de Fitzwilliam. Elle était née à Norfolk House, dans le Sheffield, le 24 novembre 1923. Si elle avait été un garçon, elle serait devenue le duc de Norfolk car le cousin germain de son père, Bernard, seizième du nom, n'eut que des filles. La mère d'Alathea n'avait pas anticipé la douleur que son message à ses grands-parents maternels causerait : « Hélas, pas de mâle. »

Le titre, de ce fait, passa à un cousin éloigné, le baron Howard de Glossop. En 1956, Alathea écrit : « Anne, la femme de Miles, a donné naissance à un fils hier, ce qui a suscité l'enthousiasme de toute la famille puisqu'il sera un jour le duc de Norfolk. » Puis elle ajoute : « Si seulement j'avais été un garçon ! » Elle eût été comte-maréchal et, à ce titre, aurait joué un rôle majeur dans diverses affaires d'État après 1975, date de la mort de celui-ci. Et, en effet, des années plus tard à Lausanne, où elle s'installera, regardant la séance d'ouverture du Parlement, elle écrit : « Comme j'aurais été occupée ! »

Sa mère était issue du cercle très fermé des familles catholiques. Elle en conçut une fierté discrète mais intense. Joyce était une femme de goût, de style et d'esprit, mais que les enfants intéressaient peu et qui ne s'amusait pas en leur compagnie. Elle vivait séparée de son mari et naviguait entre Houghton, la propriété de sa famille dans le Yorkshire, et Londres.

Il n'a pas toujours été prévu que ces journaux intimes me reviennent. Tout commença le jour où je vis Alathea écrire dans ce qui ressemblait à un journal. Je lui demandai alors ce qu'elle faisait et elle me répondit : « Vous le savez parfaitement ! Il vous faudra juste attendre ! »

Dans son testament de 1962, elle les léguait à une amie et disait : « Je m'en remets à elle pour en faire ce qu'elle jugera bon. » Puis en 1972, elle rectifie : « Je les imagine quelquefois remplir toute une étagère à Arundel[1], ce que je devrais peut-être décider un jour. » En 1987, elle répète : « J'ai l'intention de laisser tous mes journaux dans les archives d'Arundel que quelqu'un lira peut-être dans cent ans par simple curiosité. » Et, en 1990 : « Philip et Isabella semblent intéressés – ou curieux –, mais c'est peut-être un peu tôt. Quant à Tom et Violet[2], inutile de compter sur eux ! » J'éprouvai donc un petit sentiment de triomphe lorsque je les vis arriver dans cette maison et être rangés sur la longue étagère, ici, à Milton. En 1974, elle envisagea de léguer ses bijoux à la Reine, mais, là encore, elle changea d'avis et j'en fus aussi très heureuse !

Au début de la guerre, on envoya Alathea vivre auprès de son grand-père paternel, un homme terne

---

1. Le château d'Arundel était le fief principal de la famille Fitzalan-Howard.

2. Mes deux aînés.

et vieille école, et de sa tante célibataire, Magdalen, à Cumberland Lodge dans le Grand Parc de Windsor. Sa mère n'alla pas souvent l'y voir. Le père d'Alathea, dit Boydey, blessé lors de la Première Guerre mondiale, semblait très attaché à sa fille, mais son mariage ne fonctionnait pas et il avait du mal à composer avec cette adolescente. Il passait le plus clair de son temps à Londres et ne venait à Cumberland Lodge que le week-end. Alathea avait une petite sœur qu'elle adorait, Elizabeth Anne, qu'elle voyait rarement.

Le vieux Lord Fitzalan, veuf de sa femme qui mourut en 1938, était un homme d'État illustre. Catholique apostolique romain, c'était un laïc. Cumberland Lodge lui avait été alloué à vie au titre de logement de fonction par le roi George V en 1924. Lord Fitzalan fut le dernier vice-roi d'Irlande, de 1921 à 1922, et le premier catholique à occuper ce poste depuis la Réforme. Son fief, Derwent Hall, dans le Derbyshire, fut réquisitionné en 1939, submergé et transformé en réservoir pour la ville de Sheffield. Il transféra nombre d'équipements et d'objets de Derwent à Cumberland Lodge, qui sont toujours visibles aujourd'hui.

Cumberland Lodge avait joué un rôle dans la crise de l'abdication. Stanley Baldwin, alors Premier ministre et ami de Lord Fitzalan, y tint une réunion avec, entre autres, le secrétaire particulier du Roi, Alexander Hardinge. Le but était d'y mesurer les conséquences qu'aurait l'engouement du Roi pour Wallis Simpson. Entre les 16 et 19 octobre, toutes les personnes présentes à ces réunions de crise signèrent dans le livre d'or. Un mois plus tard, le Roi invita Baldwin à Buckingham Palace pour lui signifier son désir d'épouser Wallis. Après la mort de Lord Fitzalan en 1947, Alathea écrivit : « Je vais récupérer le livre d'or, ce qui me réjouit car il contient les noms de personnalités célèbres et de bien d'amis proches. » Les première et dernière signatures sont celles du Roi et de la Reine. Dans son testament, elle exige que ce livre revienne au Lodge. Ce fut un voyage émouvant pour Philip et moi d'aller le restituer, bien des années après, à son lieu d'origine. Mais la maison est devenue depuis la propriété de St Catharine, une institution scolaire.

On ne compte pas le nombre de fois où Alathea, sur sa bicyclette, descendit et remonta la Long Walk du Grand Parc de Windsor, ni celles qui la firent passer devant la statue de Copper Horse pour aller au Château. En avril 1942, lors d'une visite à Cumberland Lodge, le diariste James Lees-Milne, ami de la famille, la décrivit en ces termes : « La petite-fille Fitzalan, dix-huit ans, jolie, frêle et pleine de taches de rousseur ». Ces mots lui auraient fait tant plaisir !

Aux yeux d'une adolescente, c'était une maison triste où, du fait de la guerre, la nourriture venait souvent à manquer. Dans ses *Ancestral Voices*, Lees-Milne évoque un déjeuner où l'on n'avait servi qu'une soupe saupoudrée de pommes de terre. Il décrit le grand-père d'Alathea comme « un petit bonhomme sec et insignifiant avec une jambe de bois », ce que je trouve étonnant puisque personne n'a jamais mentionné cette jambe de bois avant lui. De Magdalen, il dit qu'elle était « triste comme la pluie, noyée sous des flots de cheveux vaporeux qu'une raie au milieu divisait et qui rebiquaient à l'arrière de son crâne ». Sa chambre à coucher sentait le vieux et le renfermé.

Tel est le monde d'Alathea au début de son journal.

Sa seule joie est l'amitié qu'elle porte aux princesses Elizabeth et Margaret qu'on a mises à l'abri à Windsor pendant la guerre. Une guerre qui ne fut jamais très loin puisque Windsor Park fut bombardé et des gens tués. Dans *Our Princesses at Home*, un livre de photos publié en 1940 qui montrait la vie quotidienne des princesses, Lisa Sheridan écrivait : « La reine Elizabeth souhaitait plus que tout au monde que ses enfants vivent entourées d'affection et de bonheur. » Je pense qu'Alathea, en tant que voisine et amie, en a bénéficié involontairement, suivant ainsi une ligne de conduite pendant la guerre.

Si le journal accorde une grande place aux moments qu'Alathea partagea avec les princesses, et à l'amour qu'elle leur vouait, il ne se prive pas d'évoquer les choses avec franchise. Elle déclare, par exemple, du prince Philip, « pas du tout mon genre ». Ce n'est pas rien d'apprendre que la première fois qu'Elizabeth parla de lui, elle n'avait que quatorze ans.

À la date du 25 juin 1947, Alathea écrit : « Sonia m'a dit que les fiançailles de la princesse E sont imminentes et que le mariage est fixé à l'automne. C'est un secret absolu et je ne pouvais pas lui demander de détails, mais j'imagine qu'elle l'a su par les Wernher. Elle dit qu'il l'a embrassée et que la bague a déjà été achetée. »

Le journal commence au Nouvel An de 1939 et s'achève en janvier 2001, date à laquelle Alathea était trop malade pour écrire. Bien qu'intimidée à la perspective de l'ouvrir, je mesurais l'honneur qui m'était fait et la responsabilité qui m'incombait. Je me suis mise à le lire lentement, puis soudain, j'ai été ferrée et l'ai dévoré jusqu'à ne plus pouvoir m'arrêter tant ma vie se nouait à la sienne. J'en avais déjà lu sept volumes quand je me suis dit qu'il me fallait prendre des notes. J'ai commencé à les annoter et finalement j'ai relu les sept premiers volumes dans cette perspective. J'étais tellement impliquée dans la vie d'Alathea que je me suis surprise à aller chez Ferragamo, le chausseur, où je ne vais d'habitude jamais, rien que pour l'imaginer en train de glisser ses petits pieds dans ces souliers hors de prix.

Ce qui m'apparaissait de plus en plus clairement, c'est qu'Alathea avait espéré qu'un jour son journal ait droit à une forme de reconnaissance. Il n'a cependant pas été tenu dans ce seul objectif et il n'y a rien dedans qui relève de la pose. Ce dont elle avait eu l'intuition, c'est qu'il témoignerait d'« une époque révolue ».

Dès mars 1940, comme en 1941, elle évoque son désir de le publier.

En 1962, elle écrit :

« Je suis sincèrement préoccupée par le sort de mes journaux si je venais à mourir car Eddie dit qu'il les brûlera à cause des inepties dont ils regorgent, mais ce serait là pour moi encore pire que s'il les lisait ! Après toutes ces heures passées à les écrire, à y consigner toutes mes angoisses et toutes mes joies, ce me serait insupportable car je suis convaincue qu'un jour les générations futures y trouveront l'inventaire d'un certain art de vivre. Je dois donc m'organiser pour qu'il soit conservé. »

En 1968 :

« Je me demande si quelqu'un lira un jour mon journal… l'exhumera pour y découvrir comment on vivait, on pensait, on aimait et on s'amusait jour après jour. »

En 1972 :

« Ma vie n'est pas passionnante mais peut-être que nos pensées, nos lectures et nos repas intéresseront un jour quelqu'un, le problème étant que je suis sans descendance. »

Et en 1990 :

« J'ai écrit à Ronald Blythe au sujet de mon journal, comment le conserver et le publier après ma mort, et il m'a conseillé de demander à Philip de le confier à une bibliothèque ou à un fonds d'archives. Mais aussi de le faire lire dès à présent par quelqu'un pour mesurer l'intérêt d'une publication. Mais qui ? Je suis certaine que dans le futur on s'intéressera à ces cinquante ans de vie sociale et d'intimité avec ses drames, ses chagrins, ses espoirs et ses ambitions. »

En 2000, un an avant sa mort, Alathea écrit : « Mon journal doit être conservé et publié. » Elle n'a envisagé qu'une seule fois en 1953, à trente ans, de ne plus le tenir : « J'ai souvent pensé abandonner mais je n'y arrive pas, j'y ai mis tant de moi-même et pendant tant d'années que c'est parfois ma seule consolation. »

L'écriture est de bonne qualité, parfois même empreinte de beauté, et douée d'une minutie captivante pour ce qui regarde les petites choses de la vie. J'ai quelquefois pensé au journal de Siegfried Sassoon daté de 1921 : « Déjeuné seul, quelle importance ? (Turbot grillé et pudding aux pommes, puisque vous voulez tout savoir.) »

Le journal se divise en trois sections : la guerre, son mariage, son veuvage. Quand j'en ai parlé à ma bonne amie Celestria Noel, qui, étant sa cousine éloignée, connaissait Alathea, elle m'a conseillé de commencer par les années de guerre, peu après le déclenchement des hostilités.

Une enfance solitaire et malheureuse avec son grand-père et sa tante Magdalen, qu'elle surnomme parfois « la Tigresse », peina et empêcha Alathea de vivre selon son désir. Elle ne parvenait pas à concilier le manque d'amour dont elle souffrait, celui de ses parents, et la sensibilité dont elle était capable. Elle me confia plus tard avec une pointe d'apitoiement : « Ma chère, si je venais d'une autre famille, on se serait mieux occupé de moi. » Son obsession pour le XVIIIe siècle et l'idée selon laquelle, dans une autre vie, elle aurait pu être Marie-Antoinette étaient sans doute sa façon d'échapper à sa malheureuse condition.

La mère d'Alathea minait son assurance en la comparant perpétuellement à ses amies : « Maman ne me trouve pas assez "volontaire" alors que Brita, malgré ses vilaines tenues et son affreuse silhouette, sait se montrer "gaie et pleine d'assurance". » Comment s'étonner ensuite qu'Alathea soit si peu armée face au monde extérieur ? Comme, par exemple, lorsqu'elle rate son examen d'infirmière et éclate en « sanglots incontrôlables ». Elle détestait qu'on l'appelle Howard (on appelait alors les infirmières par leur nom de famille) et qu'on lui dise qu'elle ne ferait jamais une bonne infirmière : « Rien que d'y penser le matin, je me suis encore effondrée en larmes et j'ai dû me mettre des compresses imbibées d'eau de rose sur les yeux. »

Des années plus tard, Alathea relut son journal : « Je dois dire que je ne me trouve pas vraiment *sympathique*, je fais tellement d'histoires autour de mon travail. Sans doute parce que nous étions des filles gâtées et peu habituées aux corvées. Et puis mon attitude vis-à-vis de la famille royale ressemble à celles des courtisans de Louis XIV à Marly. » Elle regretta aussi de ne pas avoir été plus tendre avec son soupirant Miles Marriott, s'en voulut de s'être montrée « si inamicale et si froide ».

Le journal d'Alathea lui tient lieu de meilleur ami. Elle s'y confie totalement et il nous aide à mieux comprendre le sens qu'elle cherchait à donner à sa vie. Elle y consigne tous ses espoirs, toutes ses peurs, toutes ses frustrations. Elle y avoue ce qu'elle ne peut dire à personne, le traite comme un confident fiable et parfait. Ainsi qu'elle l'écrit en 1998 : « Quel compagnon aura été mon journal pendant plus d'un demi-siècle ! Il n'y manque pas un seul jour ! » L'un des moments les plus poignants se trouve justement en 1998 alors qu'elle relit les passages relatifs aux dernières semaines de sa sœur et aux jours tragiques qui ont suivi sa mort et ses obsèques.

Bien qu'elle ne reçût aucune éducation digne de ce nom, Alathea excella plus tard dans les langues : elle parlait français, allemand, espagnol et russe. On dit qu'elle les pratiquait avec aisance, élégance et cette désinvolture typique des aristocrates qui ne se soucient pas d'avoir un bon accent. Dans son journal, on la voit recourir aux langues étrangères, le russe en particulier, lorsqu'elle a besoin du plus grand secret ! De même s'y révèle son défaut de sens pratique, notamment quand elle travaille pour la Croix-Rouge et qu'on la voit recouvrir le sol de sa salle de bains de sacs remplis de médicaments périmés alors qu'en ce domaine les règles étaient strictes et sévères ! Je l'entends encore me dire : « Je confonds toutes les boîtes de cachets et je n'ai toujours pas compris comment il fallait les ranger… »

En 1994, Alathea rencontra la biographe royale Sarah Bradford : « J'ai pu lui raconter mon enfance avec les princesses et insister sur l'ambiance joyeuse qui régnait à Buckingham Palace et à Windsor, contrairement aux élucubrations de la presse. »

La Reine cultiva leur amitié bien qu'Alathea vécût à l'étranger, et s'arrangea pour déjeuner avec elle à l'occasion. Elle resta toujours très discrète sur leurs conversations mais nous donna à ma famille et à moi un bref aperçu de ces moments tout en réservant le détail à son journal. Alathea était très économe mais se rendait à Buckingham Palace en taxi afin de pouvoir porter ses bijoux en toute sécurité. Au retour, elle les mettait dans une vulgaire sacoche pour rentrer en métro. Quand on lit son journal, on découvre son goût pour les vêtements. Il y a des années, elle avait été ravie d'avoir été surclassée sur un vol et m'avait dit : « Je pense qu'ils m'ont choisie pour mon élégance. »

Quelques mois avant de mourir, elle s'était rendue à un bal au château de Windsor et fut enchantée d'avoir été placée à la table de la Reine. Elle passa une merveilleuse soirée et nota : « La Reine mère eut la gentillesse d'évoquer les jours anciens. »

En 2000, Alathea passa Noël avec nous. Il était évident qu'elle se portait mal et, autour du Nouvel An, on lui diagnostiqua une tumeur au cerveau maligne et de stade avancé. Les médecins lui conseillèrent de ne pas voyager et de ne pas rentrer à Lausanne. Elle resta donc en Angleterre. Aussi l'avons-nous entourée durant ses derniers mois.

Je trouvais réconfortant de la faire vivre au milieu de plantes et de fleurs et, quand elle se rendait à l'hôpital pour son traitement, je la faisais partir avec toutes ses fleurs. Mais il y a de cela quelques années, en lisant son journal qui relatait une visite à Milton, j'ai pu lire : « Ma seule réserve concernant la maison, ce sont *tous* les pots de fleurs d'Isabella qui l'encombrent de partout. »

Lors de l'un de ses séjours à l'hôpital, on lui livra deux bouquets dont je ne résistai pas à lire les cartes pour en connaître les expéditeurs. L'un des deux était le musicien et chanteur Jools Holland, l'autre « reine » de la scène.

Alathea ne renonça jamais à la foi que sa stricte éducation religieuse lui avait inculquée. Elle se rendait à Lourdes chaque année pour aider les souffrants et fut ordonnée, à sa grande fierté, Dame de l'Ordre de Malte.

Alors qu'elle approchait de sa fin, nous avons eu la chance d'avoir pour compagnon fidèle Anthony Freemantle, un vieil ami de la famille un peu porté sur la bouteille. Quand Philip et moi devions nous absenter, notamment avec deux de nos enfants lors des vacances scolaires, il s'installait à Milton et supervisait l'intendance. De vaillantes infirmières l'assistaient dans les soins, ainsi que notre fille Violet et notre majordome qu'Anthony surnommait « David I » et moi « David II ». Anthony nous faisait part quotidiennement de l'état de santé d'Alathea. Un jour, David décrocha le téléphone et me dit qu'il avait reconnu une voix très familière sans pouvoir mettre un nom dessus, une voix qui souhaitait parler à Mrs Howard. « Qui dois-je annoncer ? » avait-il demandé.

« Dites que c'est une amie », avait répondu la voix familière. Et pendant qu'il transmettait l'appel, l'évidence le frappa : c'était la Reine ! Il ne se retint pas de demander ensuite confirmation à Anthony qui se contenta d'un sourire complice…

Anthony écrivit une magnifique nécrologie qui, hélas, ne fut jamais publiée : la Grande Faucheuse et les rubriques d'avis de décès étaient en ce mois de mars particulièrement débordées. Parmi les jolies formules de son texte, on trouvait : « Douce et intrépide, elle se pliait aux circonstances. » Et, lorsque sa santé la priva de tout appétit, Alathea refusait la moindre gorgée de soupe d'un simple « Pitié ».

J'espère de tout cœur que rien dans ce journal n'offensera la famille royale, chose qu'Alathea n'aurait voulue pour rien au monde. Les petits commentaires qui l'émaillent ne sont que des traces d'enfance et ne doivent pas être pris pour autre chose. Je regrette de ne pouvoir écrire à la Reine mère que la bonté qu'elle témoigna à Alathea pendant la guerre à Cumberland Lodge lui fut éminemment précieuse. La manière dont ils l'intégrèrent à leur vie de famille et la chaleur qu'ils lui manifestèrent aidèrent Alathea à supporter les malheurs de son existence. Leur gentillesse à son égard fut inestimable.

J'espère aussi que les lecteurs comprendront l'état d'esprit d'Alathea durant la guerre. En dépit des bombes qui la terrifièrent, des amis qui moururent et des nombreuses nuits passées aux abris, ce sont avant tout les pensées d'une adolescente qui s'y expriment. Elle parvint à supporter la guerre grâce à des pensées légères et joyeuses qui lui changeaient les idées.

Alathea est morte à Milton, dans ce qui fut toujours sa chambre, le 5 mars 2001.

Merci, Alathea, de m'avoir confié ce à quoi vous teniez le plus au monde. J'espère seulement m'être montrée à la hauteur de vos souhaits et mériter l'honneur que vous m'avez témoigné.

Isabella Naylor-Leyland
Milton, 2020

LISTE DES PRINCIPALES ABRÉVIATIONS UTILISÉES PAR ALATHEA DANS SON JOURNAL

Princesse Elizabeth : L (pour Lilibet, surnom affectueux donné à la princesse), PE
Princesse Margaret : M (pour Margaret), PM
Le Roi, George VI : le R
La Reine, Elizabeth Bowes-Lyon : la R
Sonia Graham-Hodgson : S
Elizabeth Anne : EA
Annabel : A
Robert Cecil : RC
Queensmead : QM
Cumberland Lodge : CL

1940

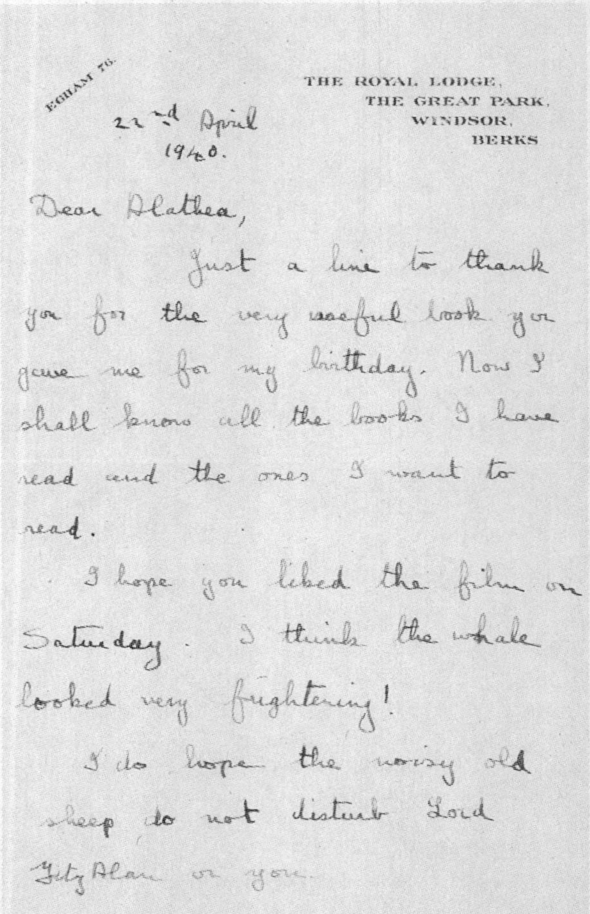
EGHAM 76.

THE ROYAL LODGE,
THE GREAT PARK,
WINDSOR,
BERKS

22nd April
1940.

Dear Alathea,

Just a line to thank you for the very useful book you gave me for my birthday. Now I shall know all the books I have read and the ones I want to read.

I hope you liked the film on Saturday. I think the whale looked very frightening!

I do hope the noisy old sheep do not disturb Lord FitzAlan or you.

Une lettre de remerciement de la princesse Elizabeth à Alathea.

Rossley, Gloucestershire

Lundi 1er janvier

Je reste ici avec Sonia[1]. C'est un petit country-club. S et moi dormons ensemble. Le matin, marche avec les adultes, dans les collines. Toujours de la neige et du verglas.

Haverland, Norfolk

Mardi 9 janvier

Je suis arrivée chez Brita[2] par le train. Grande promenade à cheval le matin. J'ai monté Topsy, un

1. Sonia Graham-Hodgson était la fille du Dr H.K. Graham-Hodgson (qui devint Sir Harold), un éminent radiologue. Elle avait fait la connaissance de la princesse Elizabeth en jouant dans les jardins de Hamilton Place, à Londres, où jouaient aussi les jeunes princesses avant de déménager à Buckingham Palace. Vers 1940, elle devint l'amie d'Alathea et vécut avec sa famille près de Chertsey, qui n'est pas loin à bicyclette de Cumberland Lodge.

2. Brita Cederstrom était la fille du baron Rolf Cederstrom. Les Cederstrom vivaient dans le Norfolk en 1940 avant d'aller s'installer près de Newmarket.

gentil dartmoor. Nous avons eu une conversation sur la mélancolie et la vie en général, nous étions toutes les deux très tristes. C'est comme si la lumière s'était retirée de nos vies. L'après-midi, nous avons joué dehors et rentré les poneys en les montant à cru. Partie de bésigue après le thé.

Vendredi 12 janvier

Humeur *très*[1] joyeuse puis tragédie. J'ai reçu un télégramme de Maman pendant le déjeuner disant que je l'avais blessée en ne lui écrivant pas. En sortant, B m'a dit que la baronne C[2] m'en voulait beaucoup et qu'elle me trouvait tout à fait stupide. Je ne supporte pas de passer pour une idiote, ça m'a beaucoup *peinée*, mais la dernière partie de l'après-midi a été plus agréable car on m'a prêté des patins pour glisser sur le lac. La baronne C a été très gentille le soir. Je lui ai pardonné, je sais qu'elle traite tout le monde de stupide.

---

1. Les mots en italique ici étaient surlignés à l'origine dans le journal d'Alathea.

2. La baronne Cederstrom, mère de Brita.

Vendredi 19 janvier

Très heureuse d'être de retour. Elizabeth Anne et Ming-Ming[1] sont là.

Dimanche 21 janvier

Lilibet m'a téléphoné pour me proposer d'aller patiner. Elle est venue me chercher en voiture avec Margaret et le Roi, puis nous sommes allés jusqu'au lac devant le Château. On a commencé par balayer[2]. La Reine est venue jeter un coup d'œil. Partie de hockey avec six autres personnes, des policiers, des chauffeurs, etc. du Royal Lodge. On s'est *bien* amusés. Lilibet est *beaucoup* plus agréable quand elle est seule que chez les Guides[3].

Mardi 23 janvier

Les princesses sont venues me chercher en voiture pour aller patiner sur le lac de Frogmore. Un *magnifique* lac, avec des îles et des ponts sous lesquels on peut passer.

---

1. Ming-Ming, de son vrai nom Miss Smith, était la nurse d'Elizabeth Anne.

2. Ils retiraient les paquets de neige pour aplanir la surface.

3. Le « Girl Guides » est un mouvement mondial fondé en 1928, équivalent des scouts pour les filles (NdT).

Mercredi 24 janvier

Hier et aujourd'hui, les princesses portaient des kilts et de petits manteaux verts à capuche. Elles sont venues m'attendre devant le portail et nous avons patiné comme hier à Frogmore. J'adore patiner. Je commence à savoir aller en arrière.

Jeudi 25 janvier

Je me suis changée après la classe, puis Ming-Ming, EA et moi sommes allées à pied prendre le thé au Royal Lodge. Crawfie[1] était là. Les princesses ont fait visiter à EA et à Ming-Ming la Little House[2] avant le thé que nous avons toutes pris en bas alors que Ming-Ming a pris le sien dans la salle de jeux. Plusieurs parties jusqu'aux environs de six heures et demie, heure de notre départ. Retour à pied dans la nuit.

Samedi 26 janvier

Elizabeth Anne a six ans aujourd'hui.

---

1. Marion Crawford, dite « Crawfie », était la gouvernante écossaise des princesses depuis 1936 lorsqu'elles vivaient encore à Londres. Elle le resta jusqu'en 1947. Elle se laissa convaincre d'écrire ses Mémoires, *Little Princesses*, avec l'aide d'une romancière connue pour ses romans d'amour, Dorothy Black.

2. Petite cabane pour enfants située dans le jardin du Royal Lodge et offerte aux princesses par le peuple gallois.

Samedi 3 février

Sommes allées aux Guides de Winifred Hardinge[1] à York Hall. Nous devions être quatorze en tout. Lilibet est venue et Crawfie a regardé.

Samedi 10 février

Je suis allée aux Guides à deux heures et demie. Dans la troisième patrouille avec PE comme chef. On étouffait. Je pense que nous devrions aller dehors, Crawfie aussi. Ma patrouille va s'appeler « les Mésanges bleues ».

Jeudi 15 février

Les princesses sont venues pour le thé. Monty[2] les accompagnait, comme Crawfie à Londres. Jeux dans la grande salle : colin-maillard, dictionnaire, charades, etc. Miss Dunham[3] et Monty très drôles quand elles font des mimes ensemble ! Puis un policier est venu et elles sont reparties à pied dans la nuit.

---

1. Winifred Hardinge était la fille de Sir Alexander Hardinge, le secrétaire particulier du roi George VI après avoir été celui d'Édouard VIII. En 1940, ils vivaient à Winchester Tower au château de Windsor. Winifred était un peu plus âgée qu'Alathea et avait une petite sœur, Libby.

2. Mrs Montaudon-Smith, dite « Monty », était la seconde gouvernante des princesses. Elle était française et catholique. Elle allait parfois à la messe avec Alathea dont elle avait été gouvernante un temps à Londres, avant la guerre.

3. Dulcibel Dunham était la gouvernante d'Alathea à Londres et pendant sa première année à Cumberland Lodge.

Vendredi 16 février

C'est *vraiment* horrible : EA a mis son pantalon en velours côtelé vert pour sortir aujourd'hui. *Comment* peut-on mettre un pantalon pour sortir, surtout ici, alors qu'on n'est pas vraiment à la campagne ?

Vendredi 23 février

Miss D m'a rendue folle pendant la classe. Tout ça parce que je me suis emmêlée en comptant le nombre de pintes comprises dans un litre. Elle a dit qu'une duchesse – et même une reine – devait savoir ça et que si la Reine le savait, je pouvais daigner l'apprendre ! Quelle idiote ! Comment mémoriser tous ces tableaux ? Ensuite, dans l'après-midi, elle a demandé pourquoi je n'étais pas venue la prévenir qu'il pleuvait. Si elle n'est pas capable de regarder toute seule par la fenêtre s'il pleut ou non, comme je la plains ! Marche vers Copper Horse très ennuyeuse dans l'après-midi. J'aime bien Miss D, mais ce qu'elle peut m'énerver parfois ! Et comme tous les gens intelligents, elle peut être excessivement stupide !

Lundi 26 février

EA et Ming-Ming sont reparties dans la matinée. Je me suis sentie très triste et très seule après leur départ.

Mardi 27 février

Messe à huit heures et demie. J'ai pédalé pour aller déjeuner chez les Hardinge. J'ai regardé les photos des princesses en Écosse. Il y en avait même une de Lilibet en short !

Vendredi 8 mars

J'ai une drôle de sensation dans le ventre. Je crois que je vais « les avoir » bientôt. Enfin, j'espère, parce que *toutes* mes amies « les ont eues ». Je dois aller en promenade avec Grand-Père cet après-midi, en dépit de tous mes efforts pendant le déjeuner pour me défiler. En réalité, c'était *moins* ennuyeux que prévu parce que je l'ai fait parler des animaux sauvages qu'il a vus en Inde, mais ça ne peut pas marcher à tous les coups.

Mardi 12 mars

Traité de paix signé entre les Finlandais et les Russes. Grande inquiétude chez tout le monde. Un homme a été tué par un Indien dans un meeting à Londres.

Mercredi 13 mars

Je me suis changée et j'ai marché jusqu'au Royal Lodge. *Averse* donc j'ai dû y aller en mackintosh, etc. Thé. On a joué aux charades. On s'est *bien* amusées. Monty était là, bien sûr. Les princesses portaient des kilts et des pulls bleu marine.

Samedi 16 mars

J'ai pédalé jusqu'à Windsor. J'ai acheté des rubans à cheveux et suis rentrée. J'étais presque arrivée en haut de la Long Walk quand j'ai vu le Roi qui partait se promener. J'ai continué discrètement, sans regarder derrière moi, mais alors que je roulais ma bicyclette dans l'herbe, je l'ai vu de nouveau et, là, j'ai fait une révérence. Puis repris ma route. L'après-midi, aux Guides, Crawfie m'a dit qu'il m'avait vue et saluée mais que je ne l'avais pas salué en retour ! Quel dommage d'avoir manqué son salut ! J'ai dû cette fois prendre la relève aux Guides et je me suis bien débrouillée. Lilibet et Crawfie ont été *adorables* avec moi. Crawfie a dit que les princesses auraient très envie de me voir à Pâques et m'a donc demandé quand je comptais me rendre dans le Yorkshire. Une fille atroce est venue nous faire faire de la gymnastique et on a dû retirer nos chaussures !

Mercredi 20 mars

J'ai secrètement espéré, mais sans oser trop y croire, aller prendre le thé au Royal Lodge. Alors imaginez ma joie quand Monty m'a appelée pour m'inviter ! Nous avons transporté une vieille charrette de jardin jusqu'à la décharge, sous le presbytère ; on l'a remplie de vieux morceaux de fer, etc., puis on l'a rapportée au jardin (un policier nous a aidées) ! Ensuite nous sommes restées à l'intérieur et nous avons joué aux charades. Margaret n'est pas très futée mais elle est très gentille. Lilibet ne porte plus de chaussettes. Crawfie m'a fait une bise en partant. Bref, une journée de rêve !

Vendredi 29 mars

Annabel Newman[1] est arrivée juste avant le thé. Elle ne paraît pas tellement plus adulte, si ce n'est qu'elle porte un manteau de fourrure et *un peu* de rouge à lèvres. Nous avons parlé et pris un bain jusqu'à l'heure du dîner. J'*adore* Annabel.

Samedi 30 mars

Nous avons marché *des miles* autour de Virginia Water et, en rentrant, nous nous sommes arrêtées demander un verre d'eau dans un cottage du polo club de Smith's Lawn. Nous sommes arrivées aux Guides à deux heures et demie. A avait très envie d'y aller, ce qui rendait les choses plus agréables. Diana Bowes-Lyon[2] séjourne au Royal Lodge pendant quinze jours. Elle a de la chance d'être leur cousine. Lilibet a dirigé les opérations aujourd'hui et s'en est *très bien* sortie. Nous avons fait une compétition d'ornithologie plutôt ennuyeuse, mais Lilibet adore les oiseaux. Et puis nous avons refait une *horrible* séance de gymnastique !

---

1. Annabel Newman était la fille aînée de Sir Cecil Newman. Elle avait une famille nombreuse, harmonieuse et aisée qui vivait à Burloes, dans le Hertfordshire.

2. Diana Bowes-Lyon était la cousine germaine de la princesse Elizabeth. Elle était la fille de John, frère de la reine Elizabeth et second fils du comte de Strathmore.

Lundi 1er avril

J'avais classe jusqu'à midi, mais Annabel s'est assise dans la salle et a lu. À midi, nous sommes sorties. Petite promenade aussi l'après-midi, mais froid et vent, donc nous sommes rentrées. Nous avions envie de téléphoner à quelqu'un et nous avons appelé Barbadee[1] pour dire que j'avais oublié mon mouchoir (mensonge) et, heureuse surprise, je suis tombée sur sa mère ! Quelle rigolade ! Après dîner, nous sommes toutes montées directement nous coucher car c'est plus drôle, mais nous avons enfilé nos masques à gaz parce qu'ils font de ces bruits ! Déshabillage dans la même pièce, puis, comme d'habitude, chacune dans sa chambre.

Mardi 2 avril

Papa et moi en taxi jusqu'à King's Cross. Déjeuner dans le train. Arrivée à Houghton. Grand-Père[2] et Maman y sont. Maison très inconfortable, bien sûr, après Cumberland Lodge qui n'est pas non plus le summum du confort, mais je suis bien décidée à m'amuser !

---

1. Barbadee Knight, dont les parents vivaient juste à côté de Windsor.

2. Le colonel Philip Langdale était le grand-père maternel d'Alathea. Veuf, il vivait à Houghton, dans le Yorkshire de l'Est. Descendant d'une vieille famille noble et catholique, il avait trois filles. Il légua son domaine à l'aînée, Joyce, la mère d'Alathea.

Houghton, Yorkshire

Mercredi 3 avril

Temps affreux. Après le thé, EA et moi avons joué aux chevaux dans le jardin jusqu'à six heures, puis je lui ai donné son bain.

Jeudi 4 avril

Maman adore me dire comme EA s'épanouit à la campagne ! Ça ne m'énerve plus de voir EA et Maman en pantalon l'hiver. Du moment qu'elles ne m'obligent pas à en porter. Je tiens à ma tranquillité et j'ai appris qu'il valait toujours mieux avoir du tact à l'égard de Maman.

Mardi 9 avril

Branle-bas de combat car les Allemands ont envahi la Norvège et le Danemark. On a écouté plusieurs fois les nouvelles dans la journée. Nous sommes tous sortis marcher ce matin, mais comme d'habitude, Papa était dix mètres derrière et personne ne l'attendait.

Mercredi 17 avril

EA et moi avons fait un dernier tour ce matin près du lac. Je suis triste de partir car je ne la reverrai pas avant des mois et elle aura encore changé. C'est la seule personne de ma famille dont la compagnie me manque vraiment.

Jeudi 18 avril

Retour à Cumberland Lodge vers six heures. Coup de téléphone à Sonia qui va à la fête de Lilibet samedi. Je n'ai pas eu à attendre longtemps avant que Lilibet ne m'appelle elle-même pour m'inviter !

Vendredi 19 avril

Suis allée à la Token House pour acheter un cadeau à Lilibet. J'ai trouvé un livre dans lequel on note les listes de livres qu'on a lus et ceux qu'on voudrait lire. Très jolie reliure blanche avec un oiseau et un nid sur la couverture.

Samedi 20 avril

La princesse Elizabeth aura quatorze ans demain. J'ai mis ma jupe verte et mon chemisier rayé. En voiture jusqu'au château de Windsor. Nous avons tous attendu dans le vestibule que le Roi, la Reine et les princesses arrivent. Il y avait là la famille Barclay[1], deux Hardinge, Diana Legh[2], Sonia, deux Morshead[3]. Roi et Reine tous deux charmants. Thé à quatre heures et demie. Pas de *véritable* gâteau d'anniversaire. Ensuite

---

1. Le révérend Humphrey Barclay était le vicaire de Windsor Park. La chapelle royale de Tous-les-Saints, réservée à la famille, jouxtait le Royal Lodge. Ainsi la famille royale pouvait-elle assister aux offices en toute tranquillité.

2. Diana Legh était la fille de Sir Piers (Joey) Legh, Maître de la Maison royale depuis 1941.

3. Sir Owen Morshead était le bibliothécaire du royaume. Il vivait à Windsor avec sa femme Paquita et leurs deux filles, dont l'une, Mary, était l'amie de la princesse Elizabeth.

on a regardé un film. Ils donneront nos cadeaux demain, comme ça je recevrai une lettre ! Tout le monde était affreusement mal habillé ou en tout cas de manière inadaptée, à l'exception des princesses, Sonia et moi. Les princesses avaient de *jolies* robes bleu ciel (jupon en tissu, corsage en soie). Celle de M avait des volants et celle de L était plus sobre. Margaret Elphinstone[1] séjourne ici. Le Roi m'a demandé si j'avais longé la Long Walk à bicyclette récemment ! Je me suis assise près de Margaret (Rose) pour le thé. Ils sont vraiment *tous adorables* dans cette famille.

Mardi 23 avril

Reçu une lettre de la main de Lilibet. Très gentille lettre qui se finit par : « Avec toute mon affection, Lilibet ».

Vendredi 26 avril

J'ai passé une matinée délicieuse à écrire à Sonia, dans le vieux jardin pavé, assise près d'un massif de thym. Soleil cuisant. Cela fait exactement deux ans qu'on néglige ce jardin et qu'il s'est passé tout ce qui s'est passé, c'est incroyable. Je suis allée retrouver Anne[2] et Zelda[3] à bicyclette sur la route de Windsor.

---

1. Margaret Elphinstone était la fille de Lady Mary Bowes-Lyon (une sœur de la reine Elizabeth), et donc la cousine germaine des princesses. Elle s'illustra plus tard sous le nom de Margaret Rhodes.

2. Anne Crichton était la fille du colonel Sir George Crichton, contrôleur général au ministère de Lord Chamberlain.

3. Zelda Loyd était la fille du commandant Robert Loyd du régiment des Life Guards.

Nous avons pris l'averse sur le chemin du retour. Jeux avec papier et crayon dans la grande salle avant et après le thé. Elles sont *très* gentilles et je suis *très* contente de m'être fait deux nouvelles bonnes amies. Bien sûr, je les connais depuis toujours, mais nous nous étions un peu perdues de vue.

Samedi 27 avril

Je me suis changée avant d'aller aux Guides. Lilibet, Crawfie et Margaret Elphinstone y étaient. Nous avons joué au Royal Lodge presque tout le temps. Crawfie et les princesses brillent par leur jeunesse et leur vitalité pour moi qui vis au milieu de tous ces adultes un peu trop vieux à mon goût ! Nous sommes *amies* à présent, ce qui ne serait jamais arrivé sans la guerre. La guerre m'a donc fait ce cadeau et je lui en serai toujours reconnaissante.

Dimanche 5 mai

Un grand nombre de soldats sont venus aux écuries[1] pour veiller sur le Roi, *je pense*, et leur commandant, le capitaine Villiers[2], vient prendre ses repas ici, ce qui est assez drôle. Je suis très heureuse. Je lis un livre sur la réincarnation. C'est énigmatique de penser que je suis déjà née une première fois. C'est très probable et, si c'est le cas, ce ne peut être qu'au XVIIIe siècle.

1. À proximité de Cumberland et du Royal Lodge.
2. William Villiers était le fils cadet du comte de Clarendon.

Lundi 6 mai

Crawfie m'a appelée tôt ce matin pour me demander si les princesses pouvaient venir prendre le thé aujourd'hui plutôt que demain. Journée salement humide, mais nous sommes sorties dans le jardin jusqu'à six heures environ, puis rentrées pour faire deux charades qui nous ont fait *beaucoup* rire. Elles portaient la même tenue qu'en février dernier, quand elles sont venues, ce qui m'a chiffonnée (des manteaux brique et des jupes et des pulls rayés). On dirait qu'elles mettent leurs plus belles tenues chez elles. Mais elles étaient charmantes (je veux dire elles, pas les tenues).

Mardi 7 mai

J'ai marché jusqu'au Royal Lodge et nous sommes allées chez les Hardinge[1] (en voiture). Les princesses portaient des manteaux bleus, des jupes et des pulls saumon. Nous sommes restées sur le toit-terrasse jusqu'à l'heure du thé (qui était délicieux), puis nous avons joué un coup dehors, un coup dedans. Winifred un peu trop « Guide » à mon goût ! En voiture, Lilibet a dit qu'elle lui avait presque manqué de respect en faisant des histoires parce que la session de vendredi soir n'avait pu avoir lieu.

1. Les Hardinge vivaient à Winchester Tower, une partie du château de Windsor.

Vendredi 10 mai

Hitler a envahi la Hollande et la Belgique à trois heures du matin ! Nous avons tous écouté les nouvelles à une heure. Vacances de Pentecôte annulées. Miss D et moi sommes allées à Smith's Lawn dans l'après-midi pour voir les armes.

Dimanche 12 mai

J'ai écrit de petites esquisses d'histoires romantiques ! Je *sais* que je devrais écrire des livres plus tard, j'*aime* tellement écrire. Le soir, j'ai eu une agréable conversation avec Sonia, qui m'a réconfortée, car je me sens bien seule en ce moment au milieu de tous ces gens de cinquante ans et plus.

Mardi 14 mai

Très belle journée bien que gâchée par ce que m'a appris Winifred : les princesses sont parties pour Windsor[1] pour des raisons de sécurité. Je suis contente, bien sûr, de les savoir en sécurité, mais de penser qu'elles ne sont plus juste à côté, je me sens bien plus *seule*.

Jeudi 16 mai

Combats féroces en Belgique. (La Hollande a capitulé hier.)

---

1. Elles sont parties du Royal Lodge pour rejoindre le Château.

Dimanche 19 mai

Les princesses m'ont rejointe à bicyclette et nous sommes allées à Frogmore où nous avons fait de la barque avec Crawfie. Nous avons accosté et observé les cochons, puis thé sur la rive. Lilibet, Margaret et moi avons refait un bout de chemin à bicyclette puis nous nous sommes dit au revoir au Château et je suis rentrée à la maison (par les chemins de terre). Je dois y retourner jeudi pour peindre mais *je ne sais pas peindre* !

Jeudi 23 mai

J'ai enfourché ma bicyclette à deux heures moins le quart, direction Windsor. Il *pleuvait* mais j'avais mon imperméable. J'étais très en avance alors je me suis abritée un moment sous un arbre à Home Park. Attendue au Château par Lilibet. Je suis montée dans la salle de classe (l'ancienne salle de jeux) pour dessiner avec Margaret. Mrs Cox[1] nous a donné une leçon. À ma grande surprise, je me suis très bien débrouillée. J'ai dessiné une fille adossée à un arbre. Lilibet, elle, faisait de l'allemand, ensuite elles ont inversé. À cinq heures moins cinq, on a pris le thé en bas, dans une autre salle de classe. Margaret m'a gentiment emmenée dans sa chambre pour qu'on se lave les mains. Crawfie et Monty étaient là toutes les deux et, après le thé, Monty, les princesses et moi, on est parties faire de la bicyclette dans Home Park.

1. Mrs Cox était le professeur de dessin des princesses.

Dimanche 26 mai

Messe à neuf heures. Communion, puisque c'est un dimanche de prière nationale, dédié à la guerre. Sonia est arrivée, mais comme il pleuvait, nous sommes restées à l'intérieur. Elle a été *parfaite* et je ne pense pas que je m'amuserai autant *avant longtemps*. J'ignore quand je la reverrai puisque son école vient juste d'être évacuée au pays de Galles.

Mardi 28 mai

Le roi des Belges, Léopold, a capitulé en début de journée et est tombé en disgrâce ! Quel sombre imbécile !

Jeudi 30 mai

Je suis allée peindre comme jeudi dernier. Journée magnifique à se demander pourquoi les princesses portent toujours des manteaux, des jupes et des pulls. D'habitude, elles passent plus vite que les autres aux robes de coton. J'imagine que c'est parce que c'est la première année qu'elles portent des manteaux et des jupes, et que ça leur fait très plaisir. Rapporté à la maison la boîte de couleurs de Lilibet pour finir mon dessin. Margaret nous a *beaucoup* fait rire pendant le thé.

Vendredi 31 mai

Winifred et moi sommes allées marcher dans Home Park avec les chiens et, *bien sûr*, nous nous sommes emmêlé les pinceaux avec les princesses et leurs chiens ! J'ai bien vu que le dérangement (causé aux chiens) les contrariait un peu.

Samedi 1er juin

Grand-Père a aujourd'hui quatre-vingt-cinq ans. Après-midi aux Guides. C'était *affreux*, ma jupe n'arrêtait pas de tomber !

Mercredi 5 juin

Le grenadier[1] est tellement drôle : il ne cesse de se moquer de l'obsession de Miss D pour les espions et, jusqu'à aujourd'hui, il l'a prise très au sérieux ! (Elle a déjeuné avec nous vu qu'il nous manquait un valet de pied.)

Jeudi 6 juin

J'avais si chaud que je me suis donné trois quarts d'heure pour arriver jusqu'au Château. Lilibet a *grandi* : elle m'attendait à la porte et j'ai cru un instant que c'était une adulte.

Lilibet et moi, on a dessiné l'angle du Château où se trouve la porte Henry VIII. Après le thé, nous sommes allées faire de la bicyclette le long de la rivière, comme la semaine dernière.

Vendredi 7 juin

Je me suis changée (mis ma robe chasuble) et j'ai encore pédalé jusqu'au Château. Lilibet, Margaret

1. Dès le début de la guerre, différentes catégories d'officiers furent envoyés à Cumberland Lodge pour prendre leurs repas.

et Crawfie m'attendaient à la porte pour qu'on aille prendre le thé dans la salle de garde avec quelques officiers. *Et quel thé !* On aurait dit que l'approvisionnement était sans limites : des gâteaux en veux-tu en voilà, des glaces, des cerises, on a même fait des concours. À un moment, avec Lilibet, on s'est regardées avec une de ces envies de rire. Merveilleux dessins et sculptures sur les murs. Lilibet et Margaret ont écrit leurs prénoms au crayon juste au-dessus de la cheminée. Et, pour la première fois, elles n'étaient pas habillées pareil.

Samedi 8 juin

Je me suis assise à l'ombre dans le jardin, à l'angle de la maison, et j'ai dessiné toute la matinée car je dois commencer un tableau pour la semaine prochaine. L'après-midi, je suis allée aux Guides ; il a fait très chaud et j'ai eu une grosse crise de rhume des foins. Éternuer est une *véritable* ignominie ! Après dîner, nous sommes *tous* allés vers Copper Horse pour écouter le clairon (le signal pour faire rentrer la cavalerie). À notre retour, la sentinelle nous a demandé le mot de passe. C'est Savill ! Parce qu'on ne parlait que de Mr Savill[1] au parc aujourd'hui : avec le duc de Beaufort[2], ils ont eu une dispute parce que

1. Plus tard, Sir Eric Savill devint le garde forestier de Windsor Park.

2. Le duc de Beaufort, dixième du nom, s'est toujours fait appeler « Maître », y compris par sa femme, car il était, depuis l'enfance, maître des équipages.

Mr Savill était furieux d'avoir été défié ! Mais le Duc disait que, si c'était à refaire, il donnerait les mêmes instructions à ses cavaliers !

Lundi 10 juin

Temps plus frais, mais ciel très sombre, orage en vue. Aux informations de six heures, j'ai entendu que l'Italie était entrée en guerre (contre nous). Ensuite le duc de Beaufort nous a emmenés voir les chevaux.

Samedi 15 juin

Zelda Loyd m'a appelée pour me proposer de venir jouer au tennis, alors je me suis accordé des vacances et je ne suis pas allée aux Guides. Billy[1] m'a lavé les cheveux et je suis restée assise dans le jardin toute la matinée, le temps qu'ils sèchent. À bicyclette jusque chez Zelda. Anne Crichton ainsi qu'une autre jolie jeune fille de dix-huit ans étaient là. Tennis jusqu'à l'heure du thé, que nous avons pris dans la salle de jeux. Joyeux repas amical. On a toutes beaucoup ri.

Lundi 17 juin

Entendu que la France s'était *rendue*, ce qui nous laisse *seuls* face à l'Allemagne. Mon Dieu, qu'allons-nous devenir ? Naturellement, si nous sommes battus, nous n'aurons plus qu'à espérer que la mort nous délivre. Mais Dieu dans sa miséricorde va nous accorder la victoire ! Après les leçons, j'ai pleuré mais me

1. Billy était femme de chambre à Cumberland Lodge.

suis ressaisie avant de sortir. Le destin malheureux de l'Angleterre affecte aujourd'hui des millions de cœurs de mille et une façons.

Mercredi 19 juin

J'ai joué à cache-cache avec Elizabeth Anne dans le jardin après le thé. Ming-Ming m'a dit que, selon Miss D, les princesses ne m'ont pas fait faire de progrès. Ce n'est pas leur façon de penser mais ce sont mes idées qui ont pris de l'ampleur à force de les fréquenter.

Lundi 24 juin

Au bord des larmes pendant les leçons. La guerre affecte tout le monde. Les Allemands occupent tout le nord et une partie de l'ouest de la France. Qu'*adviendra*-t-il de tout ça ?

Mardi 25 juin

L'alerte d'une attaque aérienne nous a réveillés à une heure et demie ! J'ai tâtonné dans la nuit noire, enfilé un cardigan et mon manteau en laine pardessus ma chemise de nuit. Nous nous sommes tous regroupés dans la cave, que j'ai trouvée d'ailleurs très confortable. E, Mabel[1] et moi, nous sommes assises sur un banc. Tout le monde affichait un degré de nudité différent, sauf Miss D, qui fermait la marche revêtue d'un manteau, d'une jupe, d'un chemisier et

1. Mabel était gouvernante à Hans Place, à Londres, mais venait aider occasionnellement à Cumberland Lodge.

d'un sac avec même des bas à l'intérieur ! Bêtement, on s'est moquées d'elle après. Je mourais de sommeil le matin mais l'attaque avait comme nettoyé l'air !

Joué avec Elizabeth Anne dans le jardin après le thé. La sirène m'a réveillée à onze heures et demie. Je suis allée prévenir Tante Magdalen parce qu'elle n'avait rien entendu, puis me suis habillée en vitesse : j'ai mis un cardigan, ma robe de chambre d'hiver, le vêtement *parfait* pour un raid aérien, et mes pantoufles. Nous étions encore mieux installés cette fois car nous avions apporté des couvertures et des coussins. La plupart d'entre nous ont essayé de dormir sur des chaises de jardin très dures. Nous sommes restés en bas trois heures et demie, jusqu'à trois heures du matin. Ensuite nous sommes remontés mais la fin de l'alerte n'a été donnée qu'à trois heures vingt.

Mercredi 26 juin

Robert Cecil[1] est un nouvel officier d'ici. Il est *si adorable*.

Jeudi 27 juin

Bicyclette, Château, dessin. On a dû piquer cette pauvre Dookie[2] dimanche dernier. Grand moment

---

1. Robert Gascoyne-Cecil, qui deviendra le sixième marquis de Salisbury, servit comme grenadier pendant la Seconde Guerre mondiale et fut basé à Windsor. Il descendait d'une puissante dynastie politique datant de l'époque des Tudors et finit MP.

2. Un corgi.

avec Lilibet et Margaret, qu'est-ce qu'on a ri ! Elles m'ont tout expliqué au sujet du raid aérien. On a joué au Kan-U-Go (un jeu de cartes) avec Monty après le thé. Margaret est adorable et nous fait mourir de rire.

Samedi 29 juin

Je me suis couchée plus tard, comme tous les samedis soir, et après le dîner, j'ai joué au backgammon avec Robert Cecil jusqu'à dix heures. Vraiment, je l'adore ! Il a beaucoup d'humour et nous n'avons pas cessé de rire pendant la partie. Il était d'un drôle ! Je vais, bien sûr, écrire une lettre à Sonia pour tout lui raconter.

Dimanche 30 juin

Temps très chaud. On s'est mis dans le jardin et on a lu toute la matinée. Joué au backgammon avec Papa, puis de nouveau avec Robert (dans le jardin). Je me suis encore couchée tard. J'ai dîné à côté de Robert et, après, j'ai encore joué au backgammon avec lui. Je ne pense pas un seul instant que je l'épouserai (mais j'adorerais), car on n'épouse jamais la première personne dont on tombe amoureux.

Mardi 2 juillet

Miss D très stupide pendant le déjeuner. Robert la taquinait mais elle ne se rendait compte de rien ! Je suis allée au York Hall pour répéter le concert de samedi. Les princesses sont venues, Lilibet fera un numéro de claquettes sur l'air « An Apple for the Teacher » (elle sera le *teacher*, le professeur).

Margaret aussi jouera dedans. Elles sont toutes les deux au piano sur scène puis Margaret joue le Loir dans *Un thé chez les fous*[1]. Tout le monde vient sur scène pour le finale. Moi, je suis une servante et Lilibet joue « God Save The King » au piano. C'est vraiment bien, mais tous les gens que je croise me disent que ça les rabaisse. Qu'elles ne devraient pas faire ce spectacle. Elles devraient plutôt jouer des saynètes bien à elles et seulement avec leurs amis, plutôt que de danser comme ça avec *toutes* les personnes évacuées.

Mercredi 3 juillet

Robert est venu pour le thé, puis on a dû lui dire au revoir car il a été relevé. J'en suis très triste. Il a dit qu'il reviendrait nous voir quelquefois mais il ne le fera sûrement pas. Il est si gentil.

Samedi 6 juillet

Je suis allée au York Hall et j'ai vendu des programmes avant le spectacle. Toute la famille est venue. Le Roi et la Reine sont arrivés à cinq heures et m'ont tous deux serré la main.

Bien sûr, cette vieille Mrs Tannar[2] a accaparé l'honneur de leur donner les programmes (en particulier ceux qui avaient été peints) ! Moi qui avais

1. Titre du chapitre VII d'*Alice au pays des merveilles* de Lewis Carroll.

2. L'épouse d'Hubert Tannar, le directeur de la Royal School, Windsor Great Park, juste à côté de Cumberland Lodge.

espéré le faire... Grand-Père et Elizabeth Anne se sont assis au premier rang avec le R et la R qui ont serré la main d'EA et lui ont parlé, ce que j'avais espéré, car ce serait vraiment bien qu'elle puisse s'en souvenir dans quelques années alors qu'elle aura complètement changé de cadre.

Samedi 13 juillet

Passé l'essentiel de la matinée à l'intérieur, à me raidir les cheveux avec de l'amidon et à faire boucler ceux d'EA, mais nous sommes sorties une heure dans le jardin, juste avant le déjeuner. Suis allée au Château en voiture. Très contente d'être en voiture. Crawfie était de mauvaise humeur. Je pense qu'elle m'en veut parce que, la semaine dernière, je lui ai emprunté son porte-monnaie pour la vente des programmes et je ne sais pas du tout ce que j'en ai fait. Je lui en rachèterai un autre si je ne le retrouve pas.

Les princesses aussi étaient contrariées car Lilibet a très mal joué au piano. De plus, le rideau est tombé sur la tête de Margaret !

Dimanche 21 juillet

Joué dans le jardin avec Elizabeth Anne, puis jolie promenade à pied et lecture. Après le thé, nous sommes allées attendre Maman et Tante Alathea[1]. Je

1. Alathea, Lady Manton (née Langdale), était la tante d'Alathea et avait épousé Lord Manton. Ils divorcèrent en 1936. Pendant la guerre, avec Joyce, la mère d'Alathea, elles partagèrent plusieurs appartements. Elle était d'une grande beauté.

crois que j'ai compris quelque chose d'important au sujet de Maman : comme je ne peux pas l'*aimer*, je me contente d'admirer ce qu'elle est en société.

À côté de l'ambiance démodée qui règne ici, c'est merveilleux de voir quelqu'un qui, dans le moindre détail, se comporte comme une dame du monde. Au XVIIIe siècle, elle aurait été une mère traditionnelle. Mais aujourd'hui, elle ne doit son sens pratique et domestique qu'aux épreuves qu'elle a traversées. Peut-être qu'à quarante ans je cesserai enfin de me construire des châteaux en Espagne ! Dans des circonstances normales, je ne connais *personne* qui pourrait égaler ses standards et ses exigences. Je préfère *de loin* avoir une mère comme elle plutôt qu'une mère au foyer à l'ancienne, si gentille soit-elle. Et puis j'ai beau *parfaitement* savoir qu'elle ne connaît rien aux vêtements pour enfants, je ne peux pas m'empêcher de lui demander son avis chaque fois que je sors. J'ai beau désapprouver ses pantalons, sa façon de sortir sans bas ni gants ou de ne pas porter de chapeau au soleil, d'autant que des centaines d'adultes seraient d'accord avec moi, je ne me sens *pas du tout* autorisée à critiquer ce qu'elle porte au quotidien. Elle est *toujours* mieux habillée que Tante Alathea.

Lundi 22 juillet

Maman m'encourage à tomber amoureuse des officiers qui sont ici ! Je lui ai parlé de RC.

Lundi 29 juillet

Dernier jour de classe. Maman est partie. C'est drôle mais j'ai ressenti cette même tristesse que j'éprouve depuis plusieurs années le dernier jour avant les vacances d'été.

Mardi 30 juillet

Je me suis mise en route pour retrouver Sonia vers dix heures (à bicyclette, bien sûr), juste après la gare de Virginia Water. Nous sommes reparties doucement vers Englefield Green et nous avons bavardé tout au long du chemin. Je me suis fait couper les cheveux et elle s'est fait faire une manucure.

Jeudi 1er août

Bicyclette, Château, dessin. Me suis beaucoup amusée. Après le thé, nous sommes allées pêcher dans le petit ruisseau. Avec Monty. On n'avait que deux cannes à pêche, donc on a fait des tours. Sans grand succès car Ching[1] a mangé presque tous les appâts (de la pâte à pain et du coton), puis Lilibet a accroché sa canne à un buisson de houx et Monty a dû patauger jusqu'au milieu du ruisseau pour l'en décrocher ! Sur le chemin du retour, nous nous sommes rendu compte que même si nous avions attrapé des poissons, nous n'aurions pas su où les mettre puisque nous avions oublié de prendre un seau !

---

1. Le chien du Roi.

Samedi 3 août

Après le thé, j'ai joué dans le jardin avec EA, puis Papa est venu et nous sommes allées faire une petite promenade avec lui. La duchesse de Beaufort[1] est arrivée pour le week-end. Elle est gentille et très amusante. Nous avons tous joué à Old Maid (un jeu de cartes) après le dîner et nous avons beaucoup ri.

Lundi 5 août

Marche aller et retour jusqu'au fond du jardin avec la duchesse et ses deux chiens, dont un ravissant petit caniche blanc tout frisé. Les princesses sont venues boire le thé avec Monty à quatre heures et demie. Elles portaient leurs robes jaunes. Après le thé, on a fait de la balançoire et on a marché jusqu'au Royal Lodge. Tante Magdalen et EA sont également venues et nous ont surveillées. On s'est changées au Royal Lodge (je suis allée dans la chambre de Lilibet) et on s'est baignées dans la piscine (juste nous trois). On s'est bien *amusées*. Belle piscine. Elles portaient des robes de bain portant l'écusson du Bath Club[2], d'atroces choses noires et beiges. Elles nagent et plongent à merveille. Moi, j'ai plongé depuis la plus haute marche, mais j'ai surtout beaucoup sauté.

---

1. Née Lady Mary Cambridge, elle avait pour père le marquis premier du nom de Cambridge qui avait été prince de Teck avant l'anglicisation des titres royaux en 1917. Elle épousa le duc de Beaufort. Sa tante était la reine Mary, laquelle séjourna chez les Beaufort, à Badminton, pendant la Seconde Guerre mondiale.

2. Club de sport pour gentlemen situé à Londres.

On s'est rhabillées, on a admiré leur jardin, arraché quelques mauvaises herbes, puis elles sont rentrées en voiture, et nous, à pied. Nous nous sommes vraiment beaucoup amusées. Magnifique journée.

Mardi 6 août

À présent, la duchesse est repartie et, comme toujours dans ces occasions, j'en ressens une horrible impression de solitude. C'était très ennuyeux ce soir sans elle. Je ne l'avais jamais vue et voilà que je l'adore. Mon instinct voit en elle la mère qui m'aurait donné l'affection et l'amour que je n'ai jamais connus.

Vendredi 9 août

Je me suis changée après le déjeuner (j'ai mis ma robe chasuble) et j'ai pédalé pour aller prendre le thé chez les Hardinge. Les princesses étaient là, ainsi qu'Anne Crichton et trois garçons. On a fait une course d'obstacles dans toute la maison puis un glacier de chez Wall's est venu. On a tous pris une glace et les princesses se sont distinguées en détestant les leurs !

Mardi 13 août

J'étais prête à partir avec les Guides au Château, mais, à cinq heures moins cinq, j'ai entendu l'alerte d'un raid aérien, si bien que j'ai dû renoncer. On était tous aux aguets, mais à cinq heures l'alerte a été levée. J'y suis donc allée. J'ai mangé du gâteau à la cuisine, puis Ming-Ming et moi avons marché jusqu'au Copper Horse. On a appris ensuite qu'un Messerschmitt avait, à cinq heures précises, volé à quatre mille pieds au-dessus de cette maison !

Jeudi 15 août

Après le déjeuner, bicyclette, Château, dessin. Margaret Elphinstone qui séjourne là-bas portait une robe taillée dans le même tissu que la mienne. Mais la sienne est bleue. Ma robe, dans les jaunes, est *de loin beaucoup* plus belle. On a toutes dessiné dehors. Après, je me suis débarbouillée dans la chambre de Lilibet, comme d'habitude, et elle m'a dit que ses collants coûtaient au moins huit shillings et six pence. Du Lilibet tout craché !

Vendredi 16 août

Lavinia[1] a eu une autre fille aujourd'hui. Tout le monde est très déçu que ce ne soit pas un garçon.

Mardi 20 août

Lilibet a appelé tôt ce matin pour nous inviter à prendre le thé demain en l'honneur de l'anniversaire de Margaret. J'ai pris ma bicyclette jusqu'à Windsor, à la Token House, pour chercher un cadeau pour M. J'ai trouvé un petit plateau peint en bleu avec de grosses fleurs dessus. Ensuite thé chez les Hardinge, puis direction le Château pour une sortie avec les Guides. Lilibet avait complètement oublié et est arrivée très tard !

1. La duchesse de Norfolk.

Mercredi 21 août

On a marché autour de l'Obelisk Pond ce matin. Emballé le plateau de Margaret après déjeuner et me suis préparée. J'ai mis ma robe en shantung à pois, et E, sa robe en mousseline blanche à pois rouges. À quatre heures, on s'est rendues au Château en voiture avec Ming-Ming. Dans le froid et le vent. On nous a amenées dans le jardin et présentées à tout le monde. Ensuite, on a joué à la balle au prisonnier. Les Hardinge portaient d'affreux manteaux et d'horribles jupes, et les princesses leurs robes en coton jaunes, si bien que nous, nous étions trop habillées, mais une erreur dans ce sens-là est moins grave que dans le sens contraire. On s'est bien amusées pendant le thé puis on a regardé un film. EA et moi étions assises au premier rang. Ensuite, nous avons mangé des glaces. Le Roi et la Reine étaient là, bien sûr, et la Reine nous a beaucoup parlé, à EA et à moi. Ming-Ming est tout le temps restée là-haut avec Bobo[1]. Me rendre à l'anniversaire de Margaret est une joie que je n'avais pas anticipée et signifie d'autant plus à mes yeux que, quatre ans plus tôt, j'ai été invitée aux dix ans de Lilibet au Royal Lodge. Elle était si différente au même âge que Margaret,

1. Margaret (Bobo) MacDonald, la fille d'un fermier écossais, était bonne d'enfants puis femme de chambre auprès de la princesse Elizabeth. Elle est restée à son service toute sa vie. Sa sœur Ruby, bonne d'enfants, elle aussi, à Windsor en 1940, a servi la princesse Margaret.

tellement plus sérieuse, plus adulte, moins gentille et moins attirante.

Jeudi 22 août

Bicyclette, Château, dessin.

C'était la dernière leçon et j'étais très triste, mais je suis certaine de pouvoir y retourner au trimestre prochain. La Reine est venue et a regardé nos dessins. Moi, j'ai dessiné Lilibet. Ça m'a peinée de lui dire au revoir car je l'aime vraiment beaucoup, et même si je continue à les voir tous les mardis aux Guides, ce ne sera pas pareil, mais peut-être les verrai-je aussi pendant les vacances.

Samedi 24 août

Nous avons tous dû descendre à la cave à minuit et y rester pendant une heure car les bombes pleuvaient. Je me suis relevée à deux heures pour regarder par la fenêtre et j'ai aperçu au moins vingt projecteurs braqués sur un seul avion, qui était allemand.

Dimanche 25 août

Journée tranquille mais très agréable. Je suis allée me coucher vers dix heures, et tandis que je priais pour qu'on passe une nuit paisible, trois énormes explosions ont fait trembler mes fenêtres et mon lit. Je suis restée pétrifiée quelques secondes, puis nous sommes tous descendus à la cave au milieu d'une pluie de bombes et de tirs.

Mardi 27 août

Brita est arrivée. Causette jusqu'au déjeuner puis bicyclette jusqu'au Château avec tout ce qu'il faut dans nos paniers pour la randonnée. B était très excitée à l'idée d'aller là-bas et a trouvé Lilibet très gentille et très jolie. On s'est divisées en deux groupes avec à leur tête Lilibet et moi. On a fait un feu et on a grillé des saucisses sur des piques. C'était une randonnée pour s'entraîner. La semaine prochaine, on sera évaluées. On a cuit des choses délicieuses dans une poêle, du fromage fondu entre deux tranches de pain frit.

Mercredi 28 août

On a dû descendre à la cave vers neuf heures et quart. On y a installé des canapés depuis. B et moi en avons partagé un. *Gigantesque* explosion très près. On était *enragées* de colère et de fatigue.

Jeudi 29 août

Le matin, Brita et moi sommes allées avec Ming-Ming et Elizabeth Anne dans le champ près du lac voir le cratère où la bombe a explosé hier soir. Pas très gros. On a ramassé quelques éclats d'obus. On a encore passé plusieurs heures dans la cave ! Je ne peux plus supporter cette histoire d'aller à la cave toutes les nuits. *Personne d'autre* n'y va (je veux dire dans les autres maisons). C'est tellement inutile.

Samedi 31 août

Brita et moi sommes allées au Rock Garden ce matin et nous avons fait de la couture. Emmené Taffy, le nouveau corgi, avec nous. Il y a eu des alertes de raids aériens toute la journée mais nous n'y faisons pas attention tant qu'il fait jour. C'est pour cela qu'on nous a interdit d'aller nous baigner. Je dois dire que Grand-Père a raison, n'en déplaise à Brita. C'est étonnant que nous nous entendions si bien alors que nous ne sommes d'accord sur rien. Brita, EA et moi, nous avons regardé les chevaux et discuté avec Mr Hay (un officier) qui était assis sur la barrière. Brita est tombée amoureuse de lui.

Il est très gentil mais pas aussi beau que Robert. Brita et sa mère pensent que je suis affreuse. N'est-ce pas terrible ? Mais moi aussi, je trouve que Brita est laide, sauf que personne, à part elle, ne semble penser ça de moi. Nous avons bavardé au lit jusqu'à onze heures moins le quart avec la certitude que nous n'aurions pas à aller à la cave, mais on a quand même dû descendre à une heure.

Lundi 2 septembre

Avec B, on a pédalé jusqu'à Windsor. Brita s'est acheté une robe affreuse chez Marks & Spencer et pendant qu'on était là-bas, l'alerte a retenti et on est descendues dans la cabine d'essayage réservée aux hommes ! L'alerte a été levée dix minutes plus tard et nous sommes ressorties. J'ai trouvé un ruban mauve clair pour coudre sur ma robe du soir en mousseline. Nous avons un peu traîné puis nous sommes rentrées très satisfaites de nos emplettes. Descente à la cave jusqu'à deux heures. Ça me détraque les nerfs. Qui ont lâché. J'ai fondu en larmes. Me voilà en piteux état. Même en me couchant, j'ai continué à sangloter sans pouvoir m'arrêter. Cette guerre est une horreur.

Mardi 3 septembre

Brita a voulu se baigner alors j'y suis allée avec elle et je l'ai regardée faire. Ça m'a plu de rester assise sur la rive (de l'Obelisk Pond) dans la belle brume vert pâle de ce matin paradisiaque. Dire que ça fait déjà une année entière que nous vivons avec cette terrible guerre. Je suis plus heureuse aujourd'hui mais c'est un bonheur incertain et flottant, qui regarde vers un futur bien différent de celui que j'imaginais.

Avec B, à trois heures, on est parties au Château à bicyclette pour faire la randonnée. J'ai eu du mal à convaincre B d'enfiler des bas. Elle ne voulait pas parce que Lilibet dit toujours qu'elle devrait. B dit que je suis sous l'influence des princesses et d'un caractère plus jeune, plus enfantin que le sien. Le soir, on s'est presque disputées à cause de cette histoire de bas.

Mercredi 4 septembre

B et moi avons retrouvé notre bonne humeur ! Elle a dû partir juste après le thé. J'étais triste qu'elle s'en aille, parce que nous sommes vraiment très amies et qu'elle me manque.

Dimanche 8 septembre

Messe à neuf heures. Temps plus froid. Regardé Ming-Ming faire les bagages, puis Elizabeth Anne et moi sommes allées jusqu'au Royal Lodge avec les autres pour voir le Roi inspecter la Garde nationale devant l'église. La Reine et les princesses étaient là et sont venues nous parler après. On avait amené Taffy, donc Lilibet est allée chercher Coral[1] pour qu'ils jouent ensemble. Elles portaient des manteaux gris et des chapeaux en tissu rose qui leur donnaient des airs de femme. Le Roi a parlé à Taffy et la Reine a dit qu'elle était heureuse de me voir, même quelques minutes. Ils étaient tous charmants. Eu beaucoup de mal à empêcher Taffy de les suivre chez eux.

Mardi 10 septembre

Taffy a dormi dans ma chambre puisqu'on ne peut pas le laisser dans la salle de jeux à cause des raids aériens. Suis allée prendre le thé chez les Hardinge, puis après, Guides. Je suis restée sur la terrasse à dessiner des cartes. Le Roi a joué au golf puis s'est arrêté pour nous parler. Deborah[2] a horriblement crâné devant lui : elle était enjouée et brillante, a réussi à

1. Chien de la famille royale.

2. Deborah Green Wilkinson était issue de la famille nombreuse d'un pasteur local. D'un ou deux ans plus âgée qu'Alathea, elle savait conduire. Elle était l'une des meneuses des Guides, puis de l'ATS, une unité de femmes créée en 1941 dans l'armée britannique.

éviter de l'appeler « Sire » et s'est montrée très familière avec Lilibet.

Mardi 17 septembre

Je suis restée tout l'après-midi à l'intérieur, à tricoter et à lire. Ensuite suis allée aux Guides. J'ai attendu les autres, seule dans la classe, puis Lilibet est arrivée en retard car elle avait encore oublié. (Elle n'est manifestement pas très assidue !)

Lundi 23 septembre

Lilibet a appelé tôt pour m'inviter à cueillir des quetsches et à prendre le thé ensuite, ce qui m'a, bien sûr, beaucoup réjouie. Monty et les Hardinge sont venus aussi et on a tous pédalé jusqu'au jardin de la cuisine (qui est à des miles !) pour cueillir les quetsches (pour en faire des confitures). On en a cueilli *des centaines* ! Ensuite on est retournés au Château à bicyclette pour prendre le thé (dans la salle de classe). On a tous écouté le discours du Roi à la radio dans la salle de jeux, puis tricot (j'ai emprunté un tricot). Je suis repartie vers sept heures moins le quart, très contente de ce moment aussi joyeux qu'inattendu.

Mardi 24 septembre

Thé chez les Hardinge. Seule avec Libby. Elle est très bête mais très gentille. J'ai de nouveau feuilleté leurs albums, ça m'amuse de voir toutes les photos qu'ils ont des princesses en Écosse et hors de tout protocole ! Comme je rentrais à bicyclette, je suis passée par Frogmore et j'ai vu le Roi qui promenait ses chiens. J'ai mis pied à terre, j'ai fait ma révérence et nous avons parlé quelques minutes. J'étais toute contente en rentrant à la maison.

Mercredi 25 septembre

L'année scolaire a repris ! J'en étais très heureuse car les vacances, c'est bien quand on part loin ou quand on voit ses amis tout le temps, mais ici les derniers quinze jours ont été assommants, bien qu'agréables. Miss Dunham et moi avons pris le petit-déjeuner en bas et la classe a duré de neuf heures à midi et demi, comme d'habitude.

Samedi 28 septembre

La duchesse (de Beaufort) est arrivée pour le déjeuner. J'étais aux Guides l'après-midi où j'ai appris que les parents de Renee Kott (l'une des Guides) ont été tués par une bombe. Je commence à prendre conscience que cette guerre recèle une part de terreur bien plus grande que ce qu'on imagine à la surface des choses. Dîner très joyeux, puis partie de démon volant, on a beaucoup parlé et beaucoup ri. La duchesse m'a dit : « Bonne nuit, chère Alathea. » On dirait qu'elle m'aime bien.

Dimanche 29 septembre

Le duc et la duchesse sont allés à l'église ce matin, mais Papa et moi sommes partis faire une grande marche autour de Copper Horse. Le duc est presque aussi gentil que sa femme. Ils *s'adorent* et je *sais* qu'ils sont très tristes de ne pas avoir d'enfants. Je pense que c'est pour ça qu'elle m'aime bien, parce que j'ai l'âge de la fille qu'elle n'a pas eue.

Lundi 30 septembre

J'ai dit au revoir à la duchesse, cette douce femme au cœur tendre. Nous étions dans sa chambre et j'ai passé mes deux bras autour de son cou. Elle m'a serrée dans les siens et je l'ai embrassée avec une chaleur comme jamais je n'en ai mis dans aucun baiser. À l'exception de ceux que je donne à Elizabeth Anne. Et toujours à l'exception de ma petite sœur, personne ne me serre jamais dans ses bras, de même que je n'ai *jamais* envie de serrer le cou de *personne*, à commencer par celui de ma mère. Elle m'a dit hier soir de l'appeler Mary, mais bien entendu, je ne vais pas me précipiter sur pareille familiarité.

J'ai dormi jusqu'à minuit et demi, heure à laquelle une explosion *ravageuse* a ébranlé la maison comme un château de cartes. On a dû tous descendre à la cave car une autre bombe devait suivre. Après des heures d'inquiétude épuisante, la plupart d'entre nous sont repartis au lit, mais à cinq heures et demie du matin, une autre explosion nous a réveillés. Je suis restée dans mon lit toute tremblante, terrorisée comme jamais. À vrai dire, ça s'est passé le 1er octobre au matin, mais je préfère le noter de façon à immortaliser cette nuit d'épouvante. Mon Dieu !

Mardi 1er octobre

Je me suis levée tard et, à neuf heures, une bombe à retardement a explosé. J'ai regardé sans pouvoir dire un mot mes murs *trembler* violemment. Au petit-déjeuner, on nous a dit que la première bombe était tombée sur notre bois, derrière le Smith's Lawn, et la bombe à retardement juste au milieu du Smith's Lawn. D'autres bombes à retardement sont tombées sur la Long Walk et près de la Bishop's Gate. Hier, on a placé un Messerschmitt près de la Queen Anne's Gate. Avec Grand-Père et un officier grenadier, nous sommes allés voir les cratères. Celui qui est dans notre bois est *immense* et a déraciné un grand hêtre. En rentrant, j'ai lu de l'allemand pendant une heure puis j'ai emmené Miss Dunham au cratère. Après le thé, j'ai écrit dans mon journal car je suis si démoralisée, si atrocement démoralisée. J'ai l'impression que tout autour de moi n'est que chagrin, souffrance et sang qui coule. Je suis sûre que les gens, plus tard, quand ils liront des choses sur cette guerre, la considéreront avec le même effroi que la Révolution française ou russe et prendront en pitié la génération dont la jeunesse lui aura été sacrifiée.

Dimanche 13 octobre

Nous avons écouté Lilibet parler *à la radio*. Elle était *très* bien et m'a fait battre le cœur[1].

---

1. La princesse Elizabeth fit sa toute première allocution publique à la radio et s'adressa aux enfants de la

Mercredi 16 octobre

La duchesse est revenue. Elle a fait ce que personne n'a jamais *pensé* à faire – je ne l'aurais d'ailleurs pas voulu –, elle s'est assise avec moi en attendant que les hommes aient fini de dîner. Rien qu'elle et moi, quel bonheur ! J'avais pris mes précautions en me faisant une jolie coiffure, et même en me poudrant le nez, mais j'en ai été doublement contente, car lorsque les hommes sont passés, la duchesse a lancé : « Messieurs, venez donc voir Alathea », ce qui a certes fait venir son époux mais aussi *deux* officiers !!! L'un était Mr Waterhouse[1] qui était observateur. Heureusement que j'avais eu la bonne idée de mettre ma robe du soir en mousseline. J'espère que le ruban à volants rose et mauve clair qui fleurissait élégamment sur ma poitrine blanche (malheureusement, j'avais dû couvrir mes épaules nues d'un gilet en angora bleu), mes cheveux qui ondulaient librement sur mes épaules et ma veste en molleton de soie rose ont fait bonne impression. La veste molleton me tient vraiment trop chaud, mais comme elle est seyante, je la supporte.

Grande-Bretagne qui vivaient loin et séparés de leurs familles. À la fin, Margaret s'est jointe à elle pour dire « Bonne nuit, les enfants ».

1. Le commandant Charles Waterhouse, plus tard l'époux de Lady Caroline Spencer Churchill, la fille du duc de Malborough.

Vendredi 18 octobre

On était tous en train de jouer à des jeux de questions-réponses après le thé quand Lilibet a appelé pour me proposer de prendre des *leçons de danse* avec elle chaque samedi à dix heures et demie !!! Je n'en revenais pas d'avoir autant de chance et j'ai été sur un petit nuage toute la soirée. C'est à se demander pourquoi Dieu a trouvé bon d'exaucer mon vœu le plus cher.

Jeudi 24 octobre

Ce n'est jamais bon pour personne, qu'on croie ou non à l'influence des environnements, or moi j'y crois, de vivre dans une atmosphère de haine ou seulement de tension. Mais tel est mon destin puisque je ne connais pas l'amour au sein de ma propre famille. Mon père, ma mère et moi, et même Elizabeth Anne, nous avons tous eu la malchance de ne pas recevoir l'amour de notre mère. Que Dieu me fasse tirer profit de cette amère expérience et en épargne la douleur à mes propres enfants.

Vendredi 25 octobre

C'est très étrange mais hier soir j'ai beaucoup pensé à Nannie Davis (une vieille nounou de la famille) et je me suis demandé s'il ne lui était pas arrivé quelque chose car ma lettre de juillet est restée sans réponse et, ce matin, voilà que je reçois une lettre d'elle ! Mille fois ça m'est arrivé, non que je sois la seule, mais j'aime à penser que ce genre de coïncidence m'affecte plus que les autres. Mon vœu le plus cher serait de cultiver ce don de médium pour, peut-être, un jour, visiter le Trianon et voir Marie-Antoinette, comme d'autres l'ont fait. Et pourquoi ? Parce que j'ai parfois l'intime conviction que dans une autre vie *j'ai été* Marie-Antoinette. Le temps le confirmera ou l'infirmera peut-être, mais en tout cas je jure que j'ai connu et aimé cette reine malheureuse.

Samedi 26 octobre

En voiture jusqu'au Château. Mes souliers de danse ne sont pas arrivés mais les princesses portaient des chaussures à lanières beiges puisqu'elles non plus n'en ont pas. Je suis bien contente d'en avoir commandé cependant car, ainsi, j'aurai l'air plus jeune et plus petite, ce à quoi je tiens en la circonstance. Libby, Anne, les Morshead, deux horribles gamins qui n'ont rien à faire ici, et quelques autres enfants, sont venus. Les enfants Kent[1] également. Les princesses portaient des robes en shantung bleu et rose, que je n'ai pas aimées. Miss Vacani[2] et plusieurs assistants sont venus animer la leçon qui s'est très bien passée. Anne, Libby, Margaret, Lilibet et moi étions au premier rang. Tout était si royal, c'était formidable. Cette

---

1. Le duc de Kent était le jeune frère du roi George VI et avait épousé la princesse Marina de Grèce. Les enfants Kent étaient le prince Edward et la princesse Alexandra.

2. Miss Marguerite Vacani était un professeur de danse très en vogue qui avait déjà donné des leçons aux princesses avant la guerre. Elle a continué à venir une fois par semaine à Windsor pendant la guerre et a enseigné la danse aux princesses ainsi qu'à plusieurs enfants de courtisans. Sa nièce Betty l'assistait.

leçon de danse correspond à l'idée que je me fais du paradis, mais la plupart des filles de mon âge dites « modernes » *détesteraient*.

Mardi 29 octobre

J'ai marché jusque chez les Hardinge, où Deborah et Anne m'ont rejointe pour aller au Château. Avec Lilibet et Crawfie, on est descendues dans la petite cuisine des domestiques et on a fait la cuisine, des pommes de terre, du chou, des pommes et des œufs au plat, pour gagner l'insigne de cuisinière. Plutôt amusant. La semaine prochaine, on fera des feuilletés à la confiture qu'on mangera à l'heure du thé.

Mercredi 30 octobre

Lettre de Maman qui veut que j'aille dans une école de maintien le trimestre prochain car elle a peur qu'en restant ici je me comporte bizarrement ! Je dois absolument trouver un moyen d'y *échapper*. La seule raison qui me donne envie de rester ici, c'est la leçon de danse, et, bien sûr, Lilibet. Toute la matinée, j'ai éprouvé cette horrible inquiétude qui me travaille quand une lettre de Maman arrive. Je suis allée à Windsor Forest avec Tante M pour assister à une chasse au leurre[1]. Vu beaucoup de nos officiers marcher sur les traces. J'ai rencontré Mr Profumo[2] ainsi

1. Dans une chasse au leurre, les chiens poursuivent la piste d'un parfum artificiel qu'on a propagé à l'avance.

2. Feu Philip Profumo était un officier grenadier, le cousin du célèbre John Profumo.

qu'un autre officier qui conduisait la duchesse. Je suis montée dans leur voiture et nous avons suivi les chiens pendant le reste de l'après-midi. Mr Profumo ferait un très beau « chevalier servant » et j'ai inventé une jolie histoire en me couchant : je deviendrais impératrice d'Autriche en quelques années, il viendrait à un bal à la cour de Vienne et je lui demanderais de danser avec moi, quand, soudain, un fanatique me lancerait un pavé (bien sûr, il me raterait) en hurlant que je ne dois pas donner d'héritier à l'Autriche, à bas la monarchie, etc.

L'Empereur, mon mari, qui serait charmant, arriverait et, joignant mes mains et celles de Philip (celles de Mr P.), déclarerait : « Prends-la donc et assieds-toi », si bien que nous nous assoirions sur un canapé où je me mettrais à lui parler des jours anciens avec des trémolos dans la voix, et finalement je serais si émue et si bouleversée que je repartirais au bras de l'Empereur.

Vendredi 1er novembre

Messe à huit heures et demie. J'ai manqué m'évanouir et j'ai dû sortir avant la communion. Je suis descendue et j'ai pris mon petit-déjeuner seule avec Profumo. Je crois qu'il sait pour mon évanouissement, ce qui me réjouit car c'est romantique de s'évanouir. Mes souliers de danse sont enfin arrivés, juste *la* couleur que je ne voulais pas, bronze, alors retour à l'envoyeur. J'irai sans, si je ne trouve pas ceux que je veux, mais je n'en porterai pas des *bronze* : ils sont vraiment trop ordinaires.

Lundi 4 novembre

Grand-Père, Tante M et moi sommes allés voir le départ de la cavalerie. J'ai eu les larmes aux yeux en regardant mes chers chevaux s'éloigner et j'ai compris que c'était peut-être la dernière fois que je les voyais, puisqu'ils seront bientôt remplacés par des chevaux-vapeur. Une à une, toutes les choses marquantes disparaissent. Nous n'aurons plus notre bel officier de cavalerie, ni même deux grenadiers, comme je le pensais. Les beaux grenadiers ici ne sont pas légion et je me suis tellement bien amusée avec eux. Mais tout passe.

Mardi 5 novembre

Crawfie et Lilibet sont venues à CL. Nous avons fait de la soupe, des feuilletés à la confiture et des pancakes écossais que nous avons mangés avec le thé. Un grand moment. Je portais mon nouveau pull bordeaux, un gilet, mon manteau vert et une jupe, ainsi qu'un nœud en velours bordeaux dans mes cheveux.

Mercredi 6 novembre

Vers dix heures et demie hier soir, alors que j'étais au lit, j'ai entendu deux épouvantables sifflements. Je me suis accroupie dans mon lit en pensant que ma dernière heure approchait *peut-être*. Comme s'approchait de plus en plus cet effroyable bruit inhumain, à présent juste au-dessus de la maison, avant de provoquer un choc à vous fendre le cœur. Nous étions saufs mais nous ne devions apprendre que le lendemain la tragédie qu'avait causée cette arme venue de l'enfer. Ensuite nous avons décidé de descendre à la cave où nous avons pu dormir tant bien que mal jusqu'à six heures quinze du matin, après quoi nous sommes remontés dans nos lits froids mais confortables. Plus tard dans la matinée, nous avons appris que la maison des Pearce (l'un des nouveaux pavillons du Royal Lodge) avait été touchée et que l'un de leurs fils avait été tué. Oh ! Quelle horrible tragédie s'est abattue sur cette pauvre famille. Oh ! Que Dieu nous préserve d'un sort aussi terrible que nous n'avons certainement pas mérité.

Jeudi 7 novembre

Grand-Père m'a rapporté mes souliers de danse. J'étais folle de joie. Ils sont argentés, ils viennent de chez Harrods, coûtent très cher, dix-sept shillings et six pence, mais quelle importance puisque je les ai ?

Samedi 9 novembre

Après le petit-déjeuner, je me suis changée et j'ai mis mes souliers argentés. Lilibet a appelé pour m'inviter à passer le week-end ! Je n'en croyais pas mes oreilles, comme la première fois il y a deux ans et demi ! Fort troublée, j'ai indiqué à Billy quoi mettre dans ma valise et suis partie à toute vitesse. Après la leçon de danse, on a fait un jeu français dans la salle de classe avec L, M et Monty, puis je me suis changée (mis ma jupe verte et mon pull bordeaux) et nous avons déjeuné avec le R, la R et toute la famille. Puis L, M, Crawfie et moi, nous sommes sorties jouer sous la pluie. La Reine nous a rejointes et nous sommes allées donner des écharpes aux soldats puis dégager le passage d'un ruisseau. La R, trop gentille, m'a donné la main pour escalader un rocher. M m'a poussée contre un barbelé qui a déchiré mon collant ! Toutes les trois, nous avons ensuite pris le thé avec le R et la R, puis joué au démon volant avec la R. À sept heures, L et moi sommes allées prendre notre bain. Ma chambre était à l'étage au-dessus des leurs, un peu plus loin dans le couloir, après les chambres d'enfants qu'elles avaient lors de mon dernier séjour au Château. Ma salle de bains était à l'étage du dessus, la même que celle de la fois précédente, près de mon ancienne chambre, et de celles de Crawfie et Monty. L et moi, on a dîné en chemise de nuit dans la salle de jeux. Vers huit heures, L, Bobo et moi, on a marché jusqu'à leur abri, à des miles de là, et je ne me suis jamais autant amusée. L et M dorment sur des banquettes superposées (M au-dessus) et Mrs Knight[1], sur un autre lit dans la même chambre. On m'a installée dans une chambre mitoyenne, mais comme ma lampe ne marchait pas, je me suis assise sur le lit de Mrs K et j'ai écrit mon journal sur un morceau de papier. M nous a fait beaucoup rire et, en dehors des quelques minutes où Mrs K est descendue nous voir, nous étions seules là-dedans. Le R et la R sont passés me souhaiter bonne nuit. Je n'aurais jamais cru avoir une telle chance.

---

1. Mrs Clara Knight, dite « Allah », était la nurse des princesses.

Dimanche 10 novembre

Nous avons quitté l'abri à huit heures moins le quart et nous nous sommes habillées. J'ai mis ma jupe rose et mon pull bleu. Petit-déjeuner à huit heures dans la salle de jeux. On a fait des puzzles après le petit-déjeuner. L et M ont dû se préparer pour aller tôt à l'église parce qu'elles devaient ensuite mettre leurs uniformes de Guides pour un défilé. Je me suis préparée aussi et, avec Monty, nous sommes allées à la messe à pied (à Windsor). Office interminable. En rentrant, j'ai joué au backgammon avec Monty dans la salle de classe car les autres n'étaient toujours pas revenues. Déjeuner à une heure quinze. Deux garçons d'Eton sont venus, « le fils Spencer[1] » et un autre. L et moi avons dû leur faire la conversation ! Après on s'est promenées dans plusieurs pièces, en observant les choses, puis, L, M et moi sommes parties marcher dans Home Park avec le R et la R. On est tombés sur l'archevêque de Canterbury. Thé avec eux puis jeu de cartes ensuite avec la R. Elle n'a pas cessé de me parler. Je ne peux dire qu'une seule chose : *je l'aime*. Bain puis dîner. Le R et la R dans la salle de jeux. Heureusement que j'ai une chemise de nuit décente ! Expédition ensuite vers l'abri avec cette fois des pommes, des montres, des livres, etc. Je suis restée dans mon lit car ma lampe marchait mais j'ai laissé la porte ouverte pour qu'on puisse discuter.

---

1. Le « fils Spencer » est ensuite devenu le comte Spencer. C'était le père de Diana, la princesse de Galles.

Je suis allée dans leur chambre deux fois pour chercher quelque chose, elles dans la mienne une fois, quand la lumière s'est éteinte et que s'est allumée la veilleuse de secours. M m'a fait mourir de rire en me demandant si je nous trouvais jolies, L, elle et moi ! C'est un ange, cette enfant. Je les aime autant l'une que l'autre, ainsi que le R et la R, Crawfie et Mrs K, etc. En cas de malheur, je ne les abandonnerai jamais, et quoi que les brumes du futur nous réservent, je serai toujours à leurs côtés. Le R et la R sont venus et ont dû passer par ma chambre. Ils m'ont dit au revoir quand j'étais au lit, donc je n'ai pas pu faire ma révérence. C'était un peu gênant. Je me sens parfaitement à mon aise avec eux désormais, surtout avec la R. Elle veut que je revienne car elle dit que ça nous fait du bien à L et à moi. J'ai le sentiment d'être l'une des personnes les plus chanceuses au monde. On est allées se coucher après les informations, vers neuf heures et quart, en prenant le poste de radio avec nous.

Lundi 11 novembre

Nous nous sommes levées un peu après sept heures et demie et sommes montées comme hier en longeant des miles de couloirs et d'escaliers glacés. Petit-déjeuner joyeux et agréable dans la salle de jeux. J'ai fait des puzzles puis la voiture est venue me chercher. J'ai dit au revoir à Mrs Knight, puis à Monty et à Crawfie qui m'ont chaleureusement prise dans leurs bras. Lilibet et Margaret sont venues me saluer. Je ne peux pas nier que j'adore tous les égards et tout le cérémonial d'une visite royale mais je suis surtout très heureuse ici. Je crois que c'est grâce à la salle de jeux. Jusqu'à la guerre, j'en avais une à moi et j'ai toujours aimé y recevoir mes amis. Mais, au-delà de ça, dans ce Château, malgré ses dorures et ses couloirs rouges, il règne une atmosphère de vie de famille harmonieuse que je n'ai moi-même jamais connue. Quelle ironie que ce soit chez le roi et la reine d'Angleterre que je trouve un foyer aussi chaleureux plutôt que chez moi ! La Première Dame de ce pays a gagné mon affection plus que ma propre mère. Je ne dois jamais oublier cependant que je dois tout ça à Cumberland Lodge et, ô Seigneur, faites que tout ne s'évanouisse pas avec mon enfance.

Mardi 12 novembre

J'ai pris le bus jusqu'à Windsor, puis après avoir essayé ma robe, je suis allée retrouver les Guides au Château. On a fait cuire des scones et du poisson. Lilibet m'a dit en arrivant que Mrs Knight voulait me voir, à cause de ma jambe, et elle a changé mon pansement (éraflure due aux barbelés).

Mercredi 13 novembre

Je me suis réveillée avec un gros rhume. Je ne suis pas sortie de la journée et, juste avant le déjeuner, j'ai écrit à la Reine. Grand-Père m'avait donné un modèle mais comme il était sorti à l'heure du déjeuner, je l'ai modifié un *tout petit peu* et ajouté une ou deux phrases pour l'étoffer ! L'une d'elles était : « Je suis si reconnaissante à Votre Majesté de m'avoir permis de passer ces quelques jours heureux en compagnie des princesses », qui, me semblait-il, la toucherait.

Samedi 16 novembre

Je suis allée danser dans ma robe en soie imprimée en passant chercher Anne. Margaret pas là à cause d'un rhume. Ni la Reine. Ensuite Lilibet m'a priée de rester déjeuner et de regarder un film, après quoi on me ramènerait chez moi. J'ai donc dû annuler mon déjeuner avec Anne et la faire raccompagner chez elle. Montée dans la salle de jeux, fait des puzzles avec M pendant que L était en classe. L a soudain dit que je n'avais pas les bons vêtements pour aller dehors, alors j'ai écrit un mot à Billy pour qu'on me prépare des vêtements chauds qu'une voiture est gentiment allée chercher. Malheureusement ils n'étaient pas arrivés à l'heure du déjeuner, si bien qu'en plus d'avoir très froid j'ai eu l'air très ridicule. Roi absent mais Reine adorable comme d'habitude. Après le déjeuner, je me suis changée (dans la chambre de M), puis nous sommes sorties jouer de nouveau près du ruisseau. La R nous a rejointes. Puis on est rentrées, on s'est débarbouillées avant le film qui était vraiment très drôle, bien que, par principe, je n'aime pas les films drôles. Puis on a pris le thé comme le week-end passé, juste avec la Reine, L et M. Le Roi est arrivé un peu après. La R était un ange avec moi, tellement gentille. Elle a beaucoup insisté pour que je vienne voir le film aujourd'hui car elle sait qu'à présent je ne peux plus en regarder. Maman n'aurait jamais eu une attention pareille. Puis, juste après le thé, une voiture m'a ramenée, il faisait nuit noire.

Dimanche 17 novembre

Après le petit-déjeuner, dans le fumoir, j'ai découpé des images dans de vieux magazines pour les coller dans les cahiers que m'a donnés hier Lilibet. C'est très amusant et, bien sûr, je m'efforce de faire de belles choses car la Reine va certainement les regarder. Sonia m'a appelée après le thé et nous avons joyeusement bavardé. Je nage dans le bonheur : les dieux m'ont choisie et j'espère ne pas démériter. Je dois m'efforcer de me contenter de ce que j'ai. Il ne me reste qu'une seule chose à désirer : recevoir une photo de L et de M pour Noël, ainsi que je l'ai toujours souhaité. J'aimerais aussi que la R m'embrasse, comme chaque fois que j'aime quelqu'un. Plus que tout au monde, je voudrais être une dame d'honneur ou quelque chose comme ça quand je serai grande, désir qui me tient à cœur depuis toujours, mais je vois maintenant que c'est à ma portée. Je voudrais aussi rester l'amie de Lilibet quoi qu'il arrive. J'aimerais naturellement passer un autre week-end là-bas, parce que je m'y suis beaucoup amusée, mais si cela n'arrivait pas, je me souviendrai toujours de celui-ci comme d'un moment merveilleux. Quand je pense que sans la guerre je serais à présent à l'étranger (et sûrement plus mûre), mes années royales derrière moi, peut-être à jamais, alors comment ne pas remercier le sort de m'avoir offert cette bifurcation ? J'ai beaucoup gagné en restant ici mais aussi beaucoup perdu. La guerre telle qu'elle se passe aujourd'hui, même d'un point de vue personnel, est un gros prix à payer en échange des plaisirs subtils d'une amitié royale. Mais le destin a voulu que je paie ce prix et je l'ai fait de bon gré. Étrange que la guerre m'ait privée d'un avenir, mais étrange aussi qu'elle m'ait gratifiée d'une chance pareille. Enfin, quoi qu'il advienne, je resterai l'amie de la famille royale car j'ai appris à l'aimer. Personne ne sait à quel point *ils* ont influé sur ma vie. Et ils sont bien trop bons avec moi pour que je les déçoive.

Mardi 19 novembre

Guides, comme d'habitude. On a cuisiné de la soupe et un ragoût irlandais. Lilibet n'est pas à son avantage en grand comité, mais j'imagine que c'est le cas de beaucoup de gens à l'exception des boute-en-train. Moi, par exemple, je suis mieux toute seule car je me mélange mal. En dehors de mon petit cercle, je me sens perdue et désespérée. Deborah m'a déposée à la maison. D est très gentille bien qu'un peu grossière. J'ai appelé Sonia et nous en avons discuté.

Mercredi 20 novembre

Lettre de Maman me permettant de rester ici un trimestre de plus mais me priant d'aller à l'école de maintien cet été pour être avec des filles de mon âge, sinon, dit-elle, je ne connaîtrais que les Hardinge, les Crichton et la princesse E, qui est bien plus jeune que moi. Je suis d'accord avec elle en ce qui concerne les Hardinge et les Crichton, mais ce dont elle ne se rend pas *du tout* compte, c'est que Lilibet vaut une centaine d'amies à elle seule (puisqu'il n'y a que ce genre d'amitiés qui l'intéresse) et que ses deux ans de moins n'ont strictement *aucune* importance. Si ce n'était pour rester avec elle, j'irais dans cette école sans discuter. Mais j'ai si peur de rompre le contact avec elle et de ne plus pouvoir renouer ensuite.

Samedi 23 novembre

C'est la dernière fois que j'écris en ayant seize ans. Ç'aura été une année d'orages et de larmes mêlés à des joies inattendues et à des honneurs. Je suis allée danser dans ma robe de mousseline bleu clair qui me va si bien. C'est merveilleux de penser que la robe que j'avais entièrement imaginée s'est matérialisée jusque dans le moindre détail. Après la leçon, Margaret m'a dit : « Vous avez battu Anne, cette fois ! — Battu ? ai-je demandé. — Votre robe est bien plus belle que la sienne ! » (Anne portait une robe de tulle vert foncé avec des liserés dorés tramés comme des facettes de diamant, des volants dans le bas et autour du cou, et des manches bouffantes.) Personnellement, j'aime autant la sienne que la mienne.

Dimanche 24 novembre

J'ai dix-sept ans aujourd'hui. J'ai ouvert trois cadeaux dans mon lit et feuilleté *Our Princesses at Home* que m'a offert E[1]. Messe à neuf heures. Communion. Ouvert

1. Elizabeth Wyndham était la fille adoptive de Lady Leconfield. Intellectuelle et linguiste, elle a contribué au déchiffrage des codes à Bletchley Park.

tous mes cadeaux ensuite. Grand-Père m'a donné une livre. Tante Alathea et moi sommes allées en voiture jusqu'à Eton, en compagnie de Lady Leconfield[1] et d'Elizabeth Wyndham. Lady L m'a dit que la princesse E me transmettait son amitié et qu'elle ne savait pas que c'était mon anniversaire, ce qui m'a fait très plaisir. Nous avons pris le thé très agréablement au restaurant *Le Cockpit*, à Eton. On aurait pu aller voir un film mais Grand-Père nous voulait de retour avant la nuit. Quel dommage ! En rentrant, E s'est assise dans mon fauteuil et s'est moquée de mon album de photos consacré aux princesses. Pourquoi est-ce que les filles dans son genre détestent-elles toujours autant les princesses ? Ensuite elle m'a maquillée et coiffée, en me disant que j'étais bien mieux ainsi. Brita et aussi Maman seraient d'accord avec elle, mais je déteste avoir l'air d'une grande. Je n'aime pas E et pourtant nous avons eu une discussion assez intime à ce sujet. Elle m'a dit que je faisais quinze ans.

Mardi 26 novembre

Crawfie m'a appelée tôt ce matin pour me prier de venir prendre le thé et d'inviter Anne également ! Deborah est venue nous conduire au Château où nous avons fait des scones, des pancakes écossais et,

---

1. Née Beatrice Rawson, Lady Leconfield a épousé et vécu avec le baron Leconfield, troisième du nom, leurs fils et fille adoptifs à Petworth House dans le Sussex. C'étaient des amis de la famille à qui Alathea rendait souvent visite.

de nouveau, des tartelettes à la confiture que nous avons dégustées avec le thé de cinq heures.

Mercredi 27 novembre

Nous avons roulé jusqu'à Arundel[1] où nous étions attendues pour le déjeuner. Lavinia, bien que très dure et très mauvaise duchesse, est très gentille. Bernard[2] est venu et notre déjeuner fut très plaisant. On s'est beaucoup intéressé à moi. Nous sommes ensuite partis voir les enfants. Mary, le bébé, est plutôt mignonne, mais Anne est très vilaine. Elle ressemble à une meule de fromage hollandais mais serait sûrement plus mignonne avec des cheveux bouclés. Pour l'instant, ils sont jaune paille, raides comme des baguettes et tirés en queue de cheval. Jolie salle de jeux.

Vendredi 29 novembre

La Tigresse[3] a été odieuse l'autre jour, hier ou avant-hier, et cette nuit je me suis vraiment demandé si elle avait eu une crise car elle était encore plus folle que d'habitude. Elle est allée se coucher avant que nous ayons fini notre jeu, Papa et moi, et quand je lui ai dit « Veuillez m'attendre », elle m'a donné une petite tape sur la tête. J'ai fait exprès de ne pas lui souhaiter

1. C'est dans le château d'Arundel dans le Sussex que vivait le cousin germain du père d'Alathea, Bernard, duc de Norfolk.

2. Le duc de Norfolk et ses filles, Mary et Anne.

3. C'était le surnom qu'Alathea, adolescente, donna à sa tante célibataire Tante Magdalen Fitzalan Howard. En grandissant, elle se mit à l'apprécier et ne la surnomma plus ainsi.

« bonne nuit » *du tout*. Quand je suis montée me coucher, je me sentais si pleine d'amertume et de haine que j'ai écrit tout ça dans mon journal, assise sur mon lit, pour me soulager et ne pas m'endormir en pleurant. Je ne laisserai pas cette femme me faire arriver défigurée à ma leçon de danse. Elle est très gentiment venue me dire « bonne nuit », mais elle est folle. Je ne peux pas l'aimer mais l'expérience m'a montré qu'il faut prendre les gens comme ils sont. J'ai toujours vécu avec des gens durs et j'ai appris auprès d'eux ce que l'affection et l'amour ne vous apprennent pas. Ainsi en va-t-il de ceux qui aspirent à la chaleur passionnée de l'amour.

QUE DIEU TOUTEFOIS ME L'ACCORDE UN JOUR.

Dimanche 1er décembre

Comme le temps passe vite ! Noël approche déjà mais la guerre nous prive de tout enthousiasme. Je suis si triste que nous soyons tous séparés pour Noël, à l'exception de Maman.

Mardi 3 décembre

Je ne suis pas sortie le matin mais j'ai fait ma liste de cadeaux et attrapé, comme d'habitude, l'autobus pour aller à Windsor. Vu Zelda. Acheté *Our Princesses at Home* pour le Noël de Miss D, puis suis montée au Château. On était juste Libby et moi. On a fait de la crème et du pudding *spotted dick*[1]. Les

---

1. Dessert typiquement anglais à base de graisse animale et de raisins secs (NdT).

cheveux de Lilibet sont pires qu'avant car plus frisés, *je trouve*, avec des boucles plates collées sur son crâne, des frisettes toutes serrées sur son front. Elle devrait les porter plus long avec des boucles plus souples. Margaret est adorable.

Vendredi 6 décembre

J'ai dit au revoir à Maman et à Tante Alathea. J'étais contente qu'elles s'en aillent. Juste une bise toute sèche sur la joue en arrivant et une autre en partant. Elle est si peu affectueuse ! Mais hier, quelle belle journée : j'entrais dans toutes les boutiques et je trouvais tout ce que je voulais ! Je ne laisserai pas Maman me gâcher mon plaisir. Vivre dans une famille désunie m'a donné du jugement en matière de psychologie et je suis à présent en mesure de comprendre l'ensemble de la situation. Il y a beaucoup à dire sur Maman, mais aussi beaucoup sur Grand-Père, beaucoup plus que ce qu'on imagine. L'avenir nous fera peut-être considérer cette famille malheureuse avec moins de sévérité que le présent. Maman n'a de cesse que de me faire « revenir sur terre » pour que je voie la vie telle qu'elle est et que je ne souffre pas d'être *arrachée* à un rêve. Il est évident qu'elle m'aime plus que je ne l'aime, mais moi je ne peux pas regarder la réalité en face : je dois vivre dans le petit monde que je me suis fabriqué et en supporter les conséquences. Elle me prendrait certainement pour une folle si je lui disais qu'il n'est pas impossible que j'épouse le prétendant à la couronne d'Autriche !

Samedi 7 décembre

Quel plaisir de danser ! J'ai déjeuné avec les Hardinge, mais après la leçon, Lilibet m'a priée de venir voir un film avec elle. Elle a aussi invité Libby et ça a mis une de ces pagailles ! En arrivant à Winchester Tower, Lady Hardinge a dit que Libby ne pouvait pas manquer les Guides cette semaine, si bien qu'elle devait refuser, ce qui en dehors d'être parfaitement ridicule est très mal élevé. Je n'oserais *jamais* refuser une invitation royale. J'avais mes habits de Guide et, après le déjeuner, j'ai marché jusqu'au Château en grelottant dans ma petite robe. J'avais un pull en laine et mes chaussures de claquettes. Je pense qu'ils devraient prévoir ce genre de choses la veille. J'ai attendu dans la classe que les princesses arrivent et je les ai aidées à peindre des cartes de Noël. L a dit qu'ils allaient donner un thé dansant* avant Noël et qu'on devrait y faire notre chorégraphie ! Merci, *mon Dieu*, j'ai ma robe en mousseline ! Thé avec la Reine. Le Roi nous a rejointes et nous sommes allés regarder un film. Je n'aime pas le même genre de films qu'eux mais ils sont si gentils de m'inviter et, ensuite, de me reconduire chez moi.

Mardi 10 décembre

Marche jusqu'à Winchester Tower puis jusqu'au Château avec Deborah, Anne et Libby. J'ai fait des biscuits au gingembre, Lilibet, un petit gâteau au chocolat, Anne, de délicieux sablés, et Libby, des scones.

---

* En français dans le texte (NdT).

Winifred est aussi venue pour le thé. Récemment, elle a commencé à se trouver trop vieille pour nous. Elle s'est mise à se maquiller et à s'habiller d'une façon si atroce (comme Libby) qu'elle ne fait ni jeune ni vieille. En plus, son enthousiasme pour les Guides n'arrange rien. Je ne l'aime plus autant qu'avant et je préfère de loin Libby, bien qu'elle soit très bête et très ennuyeuse. Anne, elle, est charmante, et, bien sûr, Lilibet.

Samedi 14 décembre

Leçon de danse comme d'habitude où Miss Vacani a crié à travers toute la salle que je me tenais beaucoup mieux ! Suis allée ensuite à la salle de jeux et me suis changée dans la chambre de Lilibet (mis ma robe jaune en tissu épais). Margaret m'a dit : « Vous allez recevoir une carte de Noël *de moi* ! » Déjeuner avec le R et la R, etc. Je me suis entendue faire la conversation. Film de Charlie Chaplin. Assise au premier rang avec L. J'ai *adoré* le film. Quand la famille royale a quitté la pièce, je ne savais pas si je devais les suivre ou pas, malgré les regards insistants de Margaret. Finalement, j'ai dû traverser l'immense pièce toute seule, ce que j'ai adoré faire devant tous ces gens qui me regardaient ! Le duc et la duchesse de Kent étaient là, et bien qu'on ne m'ait pas officiellement présentée à eux, ils m'ont spontanément serré la main tous les deux. Quand je suis sortie avec Margaret, je les ai entendus demander à la R qui j'étais, mais hélas, je n'ai pas pu en entendre davantage. On a pris le thé à cinq heures, juste le R et la R, les Kent, L, M et moi. Y a-t-il sur terre quelqu'un de plus chanceux que moi ? Ça me console de tous les foyers heureux et de toutes les mères aimantes que je n'ai pas, et j'adore cette famille, la première d'Angleterre ! Dans la voiture qui me ramenait, j'étais la personne la plus heureuse du monde.

Mercredi 18 décembre

J'ai ouvert notre boîte aux lettres. Il y avait dedans deux ravissantes cartes des deux princesses dans des enveloppes séparées. L'une disait « Pour Alathea, de la part d'Elizabeth », et l'autre « Pour Alathea, de la part de Margaret ». J'étais à moitié déçue de ne pas recevoir de carte avec photo, moi qui rêve d'une photo signée, mais en même temps j'étais folle de joie. Tout ça à cause de la guerre ! Miss D a déjeuné avec nous et je lui ai dit au revoir juste après. Je ne crois pas que ce soit un adieu définitif et je pense que nous resterons en contact. En trois ans, nous avons travaillé ensemble, lors des jours heureux et insouciants à Hans Place, avant la guerre, puis lors des jours solitaires et douloureux ici, bien que nous en ayons aussi eu de très heureux. J'ai vu tant de monde passer que j'ai mesuré la fugacité des choses. Je ressens cependant que mon lien avec les jours anciens est en train de me glisser entre les doigts.

Samedi 21 décembre

Leçon de danse. Miss Vacani a vanté mon port. Je devais tourner sur moi-même puis faire un fox-trot avec Anne. Elle a applaudi aux deux. Après, nous sommes allées dans la salle de jeux, puis dehors pour marcher avec Monty. J'ai emprunté des bottes à Mrs Knight et une écharpe à Margaret. Elles ont exposé mes cartes et M m'a offert un cadeau en leurs deux noms, en me priant de ne pas l'ouvrir. C'était soit un tableau, soit une photo et, à sept heures, quand je suis rentrée, j'étais certaine que c'était une photo. J'ai donc été déçue de voir que c'était un petit tableau. C'est très gentil à elles et il me plaît, mais j'espérais *tellement* une photo. Déjeuner avec le R et la R, puis répétitions pour la pièce. J'avais très confiance en moi, en mon allure (je portais mon manteau vert, une jupe et un pull bordeaux, des escarpins marron et pas de chapeau). Très bonne représentation. Ensuite, en allant vers la salle de jeux, j'ai bousculé le R et le duc de Kent à cause de l'obscurité ! Ils ont été adorables mais je ne pouvais pas passer. J'ai fini par les saluer, les remercier, et le duc de Kent m'a serré la main. Je me suis changée dans la chambre de Margaret. Les Loyd sont passés me chercher pour aller au thé dansant*, qui était très plaisant, mais je dois être blasée car je n'apprécie pas autant que les autres ces petits rituels un peu miteux à mon goût, même en m'y efforçant. Zelda est très gentille. C'était excitant de rentrer dans la nuit sous les projecteurs et la protection des armes.

Lundi 23 décembre

Grand-Père m'a conduite dans sa voiture jusqu'aux pelouses où j'ai attendu l'autobus pour Windsor. J'ai choisi un petit flacon d'eau de Cologne peint à la main chez Caley's pour Lilibet, mais ils ne voulaient ni me le faire livrer ni me l'emballer, si bien que je suis allée mendier un morceau de papier cadeau chez Pettle's. En sortant de chez Caley's avec mon paquet, quelqu'un m'a bousculée et l'a fait tomber par terre sans s'excuser le moins du monde. Je l'ai *fusillé* du regard. À la Token House, j'ai trouvé de petits bocaux à bonbons peints pour Margaret, mais ils me les ont emballés dans du papier kraft, ce qui m'a beaucoup énervée. Ensuite je suis allée à l'hôtel pour leur demander de les faire livrer par coursier mais ils ne disposent pas d'un tel service. J'ai demandé pourquoi en marquant l'adresse dessus mais j'ai dû marcher jusqu'à la porte Augusta et les déposer moi-même.

Mardi 24 décembre

Un prêtre est venu hier, le père Vernon Johnson, que nous n'aimons pas trop à cause de son austérité (à part Grand-Père). J'ai passé une grande partie de la matinée à emballer mes cadeaux puis suis sortie marcher, et malheureusement je suis tombée sur le prêtre avec lequel j'ai dû faire quelques pas, un gros effort de ma part, mais j'ai su abréger. Confession embarrassante après mon chapelet. Au lit à dix heures, puis on m'a réveillée pour la messe de minuit.

Mercredi 25 décembre

Un très beau collant reçu au réveil et petit-déjeuner au lit (comme tout le monde). On a passé la matinée à donner et à recevoir des cadeaux. J'ai disposé tous les miens sur une table du salon. Déjeuner agréable puis lecture jusqu'au discours du Roi, à trois heures. Ensuite nous sommes tous sortis mais on s'est séparés à la Bishop's Gate, et Papa et moi sommes partis marcher longuement. Ce ne fut pas un après-midi de Noël très plaisant car nous n'avons pu nous empêcher de revenir à l'*éternelle* question, celle d'après la guerre, ce qui est la seule chose encore pire que la guerre elle-même, et, plus que jamais, j'ai reconnu les mots de Maman dans la bouche de D, à savoir l'école et ma vie par trop luxueuse ici. Mais j'ai passé une très bonne soirée à écrire dans mon journal à la page de mardi et à lire. Chapelet à sept heures avec le sermon du prêtre qui a failli me mettre en retard pour le dîner. Je suis restée assise devant ma coiffeuse jusqu'à plus de onze heures, songeant et rêvant au Noël d'il y a quatre ans à Wentworth[1], quand j'avais dansé jusqu'à deux heures du matin ! Comme c'était glorieux *alors*, excitant, mais que ça semble loin, si loin, *aujourd'hui* ! Quel faste, quelle majesté, quel romantisme, et même que d'amour ! Dans les grandes salles de bal toutes dorées, je reconnais à présent le lointain écho du XVIIIe siècle, envolé à jamais. Mais en analysant mes pensées, je sais que le présent au moins me *contente* parce que c'est la volonté de Dieu. Apparemment j'ai l'air d'une enfant, mais dans mon for intérieur la guerre m'a transformée comme seules des *années* d'expérience âpre vous transforment.

1. Wentworth Woodhouse est un vaste domaine seigneurial dans le Yorkshire, le fief du comte Fitzwilliam.

Jeudi 26 décembre

Pendant le petit-déjeuner ce matin, le prêtre m'a proposé d'aller marcher avec lui afin qu'il me raconte sa conversion par sainte Thérèse. Dieu m'en garde ! Suis allée avec Deborah au Château, dans le salon des officiers, pour le goûter de Jackie Philipps[1]. Les princesses sont arrivées à cinq heures avec Monty. L portait des talons un peu plus hauts que d'habitude. Merveilleux thé avec papillotes-surprises. J'ai reçu une grande bague en os blanche avec des fleurs dessus, que je garderai en souvenir de cette très joyeuse fête. Après le thé, on a fait exploser les papillotes dans la chambre de Jackie puis on a tous joué aux charades. Le jeu le plus drôle du monde, j'adore les charades. De retour à la maison, j'ai rangé la bague dans une boîte sur ma coiffeuse car je sais que dans les années qui viennent, j'aimerais revenir à cette journée qui aura été, je ne sais pas pourquoi, l'une des plus belles de ma vie. Non que, sans la bague, je puisse l'oublier, mais nul ne niera que la matière aide parfois à faire revivre les ombres, en tout cas pour vos enfants et vos petits-enfants.

1. Sir Grismond Philipps, dit « Jackie », était l'écuyer de George VI et commandant à la Castle Company, en charge de la surveillance du Roi à Windsor. Sa femme et lui donnaient des réceptions en l'honneur des jeunes grenadiers afin de leur présenter les princesses et leurs amies, dont Alathea.

Vendredi 27 décembre

Anne Crichton m'a appelée tôt pour m'inviter à déjeuner et à voir une pièce aujourd'hui. La pièce, qui s'intitulait *The Midshipmaid*[1], m'a beaucoup plu bien que, et malgré mes efforts, je n'arrive pas tellement à me défaire de l'idée que je n'aime pas *vraiment* les choses drôles. N'ayant pas un grand sens de l'humour, je passe souvent à côté des blagues et ça me donne vraiment mal à la tête d'entendre les gens *hurler* de rire à des choses idiotes qui ne m'amusent pas *du tout*. Non, on dirait plutôt que j'ai une attirance pour la tragédie et le drame *perpétuel*. Je me réjouis même de mon *propre* malheur et j'y trouve une forme de beauté romantique et magnétique.

Dimanche 29 décembre

Je me suis réveillée avec un rhume et suis restée à lire et à écrire toute la journée. J'ai soudain repensé aux relations entre Papa et Maman qui s'éloignent l'un de l'autre, chacun ne veillant qu'à suivre ses propres désirs. Ils acceptent la situation telle qu'elle est et vivent plutôt comme *des amis* que comme mari et femme, ce qui n'était pas prévu, mais qui, au fond, n'est pas si mal. Mais qui, *quel que soit* l'âge, a jamais atteint le bonheur *véritable* ? Personne, je ne trouve personne.

---

1. En français *L'Aspirante* (NdT).

Mardi 31 décembre

La famille royale est partie pour Sandringham. C'est une bonne chose car L et M n'ont pas bougé d'ici depuis *janvier* et, moi-même partie, ça me soulage de savoir que je ne raterai aucune leçon de danse. Je suis allée au Queen Acre vers quatre heures et me suis assise dans la salle de jeux avec Anne. Et je suis rentrée à la maison en songeant que c'était une belle façon de clôturer l'année.

1941

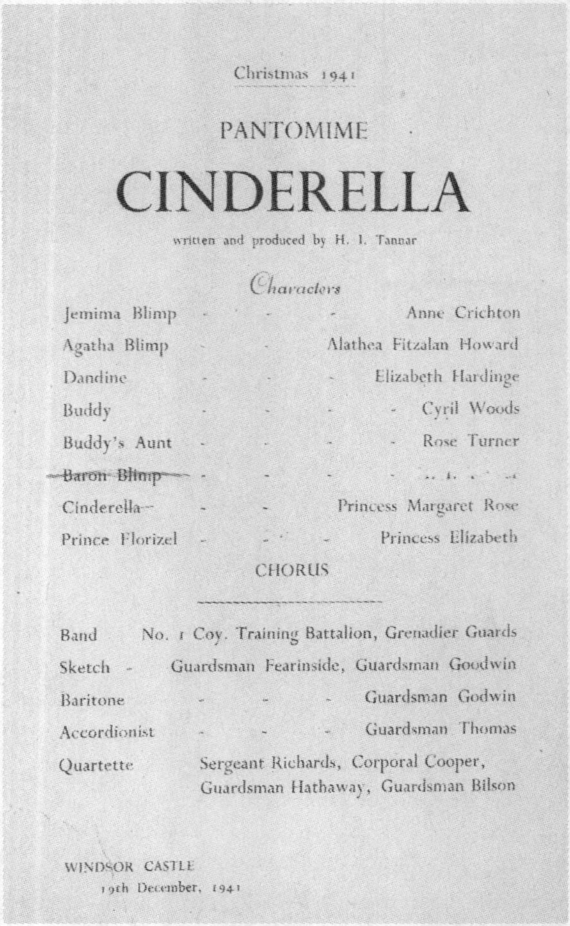

Christmas 1941

PANTOMIME

CINDERELLA

written and produced by H. I. Tannar

Characters

Jemima Blimp	Anne Crichton
Agatha Blimp	Alathea Fitzalan Howard
Dandine	Elizabeth Hardinge
Buddy	Cyril Woods
Buddy's Aunt	Rose Turner
~~Baron Blimp~~	.. . . . .
Cinderella	Princess Margaret Rose
Prince Florizel	Princess Elizabeth

CHORUS

Band	No. 1 Coy. Training Battalion, Grenadier Guards
Sketch	Guardsman Fearinside, Guardsman Goodwin
Baritone	Guardsman Godwin
Accordionist	Guardsman Thomas
Quartette	Sergeant Richards, Corporal Cooper, Guardsman Hathaway, Guardsman Bilson

WINDSOR CASTLE
19th December, 1941

Programme de la pantomime de Noël 1941
au château de Windsor.

Cumberland Lodge

Jeudi 2 janvier

Dès que je l'ai vue, j'ai su qu'il y avait un problème avec la Tigresse, mais ce n'est que lorsqu'elle est montée dans ma chambre vers onze heures, alors que je me préparais à sortir, que j'ai appris que j'étais la coupable. Elle m'a reproché de l'appeler Tante Maggie en sachant que ça ne lui plaisait pas, d'être mal élevée et pénible, en un mot de ne pas assez bien me tenir. Des larmes de rage jaillissaient de ses yeux et, spontanément, je me suis *mordu* les mains jusqu'au sang. Quand elle est partie, une vague d'amertume surgie du passé m'a submergée. Ce fut l'un des jours les plus malheureux de ma vie et, même si je me ressaisissais demain, ce souvenir amer restera comme enfoncé dans mon cœur jusqu'au jour de ma mort.

Samedi 4 janvier

Je suis sortie avec Taffy (marche) pour retrouver Annabel. Nous étions folles de joie de nous revoir et nous avons passé un moment après le thé à bavarder et à rire dans sa chambre.

Mercredi 8 janvier

Annabel trouve fou que je me morde ainsi (j'en ai encore les marques), mais après le déjeuner je lui ai lu *presque* tout mon « compte rendu », qu'elle a jugé très bien écrit et témoin d'une profondeur de sentiments plus grande que la sienne. (Bien sûr, A est très placide et peu encline à éprouver des sentiments romantiques ou romanesques.) Nous avons passé l'après-midi et la soirée à bavarder agréablement et je lui ai raconté certains des conflits de la famille.

Mardi 21 janvier

J'ai attrapé le 10 h 31 et une grande mélancolie m'a brouillé l'esprit en arrivant à Londres. La ville n'a jamais été plus démoralisante, une vraie ville morte avec de grands immeubles déserts, sans vitres ou totalement en ruine. Deux ans plus tôt, jamais je n'aurais cru possible qu'une ville que j'ai connue et aimée si longtemps puisse subir une transformation aussi terrible.

Mardi 28 janvier

Retour à Cumberland Lodge hier soir. Tout le monde dans cette maison me démoralise, même Papa, qui est devenu si amer depuis la guerre, ce qui, mon Dieu, se conçoit bien. Papa m'a montré une lettre de Maman où, entre des lignes écrites à la va-vite, j'ai reconnu une femme qui sait que sa vie n'a pas été une réussite, qu'elle a à peu près tout raté, mais sans l'avoir fait exprès. Je commence maintenant à la comprendre et, si je ne peux pas l'aimer, elle m'inspire de la sympathie.

Samedi 1er février

Temps bien meilleur. Je suis sortie promener Taffy un long moment ce matin. Les Guides recommencent aujourd'hui au York Hall, avec Winifred comme capitaine. Ça m'ennuie mais c'est l'occasion de retrouver des gens que l'on connaît. Nulle part ailleurs qu'aux Guides, W n'est plus insupportable, mais ce fut bon de revoir Anne. W a dit qu'elle irait voir un film au Château ce soir, donc j'imagine qu'*elles* sont de retour.

Mardi 4 février

On s'est mis en route pour Londres à 10 h 30 (Grand-Père, Tante Magdalen et moi). Journée *affreuse*, grosse neige. J'avais envie de marcher seule dans Hyde Park où je n'ai pas remis les pieds depuis juillet 1939, mais comme il y avait Maman je n'ai pas pu. Suis allée au 18[1] toute seule pour ranger ce qui me restait d'affaires dans une valise. J'ai emporté le *Marie-Antoinette* de Zweig que j'avais pris l'habitude de lire en secret avant les leçons, puis j'ai fouillé la

1. 18 Hans Place, à Knightsbridge, est l'adresse où a vécu Alathea avec ses parents et sa jeune sœur jusqu'à la guerre. L'endroit a ensuite été déserté puis mis au service de l'effort de guerre.

chambre de Ming-Ming où j'ai passé tant d'heures. Je suis allée chercher mes tableaux favoris dans la salle de jeux, quelques bibelots et ma petite lampe de chevet. Quelle tristesse ! Tout est arrivé ici à l'heure du thé. En allant me coucher, je suis restée un long moment songeuse près de la cheminée, à me souvenir du petit tableau de jacinthes des bois que je ne suis pas près d'oublier, d'abord accroché dans la salle de jeux puis dans ma chambre, de l'éléphant en nacre qu'Eileen[1] m'avait donné, et du Cupidon blanc que le Roi m'avait offert lors du douzième anniversaire de Lilibet, autant de petits rappels des jours anciens qui, je l'espère, ne seront pas noyés dans Cumberland Lodge, comme d'autres objets l'ont été. Avec, pardessus tout, cette lampe qu'ils sont en train d'installer près de mon lit. Elle est vert clair et ma chambre bleue, mais qu'importe ? Dans mon lit, j'ai une fois de plus laissé couler mes larmes de CHAGRIN.

Mercredi 5 février

Fräulein[2] m'a envoyé du travail à faire, à raison de deux heures quatre matinées par semaine, en allemand et en français, ce qui est *tout à fait* épuisant.

1. Eileen Ramsey était la cuisinière de Houghton, la maison du grand-père d'Alathea, dans le Yorkshire.

2. Fräulein désigne la préceptrice allemande d'Alathea à Londres, puis par correspondance, et dont on ne connaît pas le vrai nom.

Samedi 8 février

Je me suis changée, j'ai mis ma robe vert et blanc et suis partie à la leçon de danse. Les princesses avaient leurs horribles robes en shantung bleu et rose. Elles doivent bien en avoir d'*autres* ! Alors *pourquoi* ne les portent-elles pas ? Après le thé, j'ai joué à faire mon testament : je laisse mes bijoux à Elizabeth Anne, ma garde-robe à Ming-Ming et mes journaux à Annabel pour qu'elle les publie après la mort de Maman.

Mardi 4 mars

La plus belle journée. Suis allée au Château à trois heures. Rejointe par Libby et Anne. Rencontré Crawfie et Lilibet dans la classe. Puis nous sommes descendues faire la cuisine. Chacune a fait un plat : Lilibet des sablés, Anne, du poisson, Libby, de la soupe de pommes de terre et moi, du pudding. On a toutes réussi. Lilibet, en fait, aime bien faire la vaisselle et s'y adonne plus que nous toutes réunies ! Moi, j'ai peur rien qu'à l'idée de tremper mes doigts dans de l'eau sale. Je préfère de loin la couture, que L déteste !

Mercredi 5 mars

Bicyclette pour retrouver Sonia. Elle a lu mon livre pendant que je lisais toutes les lettres qu'elle a reçues de Lilibet. Des douzaines ! Je dois dire qu'elle en savait bien plus sur elle par ce moyen, *à l'époque*, ainsi que par les photos, etc., que moi aujourd'hui, puisqu'elle ne m'écrit pas ni ne me donne aucune photo, mais bon, je préfère quand même la connaître *aujourd'hui* car, étant plus âgées, nos relations dureront plus longtemps.

Jeudi 6 mars

Après le dessin, Lilibet, Margaret et moi sommes allées dans la Red Drawing Room où trois grenadiers et quelques autres officiers nous ont rejointes. Puis tous les officiers de la Royal Air Force ont défilé et serré la main à L. Lilibet trouve difficile de faire la conversation, comme moi, mais elle s'en est *très* bien sortie puisqu'elle a dû rester debout toute seule, pendant au moins une heure, à parler avec chacun des officiers. Elle a insisté pour qu'on fasse venir les chiens car elle dit qu'il n'y a rien de mieux pour relancer une conversation qui flanche !

Samedi 8 mars

Très peu d'élèves à la leçon de danse. Margaret n'est pas venue. Lilibet portait des chaussures de danse rouges. J'ai bien suivi jusqu'aux claquettes puis, comme j'ai manqué toutes les leçons où elles ont appris les nouveaux pas, j'ai dû me mettre au dernier rang et me traîner désespérément pendant qu'Anne, Libby et Lilibet s'exécutaient parfaitement. J'ai senti les larmes me brûler les yeux, mais Anne m'a promis de m'écrire les pas pour que je m'entraîne.

Dimanche 9 mars

J'ai marché jusqu'au Royal Lodge où j'ai trouvé Lilibet, Crawfie et Mrs Bowlby[1] assises dans la berline qui devait les conduire au Château. L a roulé ses cheveux vers l'intérieur et m'a demandé si ça me plaisait et j'ai dit non. On a joué aux cartes dans la classe jusqu'à l'heure du déjeuner, puis on est sorties. On a beaucoup ri en crachant depuis un pont sur les feuilles qui flottaient à la surface du ruisseau ! Crawfie est tellement drôle ; Monty n'aurait jamais approuvé ce jeu de crachats ! On est rentrées en marchant pour ramener Margaret dont c'était la première sortie depuis la grippe, puis toutes les trois nous avons fait une grande promenade et passé un moment à la ferme. Nous ne sommes rentrées qu'à quatre heures et demie en ne cessant de faire les idiotes et de glousser de fatigue ! Crawfie et moi, bras dessus bras dessous, on descendait doucement la pente raide qui part de la terrasse mais L nous a poussées : on a dévalé et atterri dans un buisson en riant tellement qu'on n'arrivait plus à se relever. Thé distrayant dans la salle de classe. Margaret nous a tuées de rire. Après le thé, nouvelle partie de cartes, des jeux idiots puisque, de toute façon, on faisait les idiotes. Plus je les vois, plus je les aime, et elles sont tellement plus gentilles quand on est seule avec elles. Je suis sûre qu'elles m'aiment plus elles aussi, *beaucoup* plus qu'avant la guerre.

---

1. Mrs Bowlby, née Lettice Annesley, était la dame de compagnie de la reine Elizabeth.

Mardi 11 mars

Je suis montée dans l'autobus pour Windsor. Deborah y était aussi. On a pris Libby au passage puis rejoint les princesses et Crawfie dans la classe. Nous avons fait une grande promenade aujourd'hui pour passer le temps. On a croisé la Reine, qui avait une mine affreuse. D était si gaie et si joviale avec elle qu'elle en était presque impolie. Libby et moi sommes rentrées à pied jusqu'à Winchester Tower en parlant de Deborah. À ma grande surprise, elle désapprouve très franchement son attitude vis-à-vis de la Reine et la trouve *tout à fait* dénuée de tact avec les princesses, notamment quand elle leur dit ce qu'elle a lu dans les journaux à leur sujet, ce qui ne se fait *absolument* pas.

Samedi 15 mars

La leçon de danse était *formidable* aujourd'hui et les claquettes ne m'ont posé aucun problème. Annabel a aimé regarder. Les princesses lui ont parlé et serré la main (pour la première fois de sa vie, je *pense*). On est rentrées en voiture et on a parlé de tout. A pense que Lilibet a une poitrine énorme ! Quel dommage quand on pense qu'un jour elle sera toute flétrie. Tante M est venue et a dit que PE avait appelé pour me prier de venir voir un film aujourd'hui, alors la fourgonnette Ford en provenance du Château est arrivée. On a laissé nos affaires dans la chambre de L puis joué aux cartes dans la salle de classe avec Monty jusqu'à quatre heures, heure à laquelle nous sommes allées rejoindre les appartements de la R pour le thé. On a beaucoup parlé et bien ri, puis la Reine est arrivée, suivie du Roi. Chaque fois, nous nous levions, faisions une révérence et leur serrions la main. Elle et moi nous sommes assises de part et d'autre du Roi : nous avons bavardé en nous sentant très à l'aise et très proches. Après le thé, on a regardé des photos dans le bureau du Roi pendant quelques minutes avant de gagner la Red Drawing Room (c'est là où nous dansons) pour voir un film qui s'appelait *Disraeli* et qui était très bien. Annabel et moi étions au premier rang, à côté de Lilibet. Bien que ce ne soit absolument pas la première fois, tout me semblait nouveau car A était là. Jamais je n'aurais pu imaginer qu'un jour j'emmènerais A là-bas, sans parler de prendre le thé avec le Roi et la Reine ! À sa place, j'aurais été intoxiquée de joie. Je suis contente de savoir qu'elle ne doit sa présence qu'à leur volonté et non à une insistance que je n'oserai *jamais* avoir. J'espère avoir acquis maintenant l'art de vivre à la cour. Je suis allée me coucher, extrêmement heureuse et convaincue d'avoir les faveurs du ciel[1].

Jeudi 20 mars

J'ai enfourché ma bicyclette jusqu'au Château en longeant la Long Walk et suis entrée par la droite.

1. C'est peut-être une ironie du sort, mais la fille d'Annabel, Anne Beckwith-Smith, deviendra la dame d'honneur de Diana, la princesse de Galles.

On a joué aux cartes avec L qui m'a priée de rester pour le thé. Margaret était de très bonne humeur aujourd'hui ; on ne peut s'empêcher de se moquer d'elle et elle le sait, ce qui lui permet de toujours profiter de la situation.

Samedi 22 mars

Après la classe de danse, je me suis changée dans la chambre de Margaret et suis allée lire dans la salle de jeux en attendant qu'elles aient terminé leur leçon, puis je me suis assise dans le salon de la Reine jusqu'au déjeuner. Avec le Roi. Quatorze à table. On a eu du crabe assaisonné, des crabes rapportés vivants de Plymouth par le Roi et la Reine. Ensuite on a mangé des chocolats avec la Reine, puis promenade avec Crawfie jusqu'au thé avec le R et la R. On nous a servi de la crème épaisse, mais les princesses n'aiment pas ça, alors que le Roi, la Reine et moi, oui. Le Roi a dit à la Reine qu'elle ne devrait pas en manger autant alors qu'elle n'avait pas bougé de l'après-midi ! Il m'a demandé si moi aussi j'avais « un problème de cheveux » car Lilibet est tout le temps en train de se débattre avec les siens. J'ai dit que oui. La Reine m'a demandé si je me poudrais le visage. Elle est si *adorable* et si gentille que, sans être vraiment belle, elle a un charme irrésistible et on ne peut s'empêcher de l'aimer. Elle a gagné mon indéfectible adoration. Si seulement j'avais une mère comme elle ! Nous sommes allées regarder un film et je me suis assise entre L et M. Un Marx Brothers.

Elles hurlaient toutes de rire, alors que moi je n'ai pu que faire semblant de trouver ça drôle.

Dimanche 23 mars

Papa et moi avons traversé Home Park pour prendre le thé à l'Adelaide Cottage que la Reine a prêté à Jackie et Joan Philipps, le temps de la guerre. Je l'ai trouvé ravissant. Il incarne à merveille l'idée d'un petit monde à l'abri du grand, tout comme le château de Windsor et ses environs. On passe son temps à me dire que la vie ici, à Cumberland Lodge, n'est pas la vraie vie et je vois à présent comme c'est juste, mais c'est justement cette irréalité, cette absence de lien avec l'extérieur, avec le vrai monde, qui me séduit tant, moi qui ai toujours vécu dans un monde à moi, un monde de rêve et d'imagination qui n'a rien à voir avec mon époque.

Mardi 25 mars

Je serais bien allée moi aussi chercher chez Grand-Père ma robe de bal estivale pour Pâques, mais Fear, son chauffeur, est malade et je ne pense pas que cela vaille la peine que je prenne le train. Attrapé l'autobus de 14 h 30 pour Windsor où j'ai fait quelques emplettes, dont un joli chemisier en coton écossais jaune et blanc de chez Caley's. Je l'ai fait mettre sur le compte de Grand-Père en espérant qu'il passe inaperçu car je n'ai pas les moyens de me le payer moi-même. Maman est censée m'en offrir un pour Pâques mais je n'ai eu aucune nouvelle d'elle depuis ma rougeole. Elle m'écrira probablement. Je me suis débrouillée pour trouver un peigne mais aucune pince *nulle part* : la guerre commence à vraiment se faire sentir.

Jeudi 27 mars

Retour du Château à bicyclette. On a modelé un cheval en argile et c'était très amusant. Margaret essaie toujours de m'attirer dans sa chambre plutôt que dans celle de Lilibet. En rentrant, je me suis arrêtée pour regarder longuement Frogmore, et soudain, j'ai pensé que si j'étais Lilibet, d'ici quelques années, je ferais de Frogmore ma résidence principale et, en tant que reine, mon Trianon. Ça collerait parfaitement mais je n'arriverai jamais à persuader L de se prendre pour Marie-Antoinette.

Lundi 31 mars

De plus en plus difficile de tenir. Je *ne veux pas* être secrétaire. Papa et moi avons eu une dispute assez vive car Mrs Hill-Wood, une amie de la famille, est venue pour le thé et a dit que je devrais suivre l'enseignement quotidien de la Domestic Economy School d'Ascot. C'est exaspérant tous ces gens qui conspirent et intriguent dans votre dos pour vous envoyer là où vous ne voulez pas aller.

Jeudi 3 avril

Bicyclette, Château, dessin. Nous avons fini nos chevaux en argile. C'était la dernière leçon du trimestre. Après, nous avons fait un jeu de pantomime en français avec Monty, puis une partie de cartes jusqu'à l'heure du thé. Ils parlaient de Philip alors j'ai dit : « Qui est Philip ? » Lilibet a répondu : « On l'appelle le prince Philip de Grèce », avant d'éclater de rire. J'ai demandé pourquoi alors que je le savais très bien ! Margaret a dit « On ne peut rien vous dire ! », mais L a dit : « Mais si, on peut. Si vous savez garder un secret. » Ensuite elle a dit que P était son « ami ». Monty m'a demandé si j'en avais un et j'ai fini par dire que c'était Robert Cecil, ce qui a fait rire L. M a dit qu'elle était ravie que j'aie un « soupirant » ! Qu'est-ce qu'on a ri ! L dit qu'elle découpe des photos dans le journal ! Je dois dire qu'elle est *nettement* plus mûre que moi à son âge, il y a deux ans. Avant que je ne m'en aille, Lilibet a dit « Nous voilà riches de deux nouveaux secrets ! » et je suis montée sur ma bicyclette, heureuse et fière de détenir un aussi grand secret, que jamais je ne trahirai.

Vendredi 4 avril

Maman est là, donc je me suis très soigneusement habillée pour le dîner ! Elle a *tout* approuvé, mon visage, mes vêtements, etc. et s'est montrée très gentille. Je ne peux pas dire que je la déteste dans ces moments-là et je suis certaine que ça la blesserait beaucoup d'apprendre que je ne l'aime pas, mais hélas, ainsi en va-t-il de la tragédie de la vie. Elle commence à s'intéresser à moi et à m'aimer car j'ai grandi. Elle voudrait être aimée en retour, mais durant toutes mes années d'enfance, à force de ne pas recevoir l'affection d'une mère, j'ai fini par ne plus ni en attendre ni même en vouloir et, à présent que c'est à ma portée, il est trop tard. Je peux éprouver de la fierté à la voir évoluer avec autant de brio dans le monde. Je peux même éprouver de la gratitude pour celle qui m'a transmis son goût et son sens des vêtements, de la décoration et de la beauté, mais c'est tout : je ne l'aimerai jamais.

Samedi 5 avril

Après déjeuner, Maman et moi sommes parties cueillir des jonquilles pour qu'elle les emporte avec elle. Puis je suis allée prendre le thé chez le Roi, la Reine, Lilibet et Margaret. L et moi avons d'abord mangé des gâteaux dans la salle de jeux puisque L dit qu'il n'y a jamais de gâteaux avec le Roi et la Reine, ce qui, je trouve, est un peu fort de café !

Dimanche 6 avril

Je n'avais plus de place hier pour raconter un drôle d'incident survenu lors du thé. Le Roi, qui était assis près de moi, m'a demandé comment j'étais venue au Château. Après un silence gêné, je lui dis : « La voiture est venue me chercher, Votre Majesté. » La Reine, les princesses et moi avons pouffé de rire et le Roi a dit avec humour : « Eh bien, *ne riez pas*, c'était tout à fait normal de poser cette question. Je l'ai souvent croisée à bicyclette dans le parc, toute seule dans l'allée centrale ! »

Mercredi 9 avril

Deborah a téléphoné pour dire qu'elles faisaient un pique-nique. Quelle surprise vu l'horrible temps !

À bicyclette jusqu'à Forest Gate où j'ai retrouvé les princesses, Deborah, Winifred et Libby. J'ai laissé ma bicyclette au pavillon, suis montée dans la voiture royale qui nous a conduites à un très joli endroit de la forêt, où nous nous sommes arrêtées marcher et cueillir des primevères. Thé sur des couvertures étendues sous les arbres. Nous avons fait un feu pour nous réchauffer. J'étais très étonnée de voir que les princesses étaient venues sans Mrs Knight, ce qui doit être la première fois. Mais, bien sûr, elles avaient quand même un garde du corps. On a tout rangé puis regagné les voitures pour aller voir l'avion allemand abattu dans la forêt hier soir. On ne l'a pas trouvé tout de suite, mais on n'a pas regretté de l'avoir cherché. C'était un truc *énorme*, complètement écrabouillé, dont on a arraché quelques morceaux en souvenir. Il y avait un garde. J'espère organiser un pique-nique parmi les jacinthes en mai derrière Smith's Lawn. Les pique-niques au milieu des fleurs ont un charme irrésistible.

Samedi 12 avril

Grand-Père et moi sommes allés à l'église d'Englefield Green. Il espère toujours me voir manifester une grande dévotion lors de la Semaine sainte, mais je pense que pour ça il devrait arrêter de me traîner dans ces horribles « offices sans âme », ainsi que Maman les appelle.

Mardi 15 avril

Nous sommes allées à l'école d'Errolston[1] en voiture. On a parlé à une sœur *adorable* qui s'appelle mère Perpetua mais qui n'a rien d'une nonne. Le matin, on étudie les arts ménagers, et l'après-midi, on fait de l'allemand, du français, du tennis et de la natation. Après le thé, encore toutes sortes d'activités. Je dois y être à dix heures le matin, ce qui est très raisonnable, et y rester jusqu'à six heures, ce qui m'est très difficile. Je dois dire que tout y est agréable et que ça me plaît. Hugh Euston[2] est venu dîner et on s'est bien amusés.

Vendredi 18 avril

Mercredi soir, ils ont connu à Londres le bombardement éclair le plus terrible. Maman a dit que c'était *atroce* et que Londres est un champ de ruines.

---

1. Errolston était l'école des arts ménagers de la région, rattachée à l'école du couvent de St Mary de South Ascot et dirigée par le même ordre religieux. Elle était réservée aux jeunes filles de seize à dix-huit ans qui avaient fini leur scolarité secondaire. La plupart étaient pensionnaires dans le bâtiment principal, mais certaines élèves comme Alathea n'y allaient que pour la journée et n'y passaient pas une année complète.

2. Hugh Denis Charles Fitzroy était l'héritier du duc de Grafton et reçut le titre de duc d'Euston. Il était capitaine de grenadiers et, plus tard, servit comme aide de camp auprès du vice-roi des Indes. Après la guerre, il épousa Fortune Smith, qui aura été lors de nombreuses années maîtresse de la garde-robe de la Reine.

Lundi 21 avril

Lilibet a quinze ans aujourd'hui. Trois ans que Granny est morte.

Houghton, Yorkshire

Mercredi 23 avril

Papa m'a accueillie à Houghton où je me suis *précipitée* sur Ming-Ming et Elizabeth Anne, qui était si contente de me voir que j'en aurais pleuré. Ses cheveux sont à présent suffisamment longs pour boucler.

Lundi 28 avril

Lettre de Lilibet en provenance de Windsor, très gentille, très longue. Elle finit en mettant : « Avec toute mon affection, Elizabeth. » Je me demande s'il ne faut pas désormais l'appeler Princesse E puisqu'elle a grandi.

Lundi 5 mai

Lettre de Grand-Père m'annonçant la mort de Fear des suites d'une crise cardiaque. J'ai eu un choc car ce n'était pas un vieux bougre et personne n'aurait *jamais* pu imaginer qu'il mourrait dix jours après la dernière fois que je l'ai vu à King's Cross. J'espère *vraiment* qu'ils auront vite un autre chauffeur. Lettre de Sonia disant qu'elle a pris le thé avec les princesses et qu'elles ont parlé garçons. L lui a dit que je leur ai dit pour Robert et aussi qu'elle adore Hugh Euston, si bien que S a dit que moi aussi : elles en ont ri tant et plus. L a dit qu'elle avait un soupirant sans préciser de qui il s'agissait, alors je dois bien faire attention à garder le secret.

Mercredi 7 mai

Horrible raid sur Hull, les bombes nous ont bloqués longtemps. Regardé les flammes par la fenêtre. Le ciel rougeoyait à des miles à la ronde.

Jeudi 8 mai

C'était si triste de quitter ma chère Elizabeth Anne, et quand elle a pleuré, j'ai pleuré moi aussi ; c'était trop déchirant de la sentir qui s'accrochait à moi en larmes. De retour à Cumberland Lodge, l'atmosphère d'égoïsme intense qui règne ici m'oppresse d'autant plus que je m'en suis éloignée, mais je dois aussi garder sans cesse à l'esprit que je leur suis redevable en me montrant *diplomate* et polie. Or ça ne va pas car je dois plus que jamais faire semblant d'aimer Grand-Père alors que *je ne l'aime plus*. Et mon cher Papa qui est *si* désespérément pessimiste. *Personne* ne l'aime vraiment et il ne se rend pas compte, bien que je fasse des efforts pour le lui montrer, que je suis la seule à me soucier de lui. Je devrais toutefois tirer parti de toutes les souffrances que j'endure dans cette maison.

Samedi 10 mai

Nous avons appris que notre pauvre vieille maison du 18 (Hans Place) avait vu toutes ses fenêtres voler en éclats la nuit dernière et que la porte avait été enfoncée. *Pauvre cher 18 !*

Lundi 12 mai

Mrs Loyd nous a conduites Zelda et moi à Errolston. Grand-Père a dit qu'il me payait cette école, mais qu'en retour je devais travailler dur et faire preuve de sérieux. Je suis contente que Z ait été avec moi les premiers jours car je ne connais personne d'autre là-bas. On a toutes commencé par prendre des notes lors d'une conférence sur la vie d'une femme au foyer. On nous a montré nos casiers et on nous a divisées en groupes. Elle et moi avons dû nettoyer des fourchettes et des cuillers en argent puis dresser la table pour le déjeuner. Un groupe a préparé le repas pour tout le monde. On portait nos blouses colorées durant la classe.

Vendredi 16 mai

Errolston à bicyclette. Belle journée, trajet plaisant. Lessive au programme pour mon groupe, puis agréable séance de couture. Zelda et moi détestons laver car ça rend les mains râpeuses ! Heureuse de ne pas être pensionnaire. Je n'aimerais *pas du tout* ranger ma chambre, faire mon lit, etc. Je ne suis pas faite pour m'occuper de moi !

Samedi 17 mai

Les deux princesses sur la piste de danse. L m'a priée de filmer cette soirée et de les retrouver d'abord au Royal Lodge. Mrs Morshead m'a dit :

« Alathea, je vous fais ma révérence par simple habitude », ce qui était très vexant ! J'ai appelé Winifred pour lui dire que j'arrêtais les Guides ! Elle ne l'a pas trop mal pris ! Marche jusqu'au Royal Lodge où m'ont rejointe les princesses. Ai dit « très honorée » au R et à la R qui étaient assis sur un banc dans le jardin avant que le R nous emmène au Château dans sa voiture de sport, ce qui m'a beaucoup amusée ! Expérience très excitante selon moi ! La R m'a donné son écharpe en soie pour que je me couvre la tête, ce qui était très gentil de sa part. Si seulement elle savait comme je l'adore ! On a pris le thé sur la terrasse. Il y avait des œufs de faisans. Après le thé, L a dit que Sonia lui avait parlé des garçons mais je n'ai pas dit que je le savais déjà. L n'a rien dit non plus sur Hugh (E). On a poursuivi avec le film *Sailors Three*. Tout le monde a *hurlé* de rire et j'ai dû faire pareil, mais je dois avoir une autre forme d'esprit car je n'aime *tout simplement pas* les films drôles !

Lundi 19 mai

Samedi, j'ai oublié de mentionner que, lorsque nous étions dans la voiture, PE m'a demandé « Avez-vous un peigne ? », sur quoi le Roi a dit : « Un *peigne* ! Mieux vaudrait une brosse ou alors je ne m'y connais pas ! » C'est alors que la Reine m'a offert son écharpe pour me couvrir la tête, mais vers le milieu de la Long Walk, elle a failli s'envoler. Quel faux pas, me suis-je dit en souriant, si elle s'était envolée et que j'avais crié : « Oh, Madame, votre écharpe ! »

Samedi 24 mai

Leçon de danse s'est TB passée. Les Kent ne viennent pas tous ensemble et alternent les semaines car ils se tiennent beaucoup mieux séparément ! Biscuits et jus d'orange dans la salle de jeux avec les princesses. Puis déjeuné seule avec le R, la R et les princesses, dans le petit salon. Puis, dans la Waterloo Chamber, nous avons assisté à une pièce intitulée *Up&Doing*. J'ai vu mon cher Hugh E. Après le thé, la R, les princesses et moi avons joué au démon volant dans un autre salon. Je suis si intensément heureuse à la cour que je donnerais ma vie sans hésiter pour sauver cette famille en cas de révolution.

Jeudi 29 mai

Me suis changée pour mettre ma jupe rose, mon corsage bleu à rayures et je suis allée à bicyclette à la leçon de dessin qui a eu lieu sur la terrasse. Avec M, on n'a pas arrêté de bavarder ! Elle a dit qu'elle n'aimait pas beaucoup Deborah car trop impertinente ! Je suis contente de voir qu'*elles aussi* ! Monty m'a demandé « Admirez-vous Lord Euston ?* » et j'ai répondu « Oui ». Elle a dit qu'elle s'en était rendu compte à la manière dont je lui avais parlé samedi ! Nous avons toutes ri aux larmes et M m'a demandé si c'était mon soupirant, en sachant très bien que oui ! Elle est sur certains plans *très* mûre pour son âge, sur presque tous les plans d'ailleurs. L a fait une randonnée avec les Guides et Winifred, bien contre son gré !

Dimanche 1er juin

Grand-Père fête ses quatre-vingt-six ans et j'espère vraiment ne jamais atteindre cet âge ! Messe et communion. Les journaux disent qu'à partir d'aujourd'hui *tous* les vêtements, à l'exception des chapeaux, seront rationnés. On nous autorise soixante-six coupons par an et puisqu'une robe en coûte déjà *onze*… Dieu comme je *déteste* cette maudite époque !

Jeudi 5 juin

Je me suis changée. Mis ma robe jaune et mon petit manteau marron, puis la voiture royale est venue me chercher pour m'emmener à la leçon de dessin. On est restées à l'intérieur aujourd'hui vu le vilain temps. Puis tout le monde est parti en voiture prendre le thé chez Deborah. Toute la famille là-bas, quelque peu fatigant, tout le monde parlait fort et en même temps en faisant de petites révérences très rapides (c'est drôle de voir les gens en faire à tout bout de champ, surtout ceux qui n'ont pas l'habitude). PE a dit qu'elle m'enverrait le manuel de secourisme pour réviser d'ici jeudi prochain mais quand Hugh Euston est venu dîner, il l'a apporté avec lui avec dedans une carte postale signée de « Lilibet ». Quelle joie pour moi ! C'était très plaisant de dîner avec Hugh. Lilibet a dit aujourd'hui qu'il lui avait dit qu'il venait. Que c'est *drôle* qu'on se soit choisi, elle et moi, le même soupirant !

Samedi 7 juin

Après la leçon, nous sommes allées dans la salle de jeux boire un jus d'orange et manger des biscuits. Je me suis changée dans la chambre de M parce qu'elle insiste toujours, mais L a dit que la prochaine fois je devrais aller dans la sienne ! Au déjeuner, j'ai espéré que Hugh E soit assis près de moi, mais on l'a placé entre la R et L, si bien que lorsque M a croisé mon regard, elle a éclaté de rire. Après le déjeuner, nous sommes sortis avec le R et la R. Le R a joué au golf, alors on s'est éloignées, mais il s'est mis à pleuvoir *à verse* et nous nous sommes *précipitées* sous un tunnel où nous avons dû attendre une demi-heure car nous avions de petites chaussures et pas de manteaux. La R était adorable et n'a pas cessé de me parler. On a toutes chanté ensemble. Ensuite on est ressorties, mais les princesses sont parties ramasser des magazines restés dehors et j'ai dû attendre toute seule avec la R. Première fois que je suis seule avec elle, mais en vérité je suis *tout à fait* à mon aise avec elle, même si je n'oublie jamais qui elle est. On s'est séchées dans la salle de jeux. Elles se sont fait boucler les cheveux puis nous avons joué, M et moi, au backgammon contre le R et la R jusqu'à l'heure du thé. On a poursuivi avec un film à cinq heures moins le quart : *Down Argentine Way*, *très* bon film. Hugh E et moi avons les mêmes goûts en la matière et nous essayons de leur suggérer des films différents ! De retour, nous avons fait plusieurs parties de démon volant avec la Reine : je ferais *n'importe quoi* pour elle. M m'a encore demandé si je l'aimais bien car, dit-elle, elle a des doutes ! Comment ne pas l'aimer puisqu'elle a hérité de tout le charme de sa mère ? Bien plus que L.

Jeudi 12 juin

Bicyclette jusqu'au Château, dessin avec PM d'un côté du mur de la terrasse tandis que PE était de l'autre côté à dessiner le Château. J'avais mes chaussures jaune et bordeaux, et L et M m'ont dit toutes les deux qu'elles ne les aimaient pas ! Vu la R. Je lui ai dit que j'adorais venir prendre le thé. Margaret a ri et dit : « Elle nous *adore* », en faisant une de ses ravissantes grimaces ! M a dit que maintenant je devais m'habiller tour à tour dans sa chambre et dans celle de L !

Samedi 14 juin

Danse. Les deux enfants Kent présents aujourd'hui : ils sont très désobéissants mais très mignons. La princesse Alexandra est un amour et j'ai hâte de la serrer dans mes bras en embrassant son petit visage d'ange !

Jeudi 19 juin

Forte chaleur. Me suis sentie très lasse, horrible rhume des foins. Après le déjeuner, bicyclette, Château, dessin. On a parlé garçons et Margaret a dit que j'avais « un *autre* amoureux en dehors de Robert, n'est-ce pas ? », mais elle n'a pas dit qui, bien que tout le monde le sache ! Elle était si mignonne à me demander encore si je l'aimais bien et à me faire part de ses doutes !

Jeudi 26 juin

Merveilleuse leçon de dessin aujourd'hui. Après le thé, j'ai suggéré de rentrer à la maison, mais L m'a demandé si je ne voulais pas venir voir la Reine avec elles, si bien que nous y sommes allées, et qu'après avoir feuilleté des magazines, le Roi est venu faire un tour avec nous. La Reine a été si prévenante à l'égard de mon rhume des foins. Elle a également voulu savoir où j'en étais de mes coupons et a ri quand je lui ai répondu que j'en avais déjà dépensé vingt-cinq !

Mercredi 2 juillet

L'idée m'a traversé l'esprit que je trouverais peut-être en rentrant une invitation pour le week-end au Château. C'était mon secret et mon bien faible espoir de la semaine, puisque je vais de toute façon là-bas le vendredi et le samedi. Je n'aurais jamais vraiment cru que cela *arriverait*, mais quand j'ai entendu le téléphone sonner, j'y ai, je ne sais pas pourquoi, *aussitôt* pensé, et quand on m'a dit que c'était PE, j'ai imaginé mot pour mot ce qu'elle dirait et j'avais raison ! Dans un délire de joie et d'excitation, j'ai remercié Dieu d'avoir exaucé mon vœu le plus cher et me suis sérieusement demandé si je devais ma prédiction à un pressentiment ou à la télépathie, comme si mon désir *pressant* avait fait germer l'*idée* dans leur tête.

Vendredi 4 juillet

Ils m'ont envoyé la voiture qui m'a emmenée directement à la leçon de dessin. La princesse Margaret au lit à cause d'un mal de gorge, quel dommage ! Elle va me manquer. À quatre heures, Lilibet et moi avons observé leur nouveau caméléon grimper sur le seringa, puis Crawfie, elle et moi, nous avons marché jusqu'à Frogmore où nous avons fait de la barque. J'ai roulé mes bas sur mes chevilles pour éviter de les filer. Après le thé, nous nous sommes étendues dans l'herbe pour bavarder et rigoler. Elles préparent un concert avec Miss Vacani. Elles insistent pour y faire participer Mr Tannar, mais j'espère vraiment que les élèves de l'école en seront exclus cette année car, sans être cruelle, je trouve qu'on ne devrait pas les faire danser avec les princesses.

Nous sommes rentrées à sept heures et j'ai pris mon bain. Ma chambre est la même qu'en novembre, juste au-dessus des leurs. On a dîné en robe du soir dans la salle de jeux à huit heures, puis L et moi avons lu et discuté par terre dans sa chambre jusqu'à l'heure d'aller au lit. Elles ne dorment plus dans l'abri et, de toute façon, je ne souhaite qu'une chose, c'est pouvoir dormir dans ma propre chambre car je souffre d'un catarrhe qui m'empêche de respirer correctement. Le R et la R partis à Sandringham. Je suis allée me coucher, le cœur débordant de joie.

Samedi 5 juillet

Petit-déjeuner dans la salle de jeux. Traîné pendant que Lilibet prenait ses leçons. Me suis changée pour mettre ma robe en mousseline bleue en vue de la leçon de danse. Formidable cours aujourd'hui. Au déjeuner, j'étais assise près de Hugh E. Suis montée écrire mon journal dans ma chambre, pendant que L s'entraînait, puis ensemble nous sommes sorties lire sous la tonnelle jusqu'à quatre heures. Nous sommes rentrées nous préparer pour aller prendre le thé à l'Adelaide Cottage avec les officiers. Trajet à pied avec Crawfie. Cette pauvre Margaret, toujours au lit. L portait une ravissante robe en lin vert avec un col et des poignées en mousseline, un liseré rose et jaune. Elle avait un chapeau de paille jaune garni d'un long ruban de velours vert. On a pris le thé avec les Philipps et trois officiers, après quoi on a fait nos jeux habituels pour repartir à sept heures. On s'est bien amusés. Salle de jeux en rentrant puis tout pareil qu'hier soir. J'ai secrètement espéré que ce ne soit pas mon dernier dîner sur place, mais personne n'a rien dit. Quand je suis allée me coucher, j'ai longtemps regardé par la fenêtre en me rappelant que la dernière fois, il y a plus de trois ans, j'avais fait la même chose. Ils me paraissent vraiment loin les jours ensoleillés de mon enfance quand elles étaient dans la salle de jeux juste à côté, aujourd'hui occupée par les Kent. Et cependant je n'ai pas beaucoup changé. Debout je contemplais la vue, rêveuse tout comme aujourd'hui.

Dimanche 6 juillet

Traîné un peu après le petit-déjeuner avant d'aller marcher avec Crawfie. J'ai évoqué mon départ et

L n'a rien dit pour que je reste jusqu'à lundi, alors, contre mon gré et mes espoirs secrets, je me suis résignée à partir ce soir. L est parfois étrange, très terre à terre, sans curiosité et surtout impassible. Mais on ne peut pas tout avoir et je lui voue déjà une reconnaissance éternelle pour ce cadeau du Ciel. Je suis allée à l'église de Windsor avec Monty, et L au Royal Lodge. J'aurais tellement aimé y aller aussi ! Quand nous sommes rentrées, nous avons donné à manger au caméléon, puis départ pour Frogmore avec Crawfie et Monty qui traînaient Margaret, tout juste sur ses jambes, dans un panier à roulettes. Barque puis pique-nique dans un joli endroit. *Quelle rigolade !* On a bu du soda au gingembre à la bouteille ! Puis Monty est partie et je dois avouer qu'on s'est encore plus amusées sans elle. Crawfie est tellement plus drôle. Nous nous sommes assises sur une couverture, nous avons bavardé et lu. Évoqué les tenues pour le concert. On a beaucoup ri en rentrant car le chapeau de Crawfie et les deux chiens sont tombés à l'eau ! Thé dans la salle de classe, puis nous sommes restées assises en silence. Quand je me suis levée pour aller me préparer, je suis tombée sur les Kent qui m'ont posé mille questions gênantes et ont même voulu voir ma chambre ! Ils sont *adorables* mais ce sont de petits polissons ! Avant mon départ, L et moi avons posé le caméléon sur les fenêtres pour qu'il gobe les mouches. J'ai dit au revoir à Mrs Knight et à Bobo, puis la voiture m'a ramenée à la maison. J'ai ressenti la même tristesse que la dernière fois car JE SUIS SI HEUREUSE PARMI EUX.

Lundi 7 juillet

Comme j'envie la vie de Lilibet, pas tant pour sa grandeur que pour tous ces gens gentils qui s'occupent d'elle, certes parce que c'est leur travail, mais aussi parce qu'ils l'aiment et veulent la servir. Or un tel état d'esprit a disparu aujourd'hui chez les gens ordinaires.

Jeudi 10 juillet

Lilibet a appelé pour dire que Mrs Cox, notre professeur de dessin, souffrait d'une insolation, mais voudrais-je aller au Royal Lodge pour me baigner avec elles ? Les princesses sont venues à ma rencontre et nous avons bavardé en trempant les pieds dans la piscine. Ensuite nous avons pris le thé, puis nous nous sommes allongées dans le jardin du petit Welsh Cottage. Mrs Knight était avec elles : ça m'était agréable car ça me rappelait les jours anciens. Elle sort si rarement avec elles désormais. Je pense qu'elle ne s'entend pas bien avec Crawfie. Après le thé, nous avons mis nos costumes de bain. L en avait un nouveau mais j'étais très déçue de voir que c'était un noir tout simple à l'effigie du Bath Club : pourquoi, au nom du Ciel, n'en a-t-elle pas de plus jolis ? On s'est bien amusées dans l'eau et, pour la première fois de ma vie, j'ai sauté directement et j'ai adoré ça. Plus tard, le R et la R nous ont rejointes et le R s'est baigné avec nous. Formidable. Puis on est rentrées, on s'est changées et on a écouté la radio dans la salle à manger. La R m'a remerciée pour ma lettre et m'a dit qu'elle la trouvait joliment écrite, ce qui m'a ravie ! Journée divine.

Samedi 12 juillet

En me réveillant, les rayons du soleil filtraient par les interstices des rideaux. Je me suis étirée paresseusement, délicieusement, et j'ai considéré le jour qui m'attendait avec bonheur. Retrouvé Annabel à Eton et pique-nique près du terrain de cricket. Puis A et moi nous sommes promenées autour. Hugh Euston était là, au milieu d'une bande de pique-assiettes. A et moi avons essayé de faire en sorte qu'il me regarde (mine de rien, bien sûr !) et nous y sommes arrivées ! Je *rêve* de l'épouser !

Mardi 15 juillet

Nous sommes en vacances jusqu'au 8 octobre. Acheté de la crème démaquillante et du lait à la rose Cyclax chez Caley's, puis répétition au Château. Le petit maître d'école zélé était là, qui sautillait dans tous les coins : j'aurais pu l'*étrangler* !

Mercredi 16 juillet

Du Château, j'ai d'abord rejoint Anne C et Libby à Winchester Tower pour une nouvelle répétition. Mr Tannar m'a proposé de m'emmener en voiture mais, comme Anne l'a dit ensuite, mieux vaut mille fois marcher que de rouler avec lui !

Pluie battante. Eau chaude ce soir, donc pu prendre un bain. Cette chère Billy, une bien mauvaise domestique mais si attentionnée avec moi, presque aussi réconfortante qu'une nounou.

Vendredi 18 juillet

J'ai trouvé la robe de mes rêves chez Debenhams ! Une gaze orchidée très claire avec des manches courtes et bouffantes, un col haut, très cintrée du buste aux hanches, des mètres et des mètres d'un tissu divin et, sur le devant, de grandes fleurs pastel brodées à la main.

Lundi 21 juillet

La voiture m'a emmenée au Château pour l'essayage des costumes et nous avons mis nos robes de menuet. J'*adore* ma crinoline et bizarrement je me sens parfaitement à l'aise dedans, comme si j'en avais *toujours* porté, telle une dame du XVIIIe siècle habillée pour un bal. Mr Tannar a raconté des histoires « drôles », mais il est resté trop longtemps, si bien qu'on a dû lui donner un coup de coude et lui demander d'arrêter ! *Heureusement.* Betty et Didi, les assistantes, toutes gentilles qu'elles sont, ont avoué qu'elles ne le supportaient pas et Didi m'a dit : « Mais après tout, pour *qui* se prend-il ! » Demain, c'est le grand jour. Oh, comme j'aime jouer la comédie et danser sur scène. Aujourd'hui, c'était le paradis !

Mardi 22 juillet

Des invités sont venus à Cumberland Lodge et m'ont déposée à la porte du Château. J'ai croisé la

Reine dans un couloir, qui m'a dit qu'elle espérait qu'on danse le menuet deux fois. On s'est habillées et on nous a maquillées. J'ai mis ma crinoline en valeur et c'était délicieux de s'asseoir dedans, comme sur des flots qui bouillonnaient avec grâce tantôt d'un côté tantôt de l'autre. Betty a dit que j'aurais aimé *follement* vivre au temps jadis et que j'y aurais été dans mon élément, ce qui m'a fait plaisir ! On n'a pas commencé avant quatre heures et quart car le Roi était en retard, mais tout s'est passé sans accroc : on a dansé le menuet et la valse deux fois car ils étaient courts. Devant le R, la R et la duchesse de Kent, plus cinq personnes du Lodge. *Tous* les « artistes » ont ensuite pris le thé à cinq heures dans la salle à manger. Diana Bowes-Lyon est venue, c'est devenu une beauté. Lilibet était assise à côté de ce têtard de maître d'école pendant le thé !

Mercredi 23 juillet

Ai passé une grande partie de la matinée et de l'après-midi à lire sur une couverture dans le jardin. Après le thé, je suis rentrée faire de la couture à cause de toutes ces mouches. À six heures a commencé le branle-bas de combat des costumes ! À peine pu dîner à cause de toute cette excitation qui a continué dans le taxi jusqu'au Château. À mon arrivée, grande inquiétude en voyant que presque tout le monde portait de longs gants blancs : j'aurais bien aimé en porter. Puis on s'est tous mis en file dans la Red Drawing Room pour serrer la main aux R et R et aux princesses. Enfin on a commencé à danser.

Jamais de toute ma vie je n'oublierai cette soirée car c'était la plus belle soirée dansante à laquelle j'aie participé. On était plus de deux cents et je connaissais presque tout le monde. Ça n'a pas cessé jusqu'à trois heures du matin alors que ça n'aurait pas dû dépasser minuit. On sortait sur la terrasse entre deux danses. Tout le monde admirait ma robe, même la Reine, et j'ai pu danser merveilleusement avec qui je voulais, à part le Roi, bien qu'il m'ait pris le bras à la première palais glide[1]. Mais je préfère de loin la valse. La R était formidable et a dansé toutes les danses bizarres, dont la paul-jones[2], dans une somptueuse robe de tulle blanc recouverte de paillettes argentées. Les princesses avaient des robes Hartnell assorties à la sienne, en dentelle blanche avec des marguerites bleu ciel brodées. Elles avaient des fleurs dans les cheveux et à la taille, mais elles étaient spécialement jolies car différentes de toutes les autres et pas du tout « petites filles ». En réalité, il n'y avait pas beaucoup de jolies robes et, *honnêtement*, la mienne et celles des princesses étaient les plus belles. Aucun garçon d'Eton, ce qui m'a ravie, on a pu ainsi danser avec les cavaliers les plus séduisants ! J'étais *terrorisée* à l'idée de ne pas danser avec Hugh Euston et j'aurais pu tuer Libby quand elle l'a fait, plusieurs fois d'affilée. Mais plus tard, je l'ai croisé au buffet et il m'a dit

1. Danse anglaise datant des années trente qui se danse en ligne et à plusieurs (NdT).

2. Durant la danse paul-jones, les danseurs changent de partenaire plusieurs fois.

de sa voix de velours : « Oh, Alathea, je vous ai cherchée toute la soirée, nous devons absolument danser ensemble ! » Il mentait mais quelle importance ? J'ai dansé avec lui la dernière danse qui m'a semblé durer des heures : nous nous sommes bien entendus et, à la fin, on a bu un verre ensemble. On étouffait de chaleur dans les salles et quelqu'un s'est même évanoui. PE m'a demandé combien de fois j'avais dansé avec lui et a dit qu'elle était vexée qu'il ne l'ait invitée qu'une seule fois, et encore parce qu'on le lui avait demandé. Hugh a adoré ma robe. Nous nous sommes quittés vers trois heures et demie. PM, elle, est restée jusqu'à la fin. Elle était si mignonne que tout le monde n'avait d'yeux que pour elle. La voiture est venue me chercher. Je suis rentrée et me suis écroulée sur le lit, épuisée mais *ivre* de bonheur ! Jamais de ma vie je n'oublierai cette soirée !

Jeudi 31 juillet

Bicyclette, Château. On a dessiné dans le tunnel à cause de la pluie. Lilibet a dit qu'elle avait quelque chose à me montrer et, quand je suis allée dans sa chambre, elle a sorti une lettre de son tiroir et me l'a donnée à lire. Elle était adressée au colonel Legh que Hugh Euston remerciait pour la danse : elle m'a avoué qu'elle l'avait volée mais qu'elle voulait la garder ! Il a une belle écriture.

Samedi 2 août

Lilibet m'a appelée pour m'inviter à regarder un film. Quand je suis arrivée au Château, Margaret m'a dit qu'on allait boire le thé avec le roi Pierre de Yougoslavie[1]. Avec un sourire espiègle, elle a précisé : « Lilibet pense que je l'aime ! »

À vrai dire, ce serait pour moi un très bon mariage. La R m'a présentée au jeune roi comme une amie de L. Il est adorable et parle couramment l'anglais. Il a un accent charmant et seulement dix-huit ans. Comme d'habitude, le thé fut un moment joyeux, même si je ne parle que si on me parle. Le R et la R l'appellent « Pierre ». Le film s'intitulait *Target for Tonight*. Ensuite, avec les princesses, nous avons suivi la R dans son salon pour jouer au démon volant. La R a dit que le bleu de ma robe m'allait à ravir. Soirée divine. On s'est tous quittés le temps des vacances : dire que l'été passe si vite !

Houghton, Yorkshire

Jeudi 7 août

Retour à Houghton vers six heures. Me suis précipitée pour voir Elizabeth Anne et Ming-Ming. Suis restée pendant qu'elle déballait mes affaires pour lui montrer mes emplettes.

---

1. Pierre II a hérité du trône de Yougoslavie en 1934 à l'âge de onze ans, après l'assassinat de son père, le roi Alexandre. Il a été le dernier roi de Yougoslavie. Il a passé une grande partie de la guerre à Londres puis a rejoint Cambridge et la RAF. George V a été son parrain. Après la guerre, il a épousé la princesse Alexandra de Grèce, une cousine du prince Philip.

Vendredi 8 août

Maman ne m'aime pas tellement cette fois-ci. Il y a une touche de méchanceté et de venin dans la plupart de ses paroles : elle a dit qu'il était heureux que j'aie perdu un bouton à ma robe, comme ça j'avais l'air moins endimanchée. Elle a aussi pris Taffy en grippe. Je suis bien contente de vivre loin d'elle, très loin d'elle.

Samedi 9 août

Après le thé, Maman et moi avons joué au tennis en parlant de mariage. Elle a de l'ambition pour moi mais pas la même que moi.

Dimanche 17 août

Messe à neuf heures. Maman et moi y sommes allées à pied. On a commencé à parler de Papa : elle ne croit pas qu'elle *pourra* vivre à nouveau avec lui après la guerre. Il est si désespérément distrait. Quand les deux grands-pères seront morts, ils feront un divorce à l'amiable, mais elle m'aura d'abord installée. Quant à E, elle est trop jeune pour compter. Je l'ai écoutée les yeux secs et le cœur lourd, mais au fond, je n'étais pas surprise. Leurs caractères divergent trop. J'ai ma propre vie à mener, mon propre navire à manœuvrer au milieu des tempêtes du destin. Mais cela m'atteint profondément. Si seulement la tradition les obligeait à rester ensemble et à faire de leur mieux pour remettre à flot l'épave de leur vie commune.

Mercredi 20 août

Me suis préparée après le petit-déjeuner et on m'a conduite à York. Grâce à Grand-Père, j'ai vingt-six coupons ! Excellent déjeuner chez Terry's[1], puis très bon film intitulé *La Lettre* avec Bette Davis et Herbert Marshall. Elle commet un meurtre de sang-froid et s'en sort. Ça m'a fait penser à la Tigresse. Depuis que Ming-Ming s'est disputée avec elle en août dernier, je n'ai cessé de me dire que je pourrais l'empoisonner et m'en sortir ! Je sais que je n'oserai jamais mais je *jure* que je n'hésiterais pas si j'étais sûre de passer entre les mailles du filet ! Maman aussi a dit qu'elle la noierait si elle était seule à bord d'un bateau avec elle ! Mais cette vieille chouette va certainement vivre encore pendant *au moins* vingt ans !

Jeudi 21 août

La princesse Margaret a onze ans aujourd'hui.

Maman et moi avons parlé de moi : elle dit que je suis aussi démodée qu'une vieille fille, ce qui est *horrible* ! J'ai répondu que je ne me sentais pas de ce siècle, ce que je n'aurais pas dû. Elle a dit que je m'étais convaincue de cette idée mais qu'elle cessait d'être bonne dès lors qu'elle affectait la vie quotidienne. Je suis allée me coucher en larmes, la vie est *franchement* à désespérer et le monde dans lequel je vis, irréel : il est aussi éloigné du monde ordinaire du

---

1. Terry's of York était une célèbre chocolaterie quaker qui possédait également un salon de thé.

XXe siècle que de la planète Vénus, mais peut-être est-ce la façon dont je le regarde. Quoi qu'il en soit, c'est pour cela que je l'aime tant.

Samedi 23 août

Me suis couchée tôt ce soir. Oh ! comme j'aimerais que Hugh soit à mes côtés, mais cette nuit, la suivante et toutes les autres je dois rester seule jusqu'au jour où mon désir, celui de toutes les filles, sera exaucé.

Vendredi 29 août

Ming-Ming m'a suggéré de repriser un peu mes vêtements, mais j'ai fait une crise de nerfs et, avec mon aiguille, je me suis fait saigner le bras : ça m'a soulagée mais je n'ai quand même pas réussi à évacuer toute la colère de mon âme. Je viens de voir que j'avais perdu le petit fer à cheval en or de mon bracelet, ce qui est bien triste car, outre qu'il me portait chance, je comptais le garder et le transmettre en tant que souvenir historique de Lilibet puisque je l'ai trouvé dans le gâteau de ses douze ans et ne l'ai jamais quitté depuis.

Dimanche 31 août

Messe à neuf heures. Avec Maman toute la matinée qui faisait ses valises. Elle a des choses de toute beauté : j'ai hâte de grandir et d'avoir ce qu'il y a de plus beau. Je veux me marier le plus *tôt* possible et je ne suis pas d'accord avec Annabel qui veut vivre libre et s'amuser d'abord quelques années. D'ailleurs, Maman est d'accord avec moi. J'ai toujours fait *beaucoup* plus jeune que mon âge, mais je suis sûre que c'est *principalement* à cause des princesses puisque je me suis *toujours*, et je continue, adaptée au niveau de L. L, bien sûr, fait beaucoup plus que son âge et il n'y a plus trop de différence entre nous, mais quel dommage qu'elle n'ait pas un ou deux ans de plus que moi, ce qui aurait pu être *facilement* le cas puisqu'elle est née pas moins de trois ans après le mariage du R et de la R !

Lundi 29 septembre

Ming-Ming et moi avons quitté Houghton tard pour Grosvenor Square. Nous avons dormi ensemble dans la chambre de Tante Alathea. J'ai essayé toutes ses crèmes de beauté ! Cela faisait deux ans que je n'avais plus dormi à Londres et, après la campagne, cela m'a paru très bruyant mais j'ai tendu l'oreille pour entendre les chevaux trotter dans les rues, et ce son m'a réjouie.

Dimanche 5 octobre

J'ai subitement décidé que je voulais poser pour Polyfoto[1] demain avec une étole de mousseline sur mes épaules nues. J'en ai cherché une partout et Elsie,

1. Datant des années trente, Polyfoto était une chaîne de studios photographiques qui, à travers toute l'Angleterre et dans les grands magasins de Londres, proposait au client de s'asseoir sur un siège pivotant pour que le photographe prenne des clichés de quarante-huit poses. Le client pouvait ensuite commander des tirages et des agrandissements et les offrir à ses amis et à sa famille.

une domestique de Cumberland Lodge, a fini par me trouver *ce qu'il fallait* : une bande de tulle bleu que je me suis entraînée à porter tantôt autour de mes épaules, tantôt sur ma tête comme un voile. De cette façon, je ressemble beaucoup à Lady Hamilton ! Une vague d'excitation et de légèreté s'est alors emparée de moi, grâce à quoi la vie est plus belle !

Mardi 7 octobre

Lu dans les journaux que les princesses étaient reparties dans le sud alors j'espère que c'est vrai : j'ai hâte de les revoir, ainsi que, dans une moindre mesure, Hugh E. *Si seulement* Lilibet avait deux ans de plus ou n'avait pas de sœur, car comment H et tous les autres peuvent-ils me considérer bonne à marier alors que je passe pour une enfant ?

Mercredi 8 octobre

Autobus jusqu'à Ascot puis auto-stop jusqu'à Errolston. C'était bien d'être de retour, à la fois parce que c'est une chose disons acquise, mais aussi parce qu'il règne ici une atmosphère amicale. Peu m'importe ce que sont les autres filles et j'étais ravie de revoir Zelda.

Vendredi 10 octobre

Nous avons fait la cuisine ce matin et ma sauce a brûlé ! Les princesses sont revenues mardi, alors espérons que tout reprenne la semaine prochaine !

Samedi 11 octobre

Thé avec Libby Hardinge. Il y avait là deux adorables petits garçons. J'ai tellement hâte d'avoir un enfant à moi, si seulement c'était aussi celui de Hugh ! L m'a dit qu'il avait quitté le Château et mon cœur s'est brisé. Je vais totalement le perdre de vue et il épousera quelqu'un d'autre, et moi je resterai seule ! Lilibet aussi sera triste de son départ.

Lundi 13 octobre

Journée divine. J'ai chanté gaiement à l'étage du bus qui m'emmenait à Errolston. Petite lessive ce matin, puis un peu de tricot avec étude de quelques motifs. J'ai trouvé une *merveilleuse* chemise de nuit que je me suis empressée de vouloir confectionner. Démonstration culinaire après le thé. Autobus puis taxi jusqu'à la maison. La Tigresse m'a encore énervée : plein de petites choses qui me rendent *folle de haine* pour cette femme à l'esprit diabolique, puis cette haine se calme et se transforme en une inimitié hostile, un mépris, un volcan qui peut entrer en éruption à tout instant et me faire hurler. Lord Richard Percy[1] est venu dîner. Je ne l'avais encore jamais vu, donc j'étais très impatiente, mais comme il est *peu attirant* ! Gentil mais… Je ne prends jamais au sérieux les cadets (que Dieu fasse que je n'aie jamais à le faire !), mais il est bon de cultiver de pareilles

1. Lord Richard Percy était le frère cadet du dixième duc de Northumberland, Hugh Percy, qui avait succédé à leur père en 1930.

amitiés et de se les garder comme dernier recours à vingt-cinq ans au lieu de tomber sur un « Mr » ou un « Sir » ordinaire ! Son grand frère, Hugh Northumberland, enflamme le cœur d'Annabel.

Samedi 18 octobre

Sommes allées chez les Barclay, puis Betty et moi sommes parties en carriole à Windsor, tirées par les poneys. Il est bien triste de penser qu'elle est déjà veuve à vingt-deux ans à peine. Nous sommes très intimes et je veux vraiment faire plus de choses avec elle. Elle a parlé de Hugh, a dit combien elle l'aimait et je suis *un peu* jalouse de sa relation avec lui parce que je pense qu'il l'aime bien, mais en même temps c'est toute une affaire de le revoir et je doute qu'il revienne de Londres avant longtemps. Zelda a appelé à l'heure du dîner pour m'annoncer que je jouerai la duchesse du Devonshire dans la pièce (*Berkeley Square*). Quelle joie ! Ça ne pouvait pas *mieux* tomber puisque je dois paraître dans une seule scène et dans une très belle robe de bal, avec un rôle important, mais comme je n'ai qu'une scène, je n'aurai pas à rester trop longtemps à Errolston pour les répétitions.

Jeudi 23 octobre

Bicyclette, Château, dessin. Quel bonheur de les revoir ! On a peint des motifs sur nos chevaux de glaise. Elles portaient leurs vieilles jupes à carreaux marron et leurs chemises rouges en coton Aertex, ce qui n'était pas très seyant, mais la guerre a réduit leur garde-robe. Elles parlaient du nouvel arrivage d'officiers et s'attristaient du départ de Hugh. Lilibet a dit qu'elle s'était fait faire une permanente : c'est joli devant mais un peu rigide derrière. Elle a dit que son soupirant, Philip, était venu le week-end, et que la prochaine fois je devais absolument venir le voir ! Elle dit qu'il est très amusant, ce qui a priori ne me séduit pas beaucoup : la *seule* chose qui m'ennuie avec la famille royale, c'est qu'ils passent leur temps à raconter des blagues qu'ils entendent à la radio. Je ne connais personne d'autre que ces histoires idiotes intéressent *autant*, ce qui signifie qu'en vérité le R, la R et les princesses sont des gens très simples.

Samedi 25 octobre

La leçon de danse ne s'est pas bien passée aujourd'hui : nous préparons une pantomime pour Noël et, bien sûr, l'odieux Mr Tannar nous donne un coup de main. Il est venu ce matin, ce qui m'a tellement *énervée* que j'ai sciemment fait comme si je ne le reconnaissais *pas du tout*.

Samedi 1er novembre

Messe à neuf heures. La princesse E a téléphoné pour me prier de rester déjeuner et de regarder un film. J'ai paniqué à l'idée de ne pas être à l'heure malgré l'aide de Billy. J'étais si inquiète que j'en aurais pleuré, mais je me suis ressaisie. Excellente leçon de danse aujourd'hui. Je me suis ensuite changée dans la chambre de Margaret. Nous étions quatorze à déjeuner et j'étais assise près du R, mon premier déjeuner de cette ampleur. Nous nous sommes très vite entendus et avons beaucoup bavardé : j'étais *aux anges*. À ma gauche était assis Sir Alan Lascelles[1], qui m'a demandé si je tenais un journal et m'a indiqué que je serais très intéressée par celui de mon arrière-grand-mère qui, entre autres, s'asseyait près de William VI, ce qui, bien sûr, coïncidait exactement avec ma situation présente. Ensuite, nous sommes sortis avec le R et la R. Le R m'a demandé où j'en étais de ma formation de secrétaire et je me suis dit, après coup, que ce n'était pas très malin de répondre aussi catégoriquement que je détestais taper à la machine, etc., pour le cas où on me proposerait d'être dame d'honneur. Mais je m'en fiche et je ne veux pas en être une s'il me faut faire ça. Lilibet m'a dit qu'elle pensait que j'étais sa meilleure amie, ce qui m'a *comblée* de joie. Elle a dit qu'avant c'était Sonia, mais qu'elle ne la voyait plus autant. Pauvre Sonia qui me détesterait si elle l'apprenait. Nous avons pris le thé avec le roi de Grèce[2], un homme *charmant*. Je suis assurément la fille la plus chanceuse d'Europe. Et après une jeunesse aussi brillante, je ne devrais pas avoir une vie adulte trop condamnée à l'obscurité. Si Dieu a voulu que je me sente à mon aise aux côtés des têtes couronnées d'Europe, c'est qu'il me promet sûrement

---

1. Sir Alan Lascelles, connu sous le nom de « Tommy », était un courtisan qui devint l'adjoint du secrétaire particulier de George VI.

2. Le roi George II de Grèce vivait en exil à Londres durant la guerre.

un grand destin ? Et ne me dois-je pas dans ce cas de rechercher la grandeur et de suivre ce que me dicte mon ambition, quel qu'en soit le prix à payer ? Nous sommes allés voir le film à six heures. C'était *Fantasia*, le nouveau Walt Disney. Le film le plus *extraordinaire* que j'aie jamais vu, une représentation imaginaire et fantasmagorique de ce que peut être la musique classique au cinéma. J'ai adoré ! J'ai ensuite dit au revoir à la R en la remerciant et elle m'a répondu : « Oh, mais j'aime *beaucoup* vous avoir. » Qui ne donnerait pas sa vie pour une femme comme elle ? Quand je suis rentrée, j'ai écrit une lettre à Lilibet pour l'inviter à prendre le thé le jour de mon anniversaire. Ma lettre restera certainement sans réponse, mais mieux vaut écrire que faire une demande de vive voix.

Lundi 3 novembre

Zelda est venue me chercher pour aller à Errolston. Couture toute la matinée. Suis montée et suis restée longtemps dans la chambre d'Angela : elle est adorable et je me suis retrouvée à lui faire plus de confidences qu'à beaucoup de gens dont je suis plus proche. « N'êtes-vous pas malheureuse sans votre mère ? » a-t-elle demandé. Tout le monde me pose la question et, quand je réponds que j'ai l'habitude de vivre loin d'elle, on me demande si la vie de famille ne me manque pas. Les sentiments et les affaires du cœur sont difficiles à expliquer, mais Angela et moi sommes d'accord pour dire que ce sont les circonstances des premières années de notre existence qui, plus que tout, forgent notre caractère, notre vision de la vie et notre vie elle-même. Les enfants s'habituent vite à leur environnement et finissent par le considérer, ainsi que je l'ai fait, comme une chose très naturelle.

Vendredi 7 novembre

Agréable et joyeux petit-déjeuner à Errolston, puis lessive, puis couture. Allemand et français l'après-midi. Retour en autobus. Grand-Père m'a tapé sur les nerfs, le pauvre, alors que j'essaie toujours d'être gentille et de ne pas m'impatienter. Je lui dois tant, je ne l'oublierai jamais. Sans lui et sans Granny, je n'aurais jamais connu Lilibet, qui est devenue le centre de ma vie.

Mercredi 12 novembre

Lessive, lecture, puis cuisine toute la matinée. J'ai dû faire la vaisselle. J'ai une aversion viscérale et incontrôlable pour l'eau sale, la poussière, etc. Et je suis de plus en plus contente de ne pas faire un autre trimestre ici. Je passe pour l'instant du *bon temps* et c'est un endroit charmant mais je ne pourrais pas en supporter davantage. J'aurais l'impression de perdre mon temps, de n'avoir aucun répit et, quant à passer l'examen, plutôt mourir ! L'officier John Wiggin[1] était *incroyable* de drôlerie ce soir et nous avons tous beaucoup ri, mais la Tigresse, elle, s'est montrée totalement répugnante de laisser-aller et de stupidité.

1. Sir John Wiggin, autre jeune officier en poste à Windsor, épousa Lady Cecilia Anson, une parente de la reine Elizabeth.

Elle a ravivé tout le mépris que j'ai pour elle. Mépris qui s'est mélangé à la haine plus cuisante et plus pure que j'ai pour ma mère, qui empoisonne toujours mon âme au moment d'aller au lit. Alors une fois de plus, je me suis retrouvée couchée sur mes doux oreillers en imaginant que Hugh E. était à mes côtés et qu'il m'aimait. Image d'un grand réconfort.

Jeudi 13 novembre

Pluie *battante*. Diana Bowes-Lyon est venue déjeuner. Elle est si gentille et je crois qu'elle m'aime bien. On a enfourché nos bicyclettes et sommes parties pour la leçon de dessin. Diana y passe le week-end. Je n'ai pas ressenti la même chose quand ils ont dit qu'Elizabeth Vyner[1] venait parfois le week-end : j'imagine que c'est la jalousie qui me pince instinctivement quand j'entends qu'untel ou unetelle y séjourne le week-end, mais au fond je m'en *fiche* un peu car je sais que je suis au-dessus de tout le monde, à part les cousins, mais ça, c'est sans importance. Lilibet a évoqué une lettre que Margaret Elphinstone lui avait écrite et où elle appelait la princesse Margaret « Maggie ». Ça m'a beaucoup choquée car il faut toujours montrer du respect à une princesse, même quand c'est votre cousine.

---

1. Elizabeth Vyner était issue d'une grande famille du Yorkshire. Sa mère, Lady Doris, était une amie d'enfance de la reine Elizabeth.

Samedi 15 novembre

Leçon de danse. Ensuite nous sommes sorties avec le Roi. Malgré toute la joie que m'inspirent ces samedis, je me demande comment Lilibet se réjouit de devoir toujours sortir avec ses parents : n'a-t-elle donc jamais envie d'aller se promener avec une amie ? Malgré toute l'affection que j'ai pour Margaret, je rêverais que L n'ait pas de petite sœur car alors elle serait *obligée* de sortir et de rechercher davantage la compagnie des gens de son âge. Elle ignore ce qu'est vraiment l'amitié puisqu'elle ne se confie à personne et ne dit jamais le moindre mal de quiconque. Placide et sans émotion, elle ne désire jamais ce qu'elle n'a pas ; toujours heureuse parmi les siens, elle n'a nul besoin d'autre compagnie. Mais si elle souffre aussi peu, c'est sans doute qu'elle désire peu. Si seulement elle pouvait briser sa carapace, elle qui a tout à ses pieds, qui *peut* être si gaie et si drôle. Margaret correspond bien plus à l'image que je me fais de la prochaine reine : elle a la légèreté et l'inconséquence qui manquent à L qui, pour autant, n'est pas une personnalité terne.

Nous avons pris le thé puis regardé le film *Sergeant York*. Pas très bon. Puis, dans le salon de la R, je suis sciemment tombée en extase devant une jolie photo des princesses en robes et chapeaux d'été sous un arbre, et à ma grande joie, la R m'a demandé si elle m'en avait donné une, si ça me ferait plaisir d'en avoir une. Alors L a proposé de me la dédicacer, si bien que je suis rentrée chez moi en sachant que mon vœu le plus *ancien* et le plus *cher* avait enfin été exaucé. Grand *bonheur.*

Lundi 17 novembre

Je vais rester ici (Errolston) toute la semaine car on doit répéter tous les jours. Les robes de la pièce sont arrivées : la mienne est en satin vert clair, bordée d'un liseré mauve. Ravissante.

Vendredi 21 novembre

Répétition à dix heures. *Hâte* que ça recommence demain : tout le monde m'appelle « Duchesse » à présent ! J'*adore* ça. Ça flatte ma vanité et peut-être qu'un jour tout le monde apprendra que j'en suis *vraiment* devenue une !

Samedi 22 novembre

Nous avons tous assisté à la grand-messe de dix heures au couvent. Quand je vois toute cette pompe fastueuse et cérémoniale, je me sens fière d'être catholique. Rien ne me ferait changer, mais je mesure ensuite que ma place dans le monde ici-bas compte davantage. Si seulement toute l'aristocratie anglaise pouvait être catholique. En rentrant, j'ai cousu jusqu'au déjeuner, puis nous sommes toutes allées essayer les robes de la pièce. Excitation générale. Grand-Père, Papa et Tante M sont venus. J'étais si contente dans ma robe et dans mon rôle. Puis retour en vitesse à Errolston pour prendre mes bagages. On a dû passer par les fenêtres car les portes étaient fermées à clé. Lettre de Hugh qui m'attend et *très* grande joie : il ne peut venir au bal *avec moi* car il accompagne déjà Lady Leconfield mais nous nous y retrouverons, dit-il dans cette lettre pleine d'anecdotes, trois pages *pleines* qui se finissent par « Votre Hugh ».

Lundi 24 novembre
J'ai dix-huit ans aujourd'hui.

Je me suis réveillée tôt et je suis restée là, à observer toute cette obscurité autour de moi. Je me suis sentie comme au seuil de la vie, avide, impatiente d'aller au-devant des choses et d'accomplir mon destin. Je connaîtrai le chagrin, je le sais, à cause de mon ambition, plus de chagrin qu'une autre mais j'apprendrai à le supporter. Réaliser mes rêves fera mon grand bonheur et je ne demanderai rien d'autre.

Les princesses sont arrivées à quatre heures en compagnie de Monty, Libby H et Winifred. Merveilleux thé d'anniversaire avec gâteau au chocolat, bougies, papillotes, etc. Elles m'ont offert un drôle de collier en pépins de melon peints, ainsi qu'un autre, *magnifique*, en perles rouge carmin envoyé par la R ! Joie ! Jamais je n'aurais espéré tant d'honneur ! On a fait des charades et d'autres jeux, puis elles sont reparties à six heures et demie. Tout s'est passé au mieux et j'étais ravie que Sonia soit là. Après avoir dit notre chapelet, nous avons bavardé dans la chambre de Sonia, puis pris notre bain ensemble avant de passer un long moment à nous habiller. J'ai mis ma nouvelle robe verte et le collier rouge de la R, *très bien* assorti aux broderies. Partie de black jack après le dîner.

Une fois déshabillées, S et moi avons discuté des heures sur son lit et je n'ai regagné ma chambre qu'à minuit moins le quart. Grand-Père a dit que je devais me reposer ! Comment peut-on manquer à ce point d'imagination et penser qu'on doit se reposer le jour de son anniversaire ?

Mardi 25 novembre

Autobus jusqu'à Errolston. Tout le monde s'est montré adorable avec moi pour mon anniversaire ; on dirait vraiment qu'elles m'aiment bien. Je me suis toujours vue comme peu sociable, mais en réalité je m'entends assez bien avec les gens. Crawfie a appelé pour dire qu'Anne C et moi devions jouer les horribles sœurs de Cendrillon dans leur pantomime qui promet cependant d'être très amusante : non seulement nous n'aurons pas à être horribles, mais en plus je pourrai participer aux danses.

Jeudi 27 novembre

J'ai été occupée toute la matinée à faire mon courrier d'anniversaire et à coudre. Après le déjeuner, j'ai pédalé jusqu'au Château pour la leçon de dessin. En allant prendre le thé, j'ai montré à L la lettre de Hugh. Elle m'a dit qu'elle était très impatiente de voir Philip qui venait pour le week-end.

Vendredi 28 novembre

Annabel est venue pour le thé et nous avons bavardé ensuite dans le salon. Nous nous sommes bien *amusées*. Si seulement Maman n'arrivait pas demain, mais on ne peut pas tout avoir.

Dimanche 30 novembre

J'ai marché jusqu'à l'église avec A. Maman a dit que mon amitié royale n'avait non seulement aucune valeur, mais qu'en plus elle menaçait de me faire passer au « second plan ». Elle a aussi ajouté que je devrais cesser de m'enticher de jeunes gens désargentés comme H. Merveilleux thé au Cockpit à Eton avec la mère d'Annabel où nous avons aperçu les Grafton (le père et la mère de H) : ils sont atroces mais ça ne me dissuade en rien. Si seulement H avait *un peu* d'argent.

Lundi 1er décembre

A est partie et Maman aussi. L'idée de devoir prévenir tout le monde que j'ai fêté mes dix-huit ans m'a aussi profondément démoralisée. Il est vraiment *très injuste* que les jeunes filles qui ont enfin atteint l'âge de pouvoir s'amuser doivent s'acharner à se caser. Je me suis sentie atrocement seule, incomprise des miens, en proie cette nuit à un bouleversement d'une violence inédite. La Tigresse est arrivée en disant qu'elle allait appeler la police pour comprendre ce qui avait pu m'arriver, si bien que j'ai filé en bas et trouvé Grand-Père agité comme jamais. Papa fulminait comme il sait faire en ce genre d'occasions, incapable d'écouter qui que ce soit. Ce qu'ils n'ont pas compris, c'est que je n'ai rien fait d'autre que ce que je fais *tous les jours*. Quels idiots ! Pourquoi ne m'ont-ils pas appelée, demandé si j'étais rentrée et vérifié si ma bicyclette était là avant de téléphoner à Errolston et à la police ? Je le leur ai expliqué en face, à chacun d'entre eux, et j'ai dit des choses que je n'aurais jamais dites dans mon état normal, bien que je n'aie pas osé dire ses quatre vérités à Grand-Père. J'ai filé dans ma chambre où j'ai donné libre cours à la tristesse et à la colère qui me brisaient le cœur. Je me suis entaillé le bras à coups de canif pour me faire saigner. J'ai dû faire bonne figure pour le dîner avec Bernard et Lavinia (le duc et la duchesse de Norfolk), mais je rêvais de monter me coucher. Je n'avais plus de larmes pour pleurer et me suis endormie, l'âme empoisonnée par un mépris féroce, plus féroce que toutes les haines que j'ai pu ressentir jusque-là. Une amertume nouvelle a inondé mon cœur, dont j'ai su tout de suite qu'elle y laisserait des traces indélébiles.

Mercredi 3 décembre

À bicyclette jusqu'à Errolston. L'après-midi, examen de secourisme. Très grande agitation. J'ai obtenu 34 sur 40 pour les pansements mais seulement 26 sur 60 à l'oral, si bien que je n'ai pas eu l'examen. J'étais *déçue* car il va me falloir le repasser en vue de mon travail à l'hôpital[1].

---

1. Alathea allait travailler dans un hôpital pour participer à l'effort de guerre.

Jeudi 4 décembre

Papa m'a dit que Grand-Père s'était plaint auprès de Maman des bêtises que je lisais à présent, ce qui m'a fait beaucoup rire car j'imagine qu'il préférerait que je lise la vie des saints ! On a fait des gravures aujourd'hui pendant la leçon de dessin, et ça m'a plu. Lilibet m'a demandé comment je m'étais fait ces griffures sur le bras et je lui ai répondu que c'était à cause d'un chat. Je me demande ce qu'elle en penserait si elle connaissait la vérité.

Dimanche 7 décembre

J'ai passé presque tout l'après-midi à lire dans ma chambre. Je sais que mes rêveries très XVIIIe siècle ne me mèneront pas au romantisme mais à l'échec en société. Quelle importance si j'arrive d'abord à asseoir ma position dans le monde ? Les choses peuvent ensuite mal tourner du moment que je sais rendre mon mari heureux ! À ma grande surprise, Grand-Père est venu dans ma chambre ce soir et m'a dit que, comme je prenais de l'âge, j'allais bientôt commencer à penser au mariage. Je brûlais d'envie de lui répondre : « Eh bien, les temps ont changé ! » Il m'a aussi abreuvée d'âneries sur la supériorité des catholiques, qui m'ont fait rire aux éclats ! Il ne se doute pas que je ne fais aucun cas de son avis ! Toutefois, ces derniers temps, mon attitude un peu rebelle lui aura peut-être fait comprendre que je ne suis *plus* une enfant !

Jeudi 11 décembre

À bicyclette jusqu'à la répétition. Lilibet a dit qu'il n'y aurait pas de bal lundi à cause des deux navires de guerre coulés par les Japonais. L était adorable aujourd'hui et a dit qu'elle aimerait tant aller au bal de la reine Charlotte.

Vendredi 12 décembre

En train jusqu'à Londres avec Papa, puis manucure à Sloane Street, très joli vernis rouge ! Je me suis fait boucler les cheveux et Maman m'a maquillée. J'avais espéré qu'elle me prêterait son rang de perles, mais elle le trouvait trop vieillot et trop pompeux pour moi. J'ai donc dû me contenter du mien, qui selon elle m'allait à ravir. Anthony Kinsman[1] est venu et nous sommes partis en taxi jusqu'à Grosvenor House. Nous avons dansé entre chaque plat puis j'ai *insisté* pour que nous allions à la table de Lady L où était assis Hugh (il est venu me parler dès son arrivée). AK préférait manifestement *notre* table, mais après chaque danse, je filais vers l'autre et il me suivait ! J'ai dansé avec lui jusqu'à ce que je n'en puisse plus et, habilement, je l'ai présenté à Fenella H pour qu'on change de partenaire et, plus habilement encore, je me suis arrangée pour m'asseoir à côté de H avec lequel j'ai fini par danser ! *Quel amour*, je l'aime tellement ! Je dois absolument l'épouser

1. La mère d'Alathea a fait en sorte qu'il soit son cavalier ce soir-là. Anthony Kinsman s'évadera d'un camp de prisonniers de guerre italien.

mais je ne vois pas comment arriver à mes fins ! Une valse commençait, sa danse préférée, quand Lady L l'a obligé à s'asseoir près d'elle pour bavarder. AK a surgi en disant : « On ne peut laisser passer cette valse, n'est-ce pas ? », mais j'ai fermement refusé. Résultat, je suis restée sur la touche pour la danse que j'aime le plus et j'ai constaté que ma chance tournait. La suite de la soirée a été d'un ennui mortel. Quand le bal s'est achevé, je n'avais dansé qu'un petit quart d'heure avec Hugh. Anthony et moi avons retrouvé un groupe de six amis et rejoint le night-club Nut House sur Regent Street. Première fois que je mets les pieds dans un night-club ! Et c'était fantastique ! C'était comme pénétrer dans un monde dont j'ignorais l'existence jusque-là : on entre par un passage sordide tout au fond d'une boutique et on s'assoit à une table qui ressemble à celle d'une auberge, le tout dans une atmosphère lourde et cuisante. On regarde danser des filles à moitié nues et on se trouve un tout petit coin pour danser soi-même. Des slogans vulgaires sont peints sur les murs et c'est fascinant. J'ai commencé à m'amuser en pensant à ce que dirait Grand-Père s'il me voyait !

Vendredi 19 décembre

La pantomime a commencé à trois heures. La famille est venue et, bien sûr, le R et la R. J'ai chargé Mrs Knight de donner aux princesses mes cadeaux de Noël. Ensuite, elles sont reparties sans dire au revoir, ce qui m'a beaucoup déçue, d'autant que je ne sais pas *quand* je les reverrai. PE m'appelle sa

« meilleure amie » mais si l'amitié, c'est de voir ses amis de manière informelle et sans intimité, ça ne correspond pas à l'idée que je m'en fais. Pour moi, il s'agit de se confier, de partager les joies, les peines et des souvenirs durables ! Je lui ai fait don de mon amitié, je l'aime, elle me manque mais je ne la vois pas et je ne lui manque pas. Pourquoi lui manquerais-je ? Elle a PM, le R et la R ; ils sont heureux et s'amusent bien ensemble. Elle n'a nul besoin de moi. Mais moi si : elle a fait de moi son amie et je ne pourrai jamais l'abandonner. Et même si elle m'abandonnait, moi, je ne pourrai pas car je n'ai pas de foyer. Je suis une étrangère solitaire au sein de ma propre famille, à l'exception de ma petite sœur qui vit loin de moi et qui, un jour, me deviendra elle aussi étrangère. Si bien que je compte sur mes amies pour me donner l'amour et le réconfort qui me manquent tant.

Samedi 20 décembre

Papa et moi sommes allés à Windsor afin que je m'entretienne avec le commandant de l'endroit où je vais être infirmière. Tout s'est très bien passé, mis à part le côté très officiel de la chose qui m'effraie quelque peu !

Dimanche 21 décembre

Messe à neuf heures. Plateau-déjeuner puis bicyclette jusqu'au Château. On nous a beaucoup pris en photo dans nos tenues bavaroises et nos crinolines. Lilibet était mignonne aujourd'hui ; son Philip est venu : il est très beau mais ce n'est pas mon genre.

Le R et la R ont assisté à la séance et le R s'est écrié : « Alathea ressemble à un officier grenadier ! » Ils étaient tous si bons avec moi aujourd'hui, et pourtant, dès que je mets le pied dans ma chambre, je suis *suffoquée* par un accès de tristesse et je *déteste* ça. Je suis rentrée à bicyclette seule et abattue. Ils sont si bons avec moi et pourtant ils ne pensent *jamais* à me proposer de rester pour le thé, sans doute parce que, inconsciemment, ils n'ont besoin de personne alors que moi, si. C'est aussi parce que je ne les reverrai pas avant la fin des vacances que je prends tellement à cœur d'être ainsi tenue à l'écart.

Lundi 22 décembre

J'ai reçu une carte de Noël d'EA qu'elle a dessinée elle-même et écrite en français (durant ses leçons), que je garderai jusqu'à la fin de mes jours. Sonia m'a donné un agrandissement d'un portrait d'elle en Polyfoto et j'ai passé la soirée à rédiger une description de son visage que je trouve étrangement triste et expressif sur cette photo. J'en ferai une copie demain, que je lui enverrai, et je collerai cette photo dans mon album.

Mercredi 24 décembre

On m'a remis en main propre un cadeau de PE avant le déjeuner, une sorte de sachet très raffiné avec un mot à l'intérieur. Je suis convaincue que je ne suis pour *rien* dans leur attitude qui ne s'explique que par leur caractère.

Jeudi 25 décembre

On a assisté à la messe de minuit. C'était la première année que j'y allais sans collants, mais avec les coupons on ne peut rien se procurer. Petit-déjeuner au lit où j'ai lu paresseusement et joyeusement jusqu'à ce que je me lève et qu'on s'échange les cadeaux. Après le déjeuner, à trois heures, on a écouté le Roi, puis nous sommes sortis prendre l'air. Nous nous sommes rendus chez les Barclay où nous avons eu droit à un goûter très amusant.

Vendredi 26 décembre

Anne Crichton m'a appelée et demandé si j'allais voir George Formby[1] au Château demain. Je lui ai dit que non, car ils devaient se douter que je n'aimais pas GF. Une piètre excuse de ma part, puisque j'espérais toujours recevoir une invitation, mais c'est chose faite car PE m'a appelée ce soir pour m'annoncer qu'une voiture viendrait me chercher.

Samedi 27 décembre

J'ai mis ma robe angora bleue et le collier rouge de la R. On m'a placée au premier rang avec la famille royale, ce qui m'a rendu l'après-midi supportable. *Ils* sont arrivés et Margaret s'est assise à côté de moi. Elle était adorable, mais bien entendu, nous

---

1. George Formby était un chansonnier populaire né dans le Lancashire. Sa plus célèbre chanson s'intitule « When I'm Cleaning Windows ». C'était une grande vedette dans les années trente et quarante.

ne pouvions pas beaucoup parler. La famille royale s'est retirée tout de suite après, sans dire au revoir à personne, juste des hochements de tête et des sourires. C'était la première fois que je me rendais à un spectacle au Château *sans être avec eux* et, bien que ce ne soit pas raisonnable, j'ai vraiment pensé que les princesses auraient *dû* vouloir que je reste pour le thé puisqu'elles m'aiment bien. Qu'on ne se soit pas *vraiment* vues depuis des *semaines* ne semble pas leur traverser l'esprit, et encore moins qu'elles puissent me manquer. Sans doute ai-je été trop gâtée pour ainsi en prendre ombrage. À quoi servait-il, me suis-je dit amèrement, de m'habiller et de me faire belle alors que la R n'a même pas remarqué que je portais son collier ? J'ai déchiré le programme du spectacle d'aujourd'hui car je sais qu'il ne m'évoquera que de mauvais souvenirs.

1942

Inspection

of the

First or Grenadier Regiment

of Foot Guards

held at

Windsor Castle

by Command of

His Majesty King George VI

Colonel-in-Chief

on the 16th Birthday

of

H.R.H. The Princess Elizabeth

to mark the appointment of H.R.H.

as Colonel of the Regiment

21st April, 1942

Invitation à la cérémonie de décoration
de la princesse Elizabeth faite colonel des grenadiers.

Cumberland Lodge

Jeudi 1er janvier

Messe, puis à l'intérieur toute la matinée pour écrire ce journal qui vient d'arriver. Il n'est pas aussi joli que celui de l'an dernier mais il fera l'affaire. L'après-midi, suis partie faire un grand tour dans la forêt toute seule car me promener avec Grand-Père aujourd'hui était au-dessus de mes forces. J'ai trouvé très égoïste de ma part de le priver de ma compagnie, surtout qu'il ne m'arrive pas souvent de marcher avec lui, mais malgré mes scrupules soudains je n'ai pas pu rebrousser chemin. Il m'a suffi de faire une prière de pardon et de me trouver quelques excuses pour m'apaiser bien vite. S'il ne manquait pas cruellement d'imagination, il comprendrait mon besoin de solitude. J'ai sombré dans une profonde mélancolie mais personne ne me comprend, ni Grand-Père, ni Tante M, ni Papa, et pourtant tout le monde m'adore. Dire mon chapelet a sonné à mes oreilles comme un chant funèbre ce soir.

Vendredi 2 janvier

Petit-déjeuner au lit. Lettre de l'hôpital, le genre de lettre *assommante* qu'on reçoit quand on commence à participer à l'effort de guerre, mais je refuse de me mettre en rogne pour le moment. Ils attendront !

Mercredi 7 janvier

Grand-Père est parti une semaine. Je dois dire que c'est un soulagement pour moi de ne pas le voir fureter partout dans ma chambre le soir, et surtout d'être dispensée de chapelet ! Quel bonheur ce serait de revoir le printemps, la saison des amours ! Mais aurai-je un jour un amour ? J'envie beaucoup Sonia bien que je ne sois pas sensible à son Micky. Annabel n'a pas d'amoureux mais ne semble pas en vouloir. Contrairement à elle, je pense que j'ai un tempérament qui se nourrit d'amour. J'ai encore lu sur le sofa, écrit mon journal au son du tic-tac de la pendule sur la cheminée qui rythmait mes questions sur le destin. Ma tante somnolait avec disgrâce sur le sofa en ronflant de temps à autre, tandis que les lourds rideaux de velours sombre nous privaient de la moindre lueur d'amour ou de gaieté.

Lundi 12 janvier

Je me suis demandé si Lilibet lisait le livre *Royal Flush*[1] que je lui ai offert pour Noël. Je pense qu'il

1. Margaret Irwin était une romancière très en vogue et connue pour ses romans historiques. *Royal Flush*, son livre le plus populaire, raconte l'histoire d'amour entre Henriette

lui plairait mais pas autant qu'à moi, étant donné nos différences et la force de ses convictions alors qu'elle n'a que quinze ans : personne ne peut l'influencer. De toute façon, elle ne connaît jamais personne assez *intimement* pour que ça puisse arriver. Si elle n'était pas si placide, si peu impressionnable, *moi* j'aurais sans aucun doute pu l'influencer ou en tout cas éveiller sa curiosité pour mes idées qui sont si éloignées des siennes. Je doute qu'elle puisse *goûter* l'histoire malheureuse de Minette, à l'opposé d'elle en tout, comme moi j'ai pu le faire à quinze ans alors que je ne fais même pas partie de la famille royale. Lilibet n'a *jamais* pensé à se comparer à ces princesses d'autrefois dont nous lisons les histoires, ses propres ancêtres ! Chère Lilibet, vous manquez vraiment quelque chose ! Si seulement nous nous ressemblions un peu plus vous et moi.

Mercredi 14 janvier

Me suis réveillée dans un monde tout couvert de neige ! Grand-Père de retour. J'ai fait semblant d'être contente de le revoir, mais il m'a immédiatement agacée en furetant dans ma chambre qu'il trouvait trop froide pour que j'y reste à lire. Cette *sale manie* qu'il

---

Anne, alias Minette, fille de Charles Ier, qui épousa très jeune Philippe, le duc d'Orléans, le jeune frère homosexuel de Louis XIV. Elle était belle et intelligente, facilitait les relations diplomatiques entre son frère Charles II et son beau-frère et cousin Louis, qui était également son amant. Elle mourut jeune.

a de ne pas pouvoir passer devant ma chambre sans y entrer, surtout le soir quand il va se coucher, si bien que je ne peux jamais m'y déshabiller tranquillement puisqu'il peut débouler à tout instant ! Le matin, je ferme la porte à clé, ce qui ne l'empêche pas de triturer la poignée pour entrer !

Samedi 17 janvier

Suis allée danser à Newmarket avec Brita. J'ai mis ma robe noire. Ce n'était pas folichon et rien à se mettre sous la dent en matière d'amoureux alors que Brita m'avait vanté la chose. Aucun homme séduisant.

Lundi 26 janvier

Elizabeth Anne a huit ans aujourd'hui. Je me souviens encore de son baptême, j'avais un manteau vert et un béret en velours ! Comme je l'ai aimée bébé, mais à présent nous ne nous voyons plus que deux fois par an tout au plus.

Burloes, Hertfordshire

Mercredi 28 janvier

J'ai tricoté dans la salle de jeux en devisant avec Nannie et Rosalind[1] qui, ensuite, sont sorties. Marché jusqu'à l'hôpital où j'ai retrouvé Annabel. Vu un mort qu'on transportait sous un drap !

1. La plus jeune des enfants Newman.

Samedi 31 janvier

J'ai brusquement décidé d'appeler l'infirmière en chef de Red House[1] pour savoir quand je pouvais commencer ; elle a été *charmante* et je dois y aller mardi. Je suis contente de commencer immédiatement car il vaut mieux occuper son esprit ces temps-ci.

Jeudi 5 février

Hier soir, Lady Mary Crichton[2] m'a appelée pour m'inviter à dîner chez elle et aller danser vendredi, de petites choses qui m'ont redonné du courage.

Vendredi 6 février

Après le thé, je me suis fait les ongles et j'ai pris un bain. J'ai mis ma robe de soirée verte et le collier rouge carmin de la Reine. Bet est venu me chercher pour me conduire chez les Crichton où j'ai dîné. La voiture nous a emmenées au White Hart où je me suis follement amusée : on a dansé deux valses, lumières éteintes, avec seulement quelques lampions de couleur qui nous éclairaient par intermittence. En me voyant dans la glace, je me suis trouvée jolie mais je dois admettre que je ne suis pas à mon avantage dans une soirée dansante : je me sens terne et suis du genre à gagner à être connue pour être aimée, ce qui est un *gros* handicap !

---

1. Red House était l'hôpital et la maison de repos des Windsor.
2. La mère d'Anne et de Barbara.

Samedi 7 février

Ce matin, la princesse E m'a appelée pour m'inviter à voir un film cet après-midi. Je mets de côté tous les griefs que j'ai contre eux depuis l'affaire de la pantomime et ils sont redevenus les gens que j'aime *le plus* sur cette terre. Les leçons de danse et de dessin reprennent la semaine prochaine. Quelle joie de retrouver ma place dans le cercle royal que j'aime tant ! Libby a les négatifs des photos de la pantomime : on voit ce *crétin* de Tannar se pavaner avec les princesses et j'ai sciemment choisi une photo où on ne le voit pas ! La voiture royale est venue me chercher pour aller au Château, où on m'a directement amenée à la chambre de Lilibet. J'étais sincèrement heureuse de les revoir toutes les deux et apparemment elles aussi, si tant est qu'elles se réjouissent de voir des gens en dehors de leur famille ! Lilibet était très jolie. Elle m'a montré une lettre de Hugh E qui la remerciait de sa carte de Noël, mais il part pour l'étranger et je ne sais quand je le reverrai. Ensuite nous avons pris le thé avec le R et la R, charmants, et le duc de Kent est venu avec le prince Edward, mais sans sa sœur puisque, ensemble, ils deviennent incontrôlables ! Puis film dans la Waterloo Chamber où je me suis assise au premier rang sous un plaid. *Dumbo*, très mignon. En sortant, la R a trébuché sur le prince Edward et a atterri sur mon pied. Petit micmac mais elle est restée très gentille et, le soir, en me couchant, j'étais presque fière de découvrir le bleu occasionné !

Mardi 10 février

PREMIER JOUR INFIRMIÈRE

Réveil à huit heures, uniforme d'infirmière, trajet à bicyclette par la Long Walk jusqu'à Red House où je dois officier trois jours par semaine de neuf heures à cinq heures. Nous sommes entre trois et quatre volontaires[1] à la fois et la plupart sont des filles comme moi. Par exemple la sœur aînée d'Anne C, Barbara, qui s'est gentiment occupée de moi. Tout n'est pas difficile dans ce travail, hormis qu'il faut rester très longtemps debout. J'ai pour l'instant fait des choses étranges, comme de laver le haut des casiers des patients, débrouiller leurs affaires, nettoyer des instruments chirurgicaux, etc. Pas d'autre vaisselle à faire à part les ustensiles du thé et du déjeuner que nous prenons à onze heures le matin, à base de thé, de pain et de confiture, dans la salle de garde, après avoir servi le déjeuner des hommes (environ vingt hommes engagés sur le front). Mais très cosy et très chaleureux. J'étais très heureuse !

Mercredi 11 février

Aujourd'hui, je me suis mieux débrouillée. Je suis un peu gênée de circuler toute seule dans les différentes salles parce que les hommes se moquent de moi et certains ne savent même pas ce qu'ils disent !

---

1. Le VAD (Voluntary Aid Detachment) était un groupe de civiles qui officiaient comme infirmières et aides-soignantes en renfort des infirmières militaires de la Croix-Rouge.

Mais ça m'amuse de me faire appeler « infirmière Howard » à tout bout de champ !

Jeudi 12 février

Leçon de dessin au Château où nous avons peint nos chevaux de porcelaine. Lilibet a dit que c'était elle qui avait présidé les deux derniers dîners avec la princesse royale[1] en l'absence de la R qui était partie. Je trouve ça très bien. Si seulement ça pouvait chasser le côté petite fille que favorise Margaret et ainsi estomper nos deux ans d'écart : elle est tellement plus mûre que je ne l'étais à son âge. J'adore Margaret, mais quel dommage qu'elle empêche sa sœur de sortir, y compris avec moi, alors qu'elle a déjà seize ans, sans parler de son statut qui est le plus grand obstacle – mais quel merveilleux statut ! Pourquoi pas moi ?

Vendredi 13 février

Travail à Red House de neuf à cinq heures. Assez calme aujourd'hui. L'une des femmes a dit qu'on voyait bien que je n'avais jamais effectué de tâches ménagères à la façon dont je passe le balai dans la salle !

Dimanche 15 février

Ai écouté le discours de Churchill qui annonçait la chute de Singapour : la guerre ne se passe pas

1. La princesse Mary, fille du roi George V et de la reine Mary, qui épousa le comte de Harewood, avait le titre de princesse royale.

bien pour nous en ce moment. Que Dieu nous aide à gagner finalement, ce dont je suis sûre, mais nous avons l'air si inefficaces et si *isolés* !

Samedi 21 février

Lilibet a appelé pour m'inviter à voir un film et à patiner, si bien que j'ai emporté de quoi me changer après la danse. Leçon de ballet très classique aujourd'hui, mais très amusante, où nous avons dansé une rhapsodie hongroise ! J'étais assise près du Roi lors du déjeuner, avec lequel j'ai agréablement bavardé, puis l'après-midi nous sommes partis en voiture pour Frogmore où le R, les princesses et moi avons patiné pendant une heure sous l'œil de la R. Là encore, c'était merveilleux et je me suis dit que ça valait bien une guerre car ces gens sont ce que j'ai de plus cher au monde. Mais je dois me marier pour les mériter. Cette vie royale correspond tellement à ma vie, les chambres, les armées de domestiques en livrée, les manières et le protocole, tout est tellement intégré, tellement cher à mon cœur, que je ne peux croire que le monde dans lequel nous vivons y soit désormais hostile. Sans la cour, la vie n'aurait aucun sens, ne serait rien qu'une errance sans but jusqu'à la vieillesse. Lilibet avait pour la première fois des chaussures de femme aujourd'hui, des chaussures sans lacets en daim rouge bordeaux, mais elle m'a dit qu'elle avait aussi des escarpins. Tant mieux parce que ses chaussures ont toujours été affreuses jusque-là ! C'est étonnant de voir comme on la plaint, alors que moi je l'envie tellement ! J'ai dit au revoir à tout le monde en rêvant de pouvoir baiser la main de la Reine comme Diana Bowes-Lyon, et peut-être un jour le pourrai-je.

Mercredi 25 février

Papa m'a déposée à Priest's Hill où j'ai pris l'autobus pour Red House. J'ai travaillé jusqu'à cinq heures. J'ai ensuite gagné le Château à pied pour retrouver Diana Legh dans le Gateway Henry VIII, puis nous sommes allées voir Winifred Hardinge et avons parlé des autres filles à l'école de secrétariat. Je me demande si je serais la même si j'étais là-bas, puisque je ne cesse de penser que les gens me considèrent excessivement ennuyeuse. En rentrant, j'ai trouvé une lettre de John Wiggin disant qu'il pouvait venir au bal de la reine Charlotte si nous le souhaitions. Pourquoi n'est-ce pas Hugh ? Il devrait m'écrire mais ne le fera pas. La vie est dure car elle éloigne de vous ceux que vous auriez envie de voir, mais quels que soient les obstacles, ceux qui veulent se voir parviennent toujours à le faire.

Jeudi 26 février

Leçon de dessin au Château. Puis nous nous sommes bien amusées en faisant des choses idiotes, comme de faire rouler une petite roue sur les pentes qui descendent au ruisseau ! Lilibet a été nommée colonel des grenadiers[1] car ils veulent absolument

1. La princesse Elizabeth a hérité du titre de colonel de son parrain, le duc de Connaught.

qu'elle porte l'uniforme, ce que je désapprouve totalement.

Grosvenor Square, Londres

Lundi 2 mars

Arrivée à Londres, suis allée directement à l'appartement. Tante Alathea est sortie tôt, si bien que j'ai pu farfouiller un peu dans ses affaires. Je lui ai pris quatre mouchoirs, une paire de collants et des chaussettes ! J'ai bien sûr eu *quelques* scrupules, mais elle-même, bien qu'entourée des plus beaux magasins, n'hésite pas à se servir chez Maman, sans compter tout ce que ce pauvre Papa doit payer pour *son* appartement. J'ai marché jusqu'à l'appartement de Sonia, au 11 Stanhope Gate, où je suis si souvent allée, et j'ai regardé par la fente de la boîte aux lettres. L'entrée n'a pas changé, si ce n'est qu'elle est moins luxueuse et moins élégante, plus dépouillée et abîmée par les traces de bombes. Puis je me suis rendue dans le parc. J'ai longé les allées autrefois si pleines de jeux d'enfants et de nurses. Je suis allée près de la Serpentine où j'ai jeté des morceaux de pain aux canards, ainsi qu'EA le faisait tous les jours, et je n'ai pu retenir mes larmes. Dans ce nouveau monde un peu étranger, j'ai été étonnée de trouver les allées au même endroit, dont seules les rambardes[1] ont

1. Les rambardes avaient été retirées et fondues au nom de l'effort de guerre.

été enlevées. J'ai marché lentement en m'arrêtant pour regarder d'un œil hagard et je me suis sentie à *des lieues* de la réalité. J'ai poursuivi jusqu'à Hans Place en traversant les jardins sans balustrades et suis entrée par la porte de derrière au numéro 18, dont on m'avait laissé la clé dans une cachette. J'ai allumé toutes les lumières et commencé à faire un grand et triste tour du propriétaire depuis la cave jusqu'à la chambre de Ming-Ming tout là-haut. Avec la salle de jeux, c'était d'une tristesse ! J'ai ouvert les tiroirs autrefois pleins de jouets puis suis allée voir ma chambre où, depuis la fenêtre, j'ai pu tristement mesurer tout ce qui avait disparu et ne reviendrait plus jamais. Puis dans la chambre de Maman, qui a toujours été jolie sans jamais être chaleureuse. Je suis redescendue jusqu'à la porte de devant et, dans un sourire, j'ai dit adieu à la maison où j'ai caressé tant d'espoirs grandioses et tant de rêves d'avenir. Cela faisait longtemps que je voulais faire cet adieu, c'est une satisfaction, même si c'est un plaisir tragique de renouer ainsi avec les souvenirs, qui menace notre paix intérieure et ne protège en rien de la cruauté du monde.

Cumberland Lodge

Mardi 3 mars

Je suis allée travailler à Castle Mead où ils sont plus débordés qu'à Red House, mais ça ne m'a pas beaucoup plu. J'ai reçu une lettre de Maman qui me trouve bouffie et trop noyée dans la masse, pas assez « volontaire » alors que Brita, malgré ses vilaines tenues et son affreuse silhouette, sait se montrer « gaie et pleine d'assurance ». Ça m'a rendue *folle de rage*, et momentanément très remontée contre Brita : que lui trouvent-ils tous, à la fin, que moi je n'ai pas ? Tout le monde s'accorde à dire qu'elle n'a ni allure ni charme. « Volontaire » et « pleine d'assurance » sont des expressions typiques de Maman, qui ont le don de m'énerver. Je n'aspire à aucune de ces deux attitudes. Je me sens submergée par une vague de mélancolie car je ne plairai jamais à personne et on doit me détester. Je me demande même si je ne finirai pas par être mauvaise, comme le sont *tant* de membres de ma famille, à part Papa qui est si gentil. Et égoïste, comme je le suis déjà. Sans compter les informations continuelles relatives au sacrifice, à l'effort de guerre, aux restrictions vestimentaires, aux rationnements, etc., qui me plongent dans le désespoir. Il ne sert vraiment à rien d'être bien née.

Grosvenor Square, Londres

Samedi 14 mars

Suis allée à la répétition de la Cérémonie du gâteau[1] ce soir. Beaucoup de gens que je connais,

1. Les débutantes devaient présenter un gâteau en carton qui figurait le gâteau d'anniversaire de la reine Charlotte, puis faire leur révérence au président de la cérémonie qui représentait

mais la salle était si bondée et si étouffante que j'étais contente de rentrer à l'appartement. Notre groupe s'est retrouvé ici à sept heures : Annabel, son cavalier, Brita, John Wiggin, Miles Marriott[1] et un ami de Maman, Mervyn Vernon[2], car il nous manquait un homme. J'ai mis ma robe en gaze rose. On a bu et rigolé à cause d'un type qui a appelé trois fois en se trompant de numéro ! Puis on est tous allés à Grosvenor House pour le bal de la reine Charlotte où nous avons dîné et dansé. Ce pauvre Miles M est très *gentil* mais très ennuyeux. J'ai retrouvé des tas de gens que je n'avais pas revus depuis mes quinze ans, dont Elizabeth Lambart[3], qui flottait dans une robe XVIIIe en satin crème, et Ursula James[4], qui était *ravissante*. À onze heures, toutes les débutantes de 1942 se sont alignées derrière le gâteau. À une heure et demie, nous sommes allés au night-club le *400*[5], mais on n'a pas pu entrer, alors nous nous sommes rabattus sur le Nut House et, là, la soirée a vraiment

---

celle-ci. Contrairement à l'opinion populaire, aucune révérence n'était faite au gâteau.

1. Miles Marriott était le fils unique d'une famille aisée de Belgravia, amie avec la mère d'Alathea.

2. Le major Mervyn Vernon était un grenadier.

3. Lady Elizabeth Lambart était la fille aînée du maréchal et comte de Cavan, ainsi qu'une amie de longue date de la princesse Elizabeth.

4. Ursula James était la fille de Lady Serena James, née Lumley, et de Robert James. Alathea adorait séjourner dans leur maison du Yorkshire, à St Nicholas Abbey.

5. Le *400* était un night-club de Londres très en vue.

commencé ! On s'est follement amusés à chanter, danser, tous les invités du bal étaient là, une bande de joyeux drilles !

Cumberland Lodge

Jeudi 19 mars

À bicyclette jusqu'à la leçon de dessin. On m'a questionnée sur le bal de RC et Lilibet a dit qu'ils tenaient à en organiser un bientôt. Mais les nouvelles n'étant pas bonnes, ce serait indélicat, sur quoi la Reine a dit que cet été les gens auraient envie de s'amuser. *Comment savoir ?*

Samedi 21 mars

Lilibet a appelé pour me demander de rester voir un film après la danse. J'y suis allée un peu plus tôt pour m'entraîner car nous avons toutes les deux raté une leçon. On vante toujours mon cou-de-pied, ce qui m'enchante ! Ensuite on s'est changées et on a pris des biscuits et du jus d'orange dans la salle de jeux, puis, avec Margaret et Monty, nous sommes sorties et avons laissé Lilibet à sa leçon d'allemand. On m'a placée près du Roi, avec lequel il n'est pas très facile de bavarder, mais je m'en suis bien sortie et j'aime être assise à ses côtés.

Mercredi 25 mars

Marche jusqu'au Château. J'ai trouvé les princesses en train de brûler des herbes. Premier jour de printemps véritable. Jackie Philipps et ses quatre officiers sont venus pour le thé si bien qu'en tout, avec Crawfie et Monty, nous étions dix dans la salle de classe. Le thé était somptueux, avec pâtisseries, papillotes, etc. À en oublier la guerre ! Puis dans la Red Drawing Room, nous avons joué aux charades, au dictionnaire et à d'autres jeux idiots, comme les chaises musicales. On a même fini par danser un quadrille écossais ! Tout le monde s'est follement amusé. Il régnait un air de fête, de gaieté passagère comparable à l'an dernier et qui rendait le moment inoubliable. J'ai encore éprouvé ce que *la douceur de vivre* a de merveilleusement volatile, contrairement à l'existence, et remercié Dieu de me permettre de la partager avec les princesses. On m'a fait reconduire chez moi à huit heures et je me suis couchée avec un sentiment de bonheur triomphal.

Jeudi 26 mars

À bicyclette jusqu'à Windsor où j'ai fait une ou deux courses avant d'aller au Château pour la leçon de dessin. Nous sommes ensuite allées brûler des herbes avec Monty, mais il soufflait un vent glacé. Retour pour le thé, où Margaret a fait le clown. Lilibet fait sa confirmation samedi et m'a décrit sa robe. Une belle journée.

Vendredi 27 mars

Suis allée au Queen's Head pour l'examen de secourisme. Assez *confiante*, j'ai obtenu 37/60 à l'examen pratique. Je déteste le médecin qui m'a fait passer l'oral car brusquement, au beau milieu, mon cerveau s'est bloqué et je me suis mise à pleurer en voulant hurler que c'était fichu. Bien sûr, je l'ai raté avec 26/60 et j'ai éclaté en sanglots incontrôlables, mais ils ont été très gentils avec moi : on m'a donné du café et Mrs C-S[1] a dit que si je voulais et si je me ressaisissais, je pourrais repasser l'examen. Je me suis dit que ça valait la peine mais il me fallait patienter sur les marches avec toutes les autres infirmières qui attendaient qu'on les appelle avant que mon tour ne revienne, ce qui nous aurait amenées à *dix heures* ! Mrs C-S n'a pas cessé de me dire que je ne serais jamais infirmière mais seulement aide-soignante, ce qui en général est abominable. Pourquoi cherche-t-on tellement à rudoyer les infirmières ? On obtient tellement plus des gens en étant gentil avec eux. J'étais triste à l'idée de ne jamais faire partie de la Croix-Rouge, et toute cette atmosphère officielle, cassante, cette manière d'être appelée « Howard » m'ont remplie de haine et abattue comme je ne l'ai jamais été de ma vie. Le médecin s'est ensuite montré plus gentil, mais il m'a sermonnée et ne m'a accordé qu'un 34 sur 60 – du moment que j'ai l'examen, peu importe ma note. Mon travail ne m'intéresse pas car, où que j'aille, il ne consiste qu'à nettoyer. J'étais trop fatiguée pour dormir, j'avais un mal de tête insupportable et j'ai pleuré d'épuisement nerveux. Jamais je

1. Mrs Chetwynd-Stapylton était commandante du Queensmead, l'hôpital de la Croix-Rouge à Windsor, où Alathea travailla pour contribuer à l'effort de guerre.

n'oublierai cette nuit. Rien que d'y penser le matin, je me suis encore effondrée en larmes et j'ai dû me mettre des compresses imbibées d'eau de rose sur les yeux.

Samedi 28 mars

Après un petit-déjeuner au lit composé d'un œuf dur, de petits pains aux céréales et de marmelade, je me suis sentie mieux et me suis préparée pour aller à la leçon de danse. Lilibet n'y était pas en raison de sa confirmation. La table du déjeuner était dressée pour vingt-trois convives, avec de magnifiques fleurs disposées dans des coupes en argent. J'aurais tellement aimé en être. Cette chère Lilibet à laquelle j'ai tant pensé pendant l'office.

Lundi 30 mars

Travail à Red House de neuf à cinq. On m'a réprimandée car je chantais, ce qui m'a plutôt amusée ! Tous très encourageants à propos de mon examen. Me suis assise sur un banc pour faire des mots croisés jusqu'à six heures et demie, juste avant d'aller à Queensmead. J'étais moins nerveuse cette fois. Une femme médecin aurait dû venir mais c'est finalement devant une infirmière que j'ai passé l'oral. Elle était gentille et m'a mis 50/60 mais une vieille femme austère m'a fait passer l'examen pratique où j'ai commis deux erreurs dont un pansement au pied que j'ai mal posé. C'était très éprouvant pour mes nerfs mais j'ai réussi à prendre sur moi malgré la ronde des officielles qui s'affairaient autour de moi avec leur brassard rouge ridicule. J'en avais *presque* envie de pleurer ! Quelle *importance* de savoir déboucher une bouteille ? Chose que je sais faire mais que, bien entendu, là, j'avais oubliée ! Et on m'a fermement rappelé ce soir que je devais *me lever* quand je parlais à un officier !

Vendredi 3 avril

VENDREDI SAINT.

Il fait plus froid. Suis tombée sur la famille royale avec laquelle j'ai discuté tandis que les laisses de nos chiens s'emmêlaient ! Lilibet est à l'âge ingrat : elle est assez ronde, bouffie, mâchoire épaisse, bien qu'elle soit quand même jolie et vive. Elle a un visage large cependant, comme la Reine, et moi, je préfère les visages en longueur, mais d'ici un an le maquillage corrigera ça à merveille. Leurs tenues se sont dégradées considérablement. Je ne peux supporter leurs chemises en coton Aertex. Avant, elles n'en portaient jamais, c'est fou comme ça leur donne un air atrocement commun. Jamais elles ne se distingueront comme la R si elles continuent à en mettre !

Mardi 14 avril

Magnifique jour de printemps mais du vent. À pied jusqu'au Royal Lodge à quatre heures et demie. On a pris le thé dans la salle de jeux comme autrefois. Dommage que la Reine n'ait pas été là, ce petit Trianon qu'elle a créé réclame la présence de son charme si singulier pour atteindre la perfection, bien que la maison en elle-même soit tout à fait déplorable ! Ensuite nous sommes sorties entre nous, avons retiré quelques grenouilles de la piscine et bavardé dans leur petit jardin. Je me souviens avoir dit que je n'étais jamais montée dans un carrosse et de Lilibet répondant : « Oh, je vous y emmènerai un jour. » Si seulement ! Margaret était d'excellente humeur et très prompte à me dire des choses embarrassantes ! Elles m'ont montré la ferme qu'elles avaient construite dans la salle de classe et, une fois de plus, j'ai constaté que Lilibet avait encore des goûts de petite fille, enfin disons des goûts simples, ce qui se voit aussi dans ses dessins : elle y met toujours des chiens et des chevaux alors qu'elle est bien plus sérieuse et plus sensible que moi. Je doute que ses goûts et ses idées évoluent un jour car il me semble qu'elle est par nature plus simple et moins sophistiquée que moi. Au début de la guerre, quand j'avais exactement son âge, je me projetais déjà dans des fantasmagories très XVIIIe siècle alors qu'elle avait les deux pieds bien sur terre. Résultat, elle pourra être heureuse puisqu'elle ne dépasse jamais la dimension de l'ordinaire, alors que moi qui aspire à la subtilité, aux idéaux, au mélodrame, je ne serai jamais entièrement heureuse puisque mes désirs ne seront jamais satisfaits.

Samedi 18 avril

Pris le train jusqu'à Londres puis direction l'appartement où j'ai défait mes valises. J'ai mis ma petite robe en soie grise. Miles Marriott est venu me chercher en voiture pour aller au théâtre. On a vu *The*

Man Who Came to Dinner. Maman m'a dit qu'il n'y avait aucun mal à sortir seule avec Miles puisque c'était un vieil ami. Je pense qu'il m'aime, mais à quel point je ne sais pas. Quant à moi, même si j'aime qu'on m'aime, je ne pourrai jamais tomber amoureuse de M car il est resté trop petit garçon.

Dimanche 19 avril

La princesse E m'a appelée pour me demander de venir mardi, jour de son anniversaire, assister au défilé. Je n'en ai pas dormi ! Je viens de passer quelques jours merveilleux !

Mardi 21 avril

La princesse Elizabeth a seize ans aujourd'hui. J'ai mis ma robe bleu marine et mon petit manteau ceinturé avec les gardénias que j'ai achetés hier. Billy a épinglé un voile sur mon chapeau, fait un gros nœud derrière et accroché une traîne. La voiture m'a emmenée au Château où j'ai retrouvé PE. Puis défilé dans la cour carrée pendant une heure. Très impressionnée. En tant que colonel, PE devait inspecter les grenadiers et recevoir de leurs mains une broche en diamants en forme de monogramme. Elle était très jolie. Elle a déjeuné seule avec les officiers tandis que j'ai rejoint le buffet avec Lady Delia Peel[1], tous les acteurs du spectacle de l'après-midi, les Bowes-Lyon,

---

1. Fille du duc Spencer et mariée au colonel Sir Sidney Peel, Lady Delia Peel était l'une des femmes de chambre de la reine Elizabeth.

les officiers du Château et, à ma grande joie, Hugh Euston. Après le déjeuner, on nous a amenés dans la Waterloo Chamber où j'ai été placée près de Hugh, au premier rang. C'était un spectacle de Tommy Handley[1]. La famille royale a beaucoup aimé, ainsi que les soldats qui étaient derrière. Moi, je me suis obligée à rire mais j'étais au bord de la nausée, sans parler de mon malaise à l'idée d'être assise près de l'homme que j'aime sans qu'il se doute de rien. J'essayais de lui faire sentir ma présence en donnant de l'intensité à mes pensées, mais quand nous avons reculé dans nos sièges, nos épaules se sont effleurées et j'ai cru que j'allais mourir d'angoisse. Si bien qu'au milieu de tous ces rires gras, j'ai éprouvé la tristesse la plus déchirante du monde. La Reine nous a priés ensuite, Hugh et moi, de venir prendre le thé. Un goûter d'anniversaire tranquille avec gâteau au chocolat. Le R et la R ont été adorables avec moi, puis H est parti. Ils sont si particulièrement gentils avec lui qu'on se demande s'ils n'ont pas une idée derrière la tête. Quant à lui, il s'entend vraiment bien avec eux et je suis certaine qu'il préfère Lilibet à moi. Autrefois il m'aimait bien mais je pense que ce n'est plus le cas. Sans doute ai-je trop manifesté mes sentiments. On m'a montré les cadeaux de L : deux magnifiques barrettes en diamant et en forme d'étoiles offerts par le

1. Tommy Handley était un célèbre humoriste de la radio dont l'émission *ITMA* (*It's That Man Again*) connut un grand succès pendant la guerre et fit de lui l'une des personnalités les plus en vue de l'époque.

R et la R. Puis nous sommes allées écouter le compte rendu du défilé à la radio dans la salle de jeux. La Reine m'a complimentée sur ma robe. Comme je l'adore, elle et tous les autres. Leur voiture m'a ramenée à la maison. Je me suis couchée mais je n'ai pas fermé l'œil car j'ai essayé tristement d'analyser mes sentiments pour Hugh. Je dois avouer que je ne suis pas vraiment *amoureuse* mais j'ai du *désir* pour lui. Un désir passionné qui me torture et dont je sais qu'il est sans espoir. Cependant, il ne tient qu'à lui de me rendre amoureuse, et à moi de le rendre heureux.

Jeudi 23 avril

Passé l'essentiel de l'après-midi à l'intérieur. À quatre heures, on a dû ranger car les princesses arrivaient. Mrs Knight les accompagnait. Elle est très imposante mais très *gentille* quand on la connaît un peu. Après le thé, on a fait un tour dans le jardin et de la balançoire pour s'amuser ! On a parlé du goûter d'anniversaire de PE et, brusquement, Margaret m'a lancé : « J'imagine que *vous* avez préféré le thé au spectacle ! », ce en quoi elle avait absolument raison. Comme d'habitude, elle a lu en moi sans être dupe de mes politesses ! Elles sont montées dans ma chambre pour se débarbouiller, mais j'en ai profité pour leur montrer mon collier. Ensuite je les ai accompagnées jusqu'aux grilles du Royal Lodge et suis rentrée un peu triste, comme toujours quand je sais que je ne les reverrai pas de sitôt. Je suis plus attachée à elles qu'à ma propre famille mais je sais qu'*elles* sont plus heureuses dans *leur* famille qu'avec qui que ce soit d'autre.

Lundi 27 avril

À bicyclette jusque chez Zelda, puis ensemble à la réunion de la maison de retraite. Mis mon uniforme, mais on m'a réprimandée car je n'avais ni cravate ni ceinture !

Vendredi 1er mai

J'ai pédalé jusqu'à Windsor pour dire au revoir aux gens de Red House, qui va devenir un hôpital mobile. J'étais triste de les quitter car finalement j'y ai passé des moments doux et agréables. Mrs Chetwynd-Stapylton m'a convoquée dans son bureau. J'y suis allée légère mais elle a très vite eu raison de tout mon courage ! Elle s'est montrée autoritaire et obsédée par l'efficacité, a dit que je devais m'inscrire en juin pour un temps plein et, quand j'ai dit que le jeudi ne me convenait pas, elle a, avec dédain, répliqué : « Voyez-vous cela ! », et n'a pas trouvé que ma leçon de dessin était une assez bonne raison. Elle m'a proposé le samedi à la place mais je n'ai pas eu le courage de lui dire que le samedi ne m'allait pas non plus alors il va falloir que je lui écrive ! Je devenais de plus en plus nerveuse pendant qu'elle parlait et quand elle m'a dit : « Ma pauvre Howard, vous avez encore beaucoup à apprendre » et « On va quand même arriver à faire de vous une infirmière », j'ai dû lutter pour ne pas pleurer. Enfin, elle a dû s'en rendre compte. C'est fou comme cette femme réussit toujours à me faire pleurer et comme elle paralyse mon cerveau. Je suis sortie de là totalement abattue, en pleurs jusqu'à la maison où j'ai tâché de me refaire une beauté avant que l'archevêque n'arrive pour le déjeuner !

Samedi 2 mai

Je suis arrivée à West Wycombe Park à cinq heures et demie pour le bal des Dashwood[1]. West Wycombe est un endroit divin, ma maison idéale, un style géorgien, des colonnades, des plafonds peints, des terrasses, des lacs et des folies. On était trente à y séjourner. Elizabeth Lambart et moi partagions une chambre et un merveilleux lit à baldaquin en satin jaune. Ça m'a rappelé Petworth, quand Annabel et moi dormions ensemble dans ce lit *immense*. Avec E, on s'est bien amusées : elle est si gentille, si peu sûre d'elle. J'ai mis la robe en mousseline rose et bleu de Bet, avec ma nouvelle écharpe en mousseline bleu ciel qui s'attache sur le côté. Le bal a commencé à neuf heures dans l'entrée et a battu son plein jusqu'à trois heures du matin. On a mangé et bu entre les danses. C'était *fantastique* !

---

1. Les Dashwood vivaient à West Wycombe, ville connue pour les grottes de Hellfire où l'un des illustres ancêtres de la famille, Sir Francis Dashwood, organisait, au XVIIIe siècle, les réunions du célèbre Hellfire Club. C'est l'une des premières grandes demeures à avoir été protégées par le National Trust. Sarah Dashwood était du même âge qu'Alathea, et une amie de la famille.

Lundi 4 mai

Travaillé avec Zelda au Queensmead[1] de neuf à deux heures. Red House me manque. J'ai œuvré en cuisine comme simple marmiton !

Mercredi 6 mai

Épluché des pommes de terre au Queensmead et nettoyé l'argenterie. Ils ont changé les horaires et, sans que personne me le dise, j'ai mon samedi de libre. Bonne nouvelle ! Je dois rester de neuf à cinq heures, ce qui m'arrange car travailler la moitié de la journée ne rime à rien.

Jeudi 7 mai

Bet et moi sommes allées à Windsor dans la calèche des poneys. Leçon de dessin au Château. Les princesses étaient en robe d'été. On s'est assises sur la terrasse et on a peint des arbres en fleurs : quel délice de passer ainsi l'après-midi, un privilège que peu de gens ont ces temps-ci et qui contraste grandement avec le monde agité et bruyant qui est le nôtre aujourd'hui ! Monty est partie, officiellement parce que son mari est reparti pour Londres, mais je suis certaine que c'est d'un nouveau mari qu'il s'agit !

1. Queensmead fut le premier établissement privé ouvert par Lord Edward Spencer Churchill et sa famille. Situé dans les faubourgs de Windsor, il était dirigé par la Croix-Rouge et destiné à l'accueil des civils déplacés que les bombardements faisaient fuir. Des volontaires comme Alathea étaient recrutées pour le travail ménager, aux côtés de personnels plus qualifiés comme les cuisinières.

Elle ne me manque pas vraiment, puisque Crawfie est bien plus facile à vivre. J'adorais Monty mais je n'étais pas *entièrement* à l'aise avec elle. On s'est assises au-dessus du Rock Garden et on a évoqué le bal des Dashwood. PE avait été invitée mais la R l'a jugée trop jeune pour s'y rendre.

Lundi 11 mai

À bicyclette jusqu'à l'Adelaide Cottage dans le domaine royal, où Jackie Philipps a organisé une réception pour les princesses. Diana Legh y était, ainsi que quatre officiers. On a eu ensuite un excellent prestidigitateur envoyé par la garnison. Puis charades dans le jardin. Ensuite on s'est tous déguisés en moines et on a utilisé nos colliers en guise de chapelets. *Très* amusant. On a ri toute la soirée. Crawfie accompagnait les princesses qui portaient leurs jupes et manteaux bleu ciel : elles font comme si elles avaient peu de vêtements à présent, ce que je trouve ridicule. On a joué la comédie et ri jusqu'à huit heures moins le quart. Il me semble que ce sont les princesses et moi qui nous sommes le plus amusées. Il règne un charme sans sophistication dans ces réceptions que les officiers organisent pour elles qui me séduit beaucoup. Quelque chose de suranné et de singulier qui n'adviendrait jamais sans les princesses. J'ai filé au Queensmead pour la formation pratique. Mrs C-S s'est montrée très amicale pour une fois !

Vendredi 15 mai

Ai travaillé le matin et le soir. Il est étrange de penser qu'avant la guerre personne, en regardant Queensmead, n'aurait imaginé qu'à l'intérieur des jeunes filles comme moi seraient en train de balayer les escaliers, nettoyer les sanitaires et dormir dans les chambres des vieilles domestiques sous les combles ! Étrange aussi de voir comment on en arrive à connaître des gens que, sans la guerre, on n'aurait jamais côtoyés. Je n'irais pas jusqu'à penser que ça élargit mon point de vue sur la vie, pas du tout en ce qui me concerne, mais ça m'ouvre peut-être un peu les yeux sur les fautes commises par le monde moderne. Guère plus.

Samedi 16 mai

Comme je l'avais espéré, PE a appelé pour me prier de rester déjeuner aujourd'hui. Après la danse, je me suis changée dans la chambre de PM, puis on a déjeuné avec toute la maisonnée et deux officiers, mais le R et la R étaient sortis assister à un match de football. Mrs Cox (le professeur de dessin) est arrivée et on a dessiné dehors, sur la terrasse. J'ai fait une esquisse de branche de lilas. Margaret était d'une exubérance folle et n'a cessé de me poser des questions gênantes comme : « M'appelez-vous M ou PM ? Inutile de m'appeler PM si vous appelez Lilibet Lilibet. » Je me demande effectivement si je ne devrais pas commencer à les appeler « Princesse », ce qui éviterait les impairs mais requiert de changer les habitudes. Autant j'aime les appeler par leurs prénoms, autant je trouve ça déplacé à l'âge qu'elles ont. Thé dans la salle de classe. PE m'a prêté deux livres dont un roman d'aventures qui se passe en Écosse et que Hugh lui a offert pour son anniversaire, le genre de livre qui m'ennuie, mais je crains qu'elle ne me pose des tas de questions dessus ! J'étais ravie de voir cependant qu'elle a commencé *Royal Flush*, qui semble lui plaire.

Lundi 18 mai

Message de PE pour m'annoncer qu'elles donnent un bal le 29 ! Quel bonheur ! J'ai à peine pu manger pendant le dîner. Quelle gentillesse de me l'avoir appris avant même que je reçoive les invitations officielles qui mettent toujours un jour ou deux à arriver !

Vendredi 22 mai

J'ai travaillé au Queensmead jusqu'à quatre heures et demie, péniblement mais calmement, jusqu'à ce que quelqu'un nous parle d'oranges. J'ai sauté sur ma bicyclette pour en apporter à une fille et en prendre aussi pour moi. Les oranges sont aussi précieuses que l'or de nos jours !

Samedi 23 mai

Petit-déjeuner au lit. Puis en voiture jusqu'à la leçon de danse. Je portais la nouvelle robe d'organdi brodée bleu marine et blanc que Ming-Ming m'a faite. Je crois que la famille royale désapprouve les nouvelles tenues : les princesses portent la même tenue de danse depuis un an !

Dimanche 24 mai

Messe et communion à neuf heures. Jackie et Joan Philipps sont venus demander la clé du Bog Garden. Hugh E était avec eux mais ils sont restés dehors et Papa est sorti. Je suis devenue folle d'*angoisse* et d'agitation. Je n'ai pas pu me concentrer sur les cartes le reste de la soirée, si bien que j'ai perdu ! Après le dîner, Jackie et Joan, avec Hugh, sont passés. H était gentil et moi, si contente de le voir dans *notre* maison. Il doit absolument me faire danser vendredi !

Lundi 25 mai

Au travail à bicyclette. Nous sommes plus débordées que d'habitude et Drusilla Maude, une autre volontaire du Queensmead, pourtant gentille, a dit aujourd'hui que la vie que nous menons, le manque de bonne nourriture, etc., allaient nous enlever des années d'existence. C'est effectivement difficile quand on balaie les escaliers de faire de la philosophie, d'être dans l'air du temps et de ne pas faire preuve d'ironie sur ce qu'on est devenues par rapport à nos ancêtres et à nos pairs ! J'ai dû frotter la moitié du sol de la cuisine aujourd'hui mais je l'ai fait dans un état second. Au moment du thé, je me sentais déjà mieux : je mange tout le temps ces jours-ci et j'ai pris trois kilos depuis Noël !

Jeudi 28 mai

Dessin au Château à deux heures et demie. On a encore dû rester à l'intérieur mais on est sorties avec Crawfie avant le thé et avons parlé du bal. Margaret Elphinstone et Elizabeth Lambart vont rester *tout le week-end.* Je dois avoir une nature très jalouse parce que je ne peux m'empêcher de les envier alors que ce devrait être à elles de *m'envier.* La seule chose qu'elles auront et que je n'ai encore jamais eue, c'est un dîner là-bas.

Vendredi 29 mai

Sonia, qui était aussi invitée (j'étais tellement heureuse pour elle car je sais comme elle a dû avoir le cœur brisé, l'an dernier, de ne pas avoir été sur la liste), est venue me chercher en voiture et nous sommes allées chez moi. Thé, puis séance de déshabillage, de maquillage, manucure, etc. Ma robe était *parfaite* et a été très admirée. Celle de S était en mousseline de soie et satin gris perle, très simple et très élégamment confectionnée. On a dîné à huit heures, puis la voiture nous a conduites au Château et, au passage, on est allées chercher Zelda. Toutes trois, nous étions les *seules* à porter de longs gants blancs *magnifiques*, que nous avons d'ailleurs gardés *toute* la soirée ! Tout le monde s'est rassemblé dans la Green Drawing Room pour ensuite défiler devant la famille royale, leur serrer la main et faire une révérence. La R portait une robe en dentelle blanche avec des broderies bleu ciel et argent, et les princesses, des robes en taffetas rose avec des nœuds brodés de perles :

très jolies mais c'eût été *mieux* qu'elles ne soient pas habillées pareil. PE cependant n'était pas vraiment jolie ce soir : elle est très Hanovre et a atteint un âge où il *faut* se maquiller. Le bal a été un grand succès mais n'était pourtant pas comme celui de juillet dernier, peut-être à cause de l'orchestre militaire qui jouait *si mal* mes valses viennoises adorées, qui les *banalisait* et leur enlevait toute magie. Je me retrouve à regretter d'avoir déchiré sur un coup de tête l'esquisse que j'en avais faite puisque rien ce soir ne m'a inspirée. On a aussi joué une série de valses pauljones mais ni S ni moi n'avons réussi à danser avec le Roi, malgré tous nos efforts et notre discrétion ! Toutefois je me suis bien amusée, et puis Hugh était là. Il est venu m'inviter à danser, après quoi nous sommes allés dans la White Drawing Room où nous avons devisé gaiement pendant un long moment. Il a été si gentil avec moi ces deux dernières fois, je suis si heureuse, mais tout le monde parle des faveurs que la famille royale lui accorde : il passe la nuit là-bas et a soupé près de la princesse qui s'est mise à l'aimer en même temps que moi sans que nous nous passions le mot ! Elle était adorable ce soir et m'a avoué que c'était elle qui m'avait repérée quand il était en train de *vaguement* me chercher dans la foule pour s'assurer qu'il danse avec moi ! Mais est-il possible que le destin vise à nous lier bien plus profondément que ce que nous aurions pu imaginer ? S'ils ont l'intention d'unir PE à un roturier anglais, alors c'est une union assez probable car, bien qu'il ne soit *pas* amoureux d'elle, il se laissera facilement tenter par l'affection qu'ils inspirent. Si tel était le cas, je me sacrifierais volontiers en le cédant à ma future souveraine. D'avoir aimé le prince consort me suffira amplement à considérer ma jeunesse comme haute en couleur ! En attendant, cette rivalité donne du piment à la vie !

Samedi 30 mai

Sonia et moi avons pris le petit-déjeuner au lit et en sommes sorties à dix heures. PE m'a priée d'assister au concert du personnel cet après-midi mais sans me donner plus de détails. Sur les conseils que Hugh m'a donnés hier soir, j'ai pris mon courage à deux mains et je lui ai téléphoné. C'était gênant car elle avait complètement oublié, or il n'y avait plus de places disponibles. J'ai eu l'air déçue et me suis excusée, mais elle a été très gentille en prenant la faute sur elle. Pour nous changer les idées, avec S, on a grimpé sur le toit comme nous le faisions avant la guerre : on a bien ri et constaté que nous n'avions *rien* perdu ni de notre souplesse ni de notre courage ! Elle a dû partir juste après le déjeuner, et moi, j'ai sombré dans l'une de ces tristesses que l'on éprouve quand on a vivement attendu quelque chose et que ce quelque chose est passé. J'étais aussi malade d'amour pour Hugh et désespérée de ne pas connaître le dénouement de cette histoire. Je m'inquiète aussi à l'idée que la famille royale puisse trouver que j'outrepasse les limites, si bien que dorénavant je vais m'astreindre à les appeler « Princesse » et à me comporter en amie précieuse et discrète. Mon souhait le plus ardent, c'est qu'après la guerre, lorsque nous ne vivrons plus près l'une de l'autre, elle ne m'oublie pas et continue à m'avoir pour amie : j'en serai une à vie, mais on dirait qu'elle n'a pas besoin d'amis et qu'elle se soucie assez peu de ceux qu'elle a, même si, bien sûr, c'est inconscient.

Lundi 1er juin

Grand-Père fête aujourd'hui ses quatre-vingt-sept ans. Il était si mignon. Nous serions tous tellement plus heureux s'il était tout le temps comme ça. C'était notre premier jour d'été : quel dommage de l'avoir passé à travailler enfermée ! Je suis rentrée à bicyclette, j'ai mangé mes sandwichs, bu du Horlicks[1] et me suis couchée.

Mardi 2 juin

La princesse E m'a appelée pour m'inviter le week-end prochain puisqu'elles seront seules. J'ai eu du mal à en croire mes oreilles tant j'avais espéré ces derniers jours avoir la chance d'y retourner au plus tôt.

Vendredi 5 juin

Après le travail, je marchais tranquillement vers Frogmore quand on m'a dit que les princesses pique-niquaient dans le coin. Je les ai croisées avec Crawfie tandis qu'elles pliaient bagage et nous sommes rentrées ensemble à pied. Nous nous sommes installées ensuite sur la terrasse et avons un peu reparlé du bal.

---

1. Nom d'une boisson maltée bien connue des Anglais (NdT).

Partie de Monopoly dans la salle de classe jusqu'à l'heure du bain. On m'a donné la même chambre que la dernière fois, juste au-dessus des leurs. Puis je suis descendue dîner en robe de chambre et chemise de nuit, tandis que PE portait un magnifique manteau d'intérieur en shantung imprimé avec une longue écharpe orange. Quand la R est seule désormais, elles dînent ensemble, mais ce week-end elle est en déplacement. Dîner délicieux, et Mrs Knight et Bobo adorables. Nous sommes ensuite allées dans la chambre de PE où, avec PM, on s'est couchées sous l'édredon du lit d'appoint pour lire et bavarder. Puis PM est partie et je suis restée à consulter la liste des invités du bal avec PE. Je suis montée me coucher à dix heures et quart. Elle m'a donné une photo du défilé organisé pour son anniversaire, si bien que je me suis endormie aux anges ! Toutes ces gravures sur les murs qui m'entourent, où figurent les anciens mariages royaux, toute cette atmosphère si particulière, font tellement partie de ma vie qu'il m'est difficile de croire qu'à quelques kilomètres d'ici le monde *ordinaire* continue de tourner, ce monde où, en dépit de tout ceci, je passerai *l'essentiel* de ma vie.

Samedi 6 juin

La seule chose qui, ici, me *déplaît*, c'est qu'ils écoutent toujours la radio au petit-déjeuner et au dîner. Après le petit-déjeuner, nous sommes allées dans la salle de classe où, pendant qu'elles suivaient une leçon, moi, j'écrivais dans mon journal. Puis leçon de danse. Très amusante aujourd'hui. Jus d'orange dans la salle de jeux puis changement de vêtements pour le pique-nique : robes de coton et chapeaux de paille. Les princesses, Crawfie et moi avons pris le chemin de Frogmore en emportant notre déjeuner dans un chariot. Une barque nous a emmenées là où il fallait pour déjeuner sous un arbre où, ensuite, nous avons lu toutes les trois allongées côte à côte sur une couverture. On est rentrées très tranquillement et, après le thé, nous avons essayé de faire le fabuleux tour de magie que Sonia m'a appris et ça a marché ! Puis Monopoly jusqu'à sept heures et promenade avec PE et les chiens dans la fraîcheur du soir. Au retour, bains, puis PE et moi nous sommes assises par terre dans sa chambre devant la fenêtre grande ouverte pour regarder les gens passer et bavarder. Sur la terrasse, en dessous, on a vu Winifred et son chien, qui ne nous a pas vues. On a parlé de Hugh et d'autres garçons, et dans la chaleur de ce soir d'été, dans l'intimité de sa chambre, nous avons parlé avec une liberté qu'elle n'a jamais. Elle qui est d'habitude si réservée a semblé, ce soir, apprécier d'avoir enfin une amie à qui parler. On a appris que cette pauvre Elizabeth Vyner était morte d'une méningite à dix-huit ans alors qu'elle était si jolie et si charmante : quel choc ! PE était ravissante, ce soir, elle a de si beaux yeux.

Dimanche 7 juin

Petit-déjeuner à huit heures et demie. Temps plus frisquet. Les princesses portaient de nouvelles robes en soie imprimée de feuilles d'érable fauves sur fond bleu. Très jolies. Celle de PE avait une coupe différente. On a refait le tour de magie avec les cartes puis joué au cadavre exquis jusqu'à dix heures et demie avant de se préparer pour l'église ! Elles sont allées au Royal Lodge, ce qui, en dépit de mon désir ardent, n'est pas près de m'arriver ! L'après-midi, on s'est assises dehors, on a lu, avant d'avoir à partir nous cacher dans le tunnel, pour échapper aux Australiens repérés autour du Château. Mais j'ai eu une crise de rhume des foins, j'ai éternué mille fois et nous avons gloussé comme des folles ! Puis thé à l'Adelaide Cottage où nous avons retrouvé six officiers, dont Jackie Philipps, et joué à nos jeux habituels dans une ambiance très gaie. En rentrant, nous avons pris un bain rapide. J'étais dans la salle de bains que les princesses utilisaient avant la guerre et qui m'a rappelé ma première fois au Château. Dernier dîner formidable dans la salle de jeux, puis je suis montée dans sa chambre avec PE et nous avons discuté sur le lit. Elle a commencé à dire des choses sur sa famille alors qu'elle n'avait jusque-là jamais ouvert la bouche à ce sujet, et moi, à me confier. Elle se demande si elle se mariera un jour. Je l'ai rassurée, mais elle dit que le jour où elle aura trouvé la bonne personne, elle prendra sûrement la fuite. Moi, je sais trop que non car elle a le sens du devoir, même si, au fond, elle est faite pour une vie très simple. J'adorerais savoir jusqu'où sont allées les discussions entre sa famille et elle sur le mariage, mais je ne me risquerais jamais à lui poser de questions si elle n'en parle pas d'elle-même. Elle a peut-être raison de ne pas se lier trop intimement. Pourtant, ce soir, j'ai découvert une autre Lilibet : derrière son calme apparent et son côté très terre à terre, il y a une personne attachante et sincère. Je savais que cette facette disparaîtrait avec le lever du jour mais je ne l'oublierai jamais. J'ai pour elle une affection plus profonde. Nous nous sommes quittées à onze heures moins le quart mais je suis restée les yeux grands ouverts sur mon lit à réfléchir pendant des heures.

J'ai fait beaucoup d'efforts depuis que je suis arrivée ici pour les appeler PE et PM et comme elles ne s'y sont pas opposées, j'en ai conclu que c'était la chose à faire. Je regrette le temps « Lilibet » mais je sais que je ne peux plus l'appeler ainsi.

Lundi 8 juin

Dernier petit-déjeuner dans la salle de jeux. J'ai dit au revoir à tout le monde vers neuf heures. C'était triste mais je sais que je les reverrai bientôt. On m'a conduite en Ford jusqu'au Queensmead où, dès mon arrivée, j'ai mis mon uniforme et commencé ma journée de travail. Mon week-end a intéressé tout le monde et je n'ai pas beaucoup travaillé.

Jeudi 11 juin

Dessin juste après le déjeuner. Splendide après-midi, il faisait chaud sur la terrasse. La Reine est apparue, magnifique, dans une robe mauve clair. La princesse M m'a demandé aujourd'hui de l'appeler « Margaret » mais PE, elle, n'a rien dit de tel. Je ne sais plus sur quel pied danser !

Vendredi 12 juin

Travail toute la journée. Horrible examen ! On était toutes assises en rang d'oignon à attendre. Moi, je redoutais plus la partie pratique que l'oral, mais à mon grand déplaisir, alors que je connaissais toutes les réponses sauf une, l'atroce petite bonne femme m'a collé trois mauvaises notes et Mrs C-S a dit que je ne pourrais pas me présenter à l'oral puisque même si je l'avais, ça ne compterait pas. Il faut réussir aux deux. Je rate toujours mes examens ! J'en suis à ma quatrième fois depuis novembre. Bien que je *sache* tout, mes réponses ne sont jamais les bonnes. Mais je me suis endurcie devant l'échec !

Dimanche 21 juin

Diana Bowes-Lyon est venue à la messe. Nous avons toutes les deux écrit après le petit-déjeuner, appelé des gens et parlé des princesses. Elle les adore et nous sommes d'accord sur leur caractère. Margaret Elphinstone et elle sont les personnes de notre génération qui les connaissent le mieux.

Vendredi 26 juin

Dessin après le déjeuner. Temps très chaud. On a mangé des fraises des bois. Adorable Margaret qui soudain m'a réclamé un baiser !

Grosvenor Square, Londres

Samedi 27 juin

Retour à Londres. Défait mes valises, manucure, puis lecture sur mon lit en attendant Barbara Crichton. On a pris un bain puis on s'est habillées : j'ai mis la robe de mousseline rose et bleu que m'a donnée Bet et deux nœuds en argent dans mes cheveux. Nous sommes parties retrouver les Loyd à Grosvenor House où nous attendaient seize personnes, dont Angela Stokes, Flavia Drake[1] d'Errolston et Alastair Graham, le grenadier qui me tenait lieu de cavalier. C'était, bien sûr, pour le bal d'été de la reine Charlotte. Dîner délicieux et excellent cabaret. À un moment, certains d'entre nous se sont mis à écrire des vers sur les uns et les autres. Les miens étaient très bons, bien qu'un peu indécents à cause de tout le champagne que j'avais bu ! Ceux qui me concernaient disaient : « Son visage était plein de beauté et de sincérité. » J'adore ce jeu. J'ai revu des tas d'amis venant de partout.

Cumberland Lodge

Vendredi 3 juillet

Au Château à bicyclette pour la leçon de dessin qui s'est tenue à l'intérieur aujourd'hui à cause de la

1. Angela Stokes et Flavia Drake étaient deux élèves d'Errolston qu'Alathea appréciait et avec lesquelles elle garda le contact.

pluie. On a dû faire des tableaux imaginaires à partir de citations et de noms. J'ai choisi des vers romantiques tandis que, typiquement, PE a choisi comme thème « la place du marché » ! Elle a aussi griffonné sur un papier que Philip venait passer le week-end.

Dimanche 5 juillet

À sept heures, Miles Marriott est venu me chercher en voiture pour aller au Boat Club de Maidenhead. Je l'ai regardé nager puis il m'a emmenée en barque sur la rivière jusqu'à Bray. On a agréablement dîné à la Hint's Head puis on est rentrés à la rame. C'était splendide dans le soleil couchant et M m'a dit que j'étais « très belle dans cette lumière » ! Je l'aime beaucoup et Maman aimerait que je l'épouse car il est riche. Mais je ne serai jamais amoureuse de lui et donc jamais heureuse avec lui. Je me demande si lui est amoureux : je n'aurais jamais pensé qu'il soit assez mûr pour aimer mais on dirait bien que si.

Jeudi 9 juillet

Messe à neuf heures. Billy m'a lavé les cheveux après le petit-déjeuner, et le temps qu'ils sèchent, je me suis installée sur une couverture dans le jardin pour écrire à Annabel. Bicyclette, dessin après le déjeuner. Suis allée me promener à quatre heures avec Crawfie et nous avons mangé des tonnes de fraises des bois. Il faisait chaud et nous nous sommes assises devant la princesse Margaret qui nous faisait rire aux éclats en imitant plusieurs membres de la

Maison royale, en particulier Lady Katie Seymour[1] toujours en retard au déjeuner ! Nous sommes rentrées pour le thé et nous avons dégusté un délicieux melon. Retour à la maison à bicyclette. Appelé Bet qui rentrait justement le poney et avec laquelle j'ai fait un tour de voiture très agréable dans le parc.

Samedi 11 juillet

En voiture au Château. Il m'était bien difficile de croire que c'était la dernière fois que je viendrais danser avec les princesses dans la Red Drawing Room. Quel dommage que cela s'arrête, mais les meilleures choses ont toujours une fin !

Lundi 13 juillet

De tous les officiers qui sont venus dîner à Cumberland Lodge, *aucun* ne m'a invitée à sortir alors comment ferai-je pour rencontrer quelqu'un ? Celui sur lequel se portent toutes mes pensées est à présent près de moi, mais j'ai beau le côtoyer, cela ne m'épargne ni l'angoisse ni l'amertume. Et pourtant, je continue à croire que mon heure n'est pas encore venue et que je connaîtrai le grand amour.

Jeudi 16 juillet

Bicyclette, Château, dessin. À l'intérieur à cause du vent et du temps gris. PE trouve très mauvais pour

1. Née Hamilton, Lady Katherine Seymour naquit en 1900. Fille du duc d'Abercorn, elle épousa Sir Reginald Seymour et devint femme de chambre à la cour en 1930.

moi de nettoyer des sols et m'encourage à rejoindre les WRNS[1] immédiatement : elle en est folle et me trouve très bizarre de penser que je ne les intéresse pas. J'ai dû filer au Queensmead à cinq heures et demie, endosser mon uniforme et travailler jusqu'à huit heures.

Samedi 18 juillet

C'était très étrange de travailler un samedi. Très douloureux aussi de penser que pendant que j'époussetais une moquette, à quelque distance de là, dans une pièce pleine de souvenirs, s'alignait une rangée de chaises rouge et or vers lesquelles pointaient des chaussons de danse en satin rose. Difficile de croire que j'ai fait partie de ce monde et que j'en suis désormais chassée. Je me suis demandé si on m'y regrettait. Cela fait seulement un an qu'a eu lieu notre spectacle de menuet, mais le monde actuel ne tolère plus ce genre de charmant divertissement. Pourrai-je jamais rejouer sur une scène en crinoline ? Malgré tout, j'ai quand même apprécié la journée, très différente de d'habitude.

Tous les patients s'en vont et nous devons nettoyer toutes les chambres *méticuleusement*, ce que j'ai trouvé épuisant mais nous avons eu un agréable déjeuner avec Mrs Hovell, l'une des responsables

1. Le Women Royal Navy Service était la branche féminine de la Royal Navy et employait des femmes à toutes sortes de travaux utiles pendant la guerre. Il avait son propre système de grades jusqu'à sa fusion avec la Royal Navy en 1993 (NdT).

du Queensmead. L'après-midi fut plus calme car il y avait deux volontaires en service, si bien que nous sommes allées au salon où Rosamund Foster, une autre volontaire, accueillait les nouveaux patients. Je me suis entraînée à faire des pansements pour lundi, puis nous avons pris le thé. Je me demande s'ils ont regardé un film au Château. Il faudra que je leur précise que je *peux* toujours venir prendre le thé. Ça leur ressemble tellement de ne pas chercher à le savoir !

Lundi 20 juillet

Mis une toque et un tablier propres en vue de l'examen ! J'ai eu tout juste l'oral avec un 31 et j'ai affirmé qu'on devait *faire bouillir* la crème renversée. Je n'avais rien dit à Grand-Père au sujet de l'examen car j'avais peur de ne pas le réussir, mais à présent il est très content.

Jeudi 23 juillet

Autobus, Château, dessin. À l'intérieur. PE a dit qu'il y avait un horrible vide à côté d'elle durant la leçon de danse samedi dernier et que ça lui avait beaucoup déplu ! Nous sommes sorties à quatre heures avec Crawfie et avons fait sauter les chiens au-dessus du filet de tennis, ce que j'ai trouvé d'un ennui mortel, mais la famille royale, avec ses goûts simples, s'amuse d'un rien. PM était d'humeur exubérante et nous avons eu un joyeux goûter.

Dimanche 26 juillet

Je suis allée voir les Barclay et Bet a dit que Hugh revenait à Windsor : mon cœur a bondi mais j'ai fait comme si de rien n'était tout en songeant que c'était un message que Dieu m'adressait à moi ou à PE. PE m'en dira peut-être plus jeudi *si seulement* elle pouvait contribuer à nous rapprocher puisqu'elle a *son* Philip. Il faudrait que je lui explique sérieusement qu'elle seule peut m'aider et à quel point c'est *important pour moi*, mais je ne la vois jamais seule : il y a toujours Crawfie et Margaret, ce qui place tous nos échanges sur le mode de l'humour.

Lundi 27 juillet

Tante M m'a proposé de me prêter sa broche en nœud de diamant que *j'adore* ! Elle a de très beaux bijoux mais je crains de n'en avoir aucun bien qu'il soit dans l'ordre des choses qu'elle me les lègue et qu'ils *me reviennent*. J'aime beaucoup cette petite vieille à présent alors que, bizarrement, je l'ai *haïe* pendant des années.

Jeudi 30 juillet

Avec Zelda, nous avons fait quelques travaux ménagers ce matin. Elle a dit qu'elle avait reçu sa convocation à l'entretien de la Bourse du travail aujourd'hui et j'ai trouvé la mienne en rentrant. Je me suis changée pour la leçon de dessin et suis partie au Château à bicyclette. Au moins il fait chaud et nous pouvons finir nos toiles dehors. C'est la dernière leçon, mais comme mon jour de congé cette semaine est samedi, j'ai demandé à venir regarder la leçon de danse et PE m'a convaincue d'y participer. J'ai accepté. PE m'a montré ses deux nouvelles paires de chaussures, ce qui m'a ravie, une en daim gris et bordeaux, l'autre en daim bleu marine avec des lacets et des semelles en crêpe, très élégantes et inhabituelles pour elle. J'étais bien contente. Elle a aussi récupéré trois robes du soir de la R ajustées à ses mesures.

Samedi 1er août

Le Château m'a invitée à passer la journée là-bas et j'ai remercié le Ciel d'être aussi bon pour moi. La voiture est venue me chercher pour me conduire à la leçon de danse. J'ai mis des chaussons argentés ainsi que des roses et nous avons dansé dans un salon doré. Que de surprises alors que j'avais fait des adieux bien tristes ! Je suis sortie me promener avec les princesses puis me suis assise près du Roi au déjeuner : je dois dire qu'il n'est *pas facile* de lui faire la conversation mais que je ne ressens aucune timidité pour autant. On a lu les journaux dans la chambre de la R qui a admiré ma robe (la bleu ciel avec le volant de mousseline) en insistant sur le fait que cette couleur m'allait bien et que je devrais en porter davantage. Plus tard, nous sommes sorties nous mettre sur des chaises longues sur la terrasse pour dessiner. Lilibet et le Roi sont allés marcher tandis que la Reine m'a parlé avec beaucoup de naturel. Elle m'a interrogée sur Queensmead : elle est si sympathique et je l'aime si profondément ! Je lis des passages de *Royal Flush*, que PE est *vraiment* en train de lire cette fois.

Alathea, âgée de trois ans, avec sa grand-mère, la vicomtesse Fitzalan de Derwent.

Le vicomte et la vicomtesse Fitzalan de Derwent au mariage de la princesse Mary, devenue par la suite princesse royale, sœur de George VI, avec le vicomte Lascelles, qui deviendra comte de Harewood.

Joyce, la mère d'Alathea, avec sa dernière fille Elizabeth Anne. À ses côtés, Alathea, âgée de dix ans, et sa grand-mère maternelle, Mrs Philip Langdale.

L'honorable Magdalen Fitzalan Howard, la tante d'Alathea, décrite par celle-ci comme « la Tigresse » dans ses journaux intimes, avec le père d'Alathea, l'honorable Edmund Fitzalan Howard, connu sous le nom de « Boydey ».

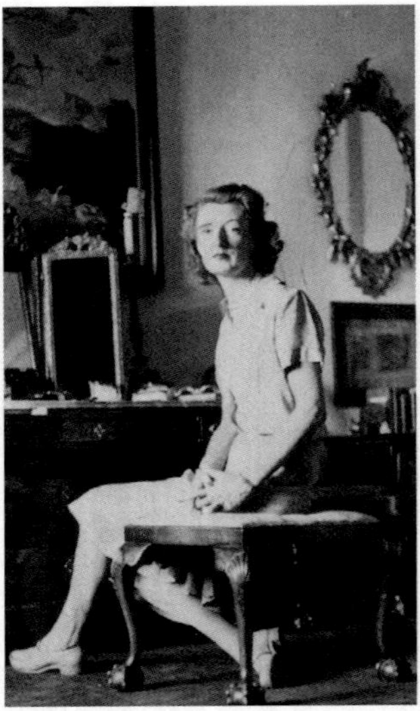

Joyce, la mère d'Alathea, en 1942.

Elizabeth Anne, la sœur d'Alathea, avec Taffy le corgi.

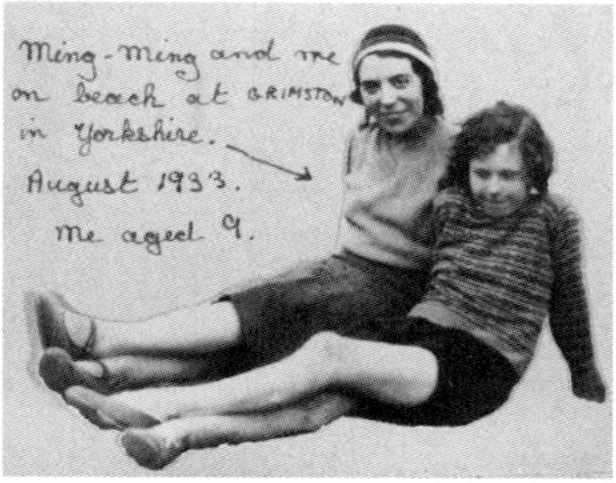

Alathea avec sa gouvernante bien-aimée Ming-Ming.

Sonia Graham-Hodgson.

Les deux Alathea : Alathea avec sa tante Alathea, Lady Manton, en habits de chasse.

Avec Sonia Graham-Hodgson, Zelda Loyd était une des plus proches amies d'Alathea à Windsor pendant la guerre.

Cumberland Lodge, demeure d'Alathea durant la Seconde Guerre mondiale.

La famille royale au Royal Lodge. Windsor, avril 1940.

Un Polyfoto d'Alathea.

Les princesses Margaret
(assise) et Elizabeth (debout)
en costume pour le spectacle de
Cendrillon.

WINDSOR CASTLE

24th Nov
1942.

Many happy returns of the day.
From
Elizabeth & Margaret

La carte d'anniversaire des princesses à Alathea pour son dix-neuvième anniversaire. Novembre 1942.

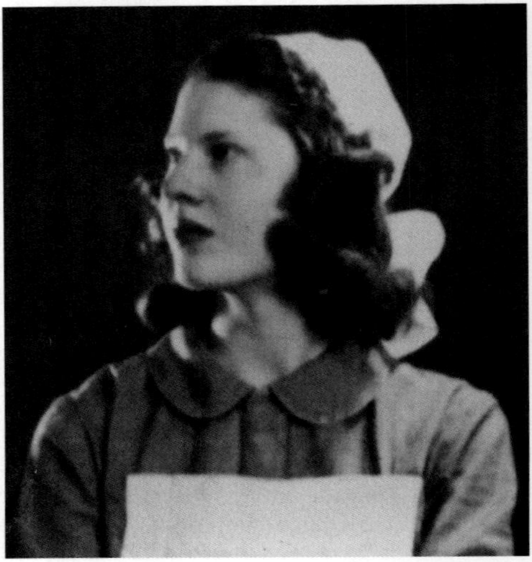

Alathea en 1942 dans son uniforme d'infirmière du VAD.

Le voyage en bateau à Maidenhead. Au dernier rang, de gauche à droite : le lieutenant-colonel Sir Grismond Philipps dit « Jackie », Michael Farebrother, Billy Whittaker, Sandy Ramsay. Au premier rang, de gauche à droite : Crawfie, Lady Joan Philipps, la princesse Margaret, Virginia Hall et Alathea.

Une carte de vœux des princesses adressée à Alathea.

Un portrait d'Alathea, trente-quatre ans, en 1957, par Dorothy Wilding.

Je suis sur un nuage à l'idée d'être assise à l'ombre des arbres avec cette famille si harmonieuse – un bonheur paisible tel que je n'en ai jamais connu dans ma propre famille –, ces quatre personnes *si chères* les unes aux autres, dont les existences forment *un tout* spirituel et indifférent aux étrangers, même à leurs proches. Je ne peux m'empêcher de me sentir telle une *intruse* dans cette parfaite harmonie, tout en mesurant le privilège que j'ai d'y être admise ! Deborah Green-Wilkinson est venue sur la terrasse avec une escouade d'ATS[1] (on les emmène en excursion tous les samedis) qui nous a obligées, la R, PM et moi à nous cacher derrière un if pour ne pas qu'elles restent là à nous dévisager, mais nous avons compris ensuite qu'on pouvait bien nous voir danser derrière les feuillages clairsemés du fait de nos robes claires et de nos chapeaux de paille ! Nous sommes rentrées prendre le thé avec le R et la R, puis nous avons regardé le film, *Mrs Miniver*. Je l'ai trouvé *très* bon mais très triste et nous avons toutes pleuré. Comme c'est étrange de me retourner sur tous les événements incroyables, les chagrins, les tragédies, que nous avons traversés depuis l'été 1940 tout en étant assise à faire tranquillement mes devoirs et des bouquets de fleurs sauvages avec Miss Dunham, à me rappeler comme j'étais malheureuse alors que, vu d'aujourd'hui, c'était le temps du bonheur ! J'ai salué

1. L'ATS, Auxiliary Territorial Service, était une organisation militaire créée en 1941 au sein de la RAF, réservée aux femmes (NdT).

la famille royale après le film, qui ne s'est terminé qu'à huit heures. Je ne devrais pas les revoir avant un moment puisqu'ils doivent partir pour l'Écosse, ce que je leur souhaite *du fond du cœur*.

Samedi 8 août

J'ai pris l'autobus pour Queensmead avec ma valise. Je dois y séjourner quinze jours et remplacer Drusilla pendant ses vacances. Je dors avec Elizabeth Christie-Miller[1] dans une chambre grand luxe avec un bureau, un lavabo et tout le nécessaire !

Mercredi 12 août

Je n'ai jamais travaillé plus dur de ma vie que ce matin ! J'étais si épuisée pour le déjeuner que je n'ai rien pu avaler, à deux doigts de m'effondrer. Ce n'est pas sain mais c'est embêtant de penser que, sans la guerre, je n'aurais jamais su ce qu'était *le travail*.

Vendredi 14 août

Elizabeth C-M est partie : elle me manque et je me sens bien seule, mais elle est à présent dans le train qui l'emmène vers l'Écosse. Comme je l'envie d'avoir une si gentille famille ! Si au moins j'allais à Kinharvie cette année… Mais quelle merveille ce

1. Parfois appelée « Christie » pour la distinguer de toutes les autres Elizabeth, Elizabeth Christie-Miller était légèrement plus âgée qu'Alathea, qui lui rendait souvent visite dans la merveilleuse maison que sa famille possédait près de Henley.

doit être de séjourner à Balmoral ! Aurai-je un jour la chance d'un pareil bonheur ?

Mercredi 26 août

De très mauvaises nouvelles sont tombées : le duc de Kent est mort dans l'avion qui l'emmenait au nord de l'Écosse. Ça paraît incroyable, impossible à imaginer. J'ai écrit à Lilibet, ça n'a pas été simple, mais c'était la seule chose à faire. Quel *drame* pour la duchesse !

Houghton, Yorkshire

Vendredi 4 septembre

Lettre de PE qui a fait le tour de la table : très mignonne mais digne d'une enfant de onze ans. C'est si dommage qu'elle soit incapable de rédiger une lettre digne de ce nom. C'est un atout majeur quand on fait partie de la famille royale. Elle donne une mauvaise image d'elle aux étrangers, or c'est effrayant quand on pense qu'elle a seize ans et qu'elle est promise à devenir reine. Tant qu'elle n'a connu ni le tourment ni le chagrin, elle ne donnera rien de grand. Maman est venue me voir ce matin dans la salle de jeux pour me parler de mon caractère. Elle dit que je manque de force et de réalisme.

Lundi 7 septembre

Maman, Papa et moi sommes allés aux champignons ce matin. J'en suis arrivée à un point où être avec eux m'est devenu insupportable : mon pauvre P énerve Maman dès qu'il ouvre la bouche, fait le moindre geste, et elle n'a plus aucune patience à son égard. C'est inquiétant de le voir si malheureux et je sais qu'il l'est. Je ne peux que jouer un rôle discret pour ma part, être gentille avec Papa. Je me demande, avec un pincement au cœur, si un jour, moi aussi, je serai victime d'une telle tragédie : que Dieu m'en préserve et me soumette à tous les autres drames, mais pas à celui-là.

Mardi 8 septembre

Nous avons passé une matinée des plus ordinaires, mais l'après-midi j'ai demandé à Maman de m'accompagner au lac. Ce fut bien plus intéressant que d'habitude car elle m'a raconté son enfance, elle s'est livrée tandis que je l'écoutais en ramant de-ci de-là. Elle a mis des mots sur des choses que j'ai souvent ressenties, comme cette idée selon laquelle je ne suis pas faite pour connaître un bonheur paisible et satisfait car le sang qui coule dans nos veines et qui nous vient de Grandmama Langdale[1], et peut-être aussi de nos lointains ancêtres, nous en prive tous. Elle a ajouté que nous venions d'une lignée intranquille et que c'est ce qui nous rend, de bien des manières, intéressants, peu communs. Qu'on nous donne du statut et du pouvoir et nous marquerons l'histoire !

---

1. La grand-mère maternelle d'Alathea, née Gertrude Derriman et fille d'amiral, mourut en 1939.

Jeudi 10 septembre

Petit-déjeuner matinal, puis de nouveau la tristesse poignante des adieux : une année entière va encore se passer avant que je ne revienne dans cette maison que j'aime tant, et qui sait ce qui peut se passer d'ici là ? Cumberland Lodge me paraît terriblement solitaire et morne. Grand-Père avec sa maniaquerie, sa surdité et sa façon de répéter continuellement à quel point il m'est reconnaissant d'être venue me tape d'autant plus sur les nerfs que j'en avais perdu l'habitude. Il n'y avait nulle part où aller, personne à voir, et j'ai sombré dans une tristesse et un malaise sans fond. Et pour ne rien arranger, nous sommes à court de charbon pour chauffer l'eau du bain le soir.

Mardi 22 septembre

Au Queensmead toute la journée. Drusilla m'a dit que Geoffrey Pallow, dont elle est amoureuse, lui avait écrit pour lui annoncer son mariage. La malheureuse en a été si retournée qu'elle est tombée malade. Je lui ai montré toute ma sympathie et j'ai essayé de croire que mes propres états d'âme étaient étouffés par les siens, mais je savais au fond que c'était par égoïsme car, d'une manière étrange, j'étais jalouse du malheur d'autrui, d'elle qui avait su, avait eu quelque chose dans sa vie dont j'étais privée, même si ce quelque chose était perdu à présent. De n'avoir rien qui me contrarie ou me perturbe m'a énervée car je sens que mon ennui profond et mon agitation perpétuelle sont dus à l'absence d'amour et d'émotions. Je crois que mon tempérament, plus qu'un autre, réclame ces choses pour s'apaiser et se nourrir.

Si hier j'étais dans une attitude de défi, je traîne aujourd'hui mon âme errante pendant les heures de travail. En mon absence, ils ont mis des marques rouges dans les baignoires pour indiquer le niveau de l'eau, en suivant l'exemple donné par le Roi, et déplacé la table de la salle à manger à l'autre bout de la pièce pour économiser de la lumière. Nous perdons graduellement tous les acquis de la civilisation. Cette maison devient de plus en plus sinistre et Grand-Père de plus en plus irritant pour les nerfs.

Jeudi 24 septembre

Queensmead a été une torture aujourd'hui. L'épais nuage qui plane au-dessus de ma vie va se dissiper – la dépression ne dure jamais longtemps chez moi qui trouve toujours du réconfort à écrire mon journal dans ma chambre, au milieu de mes affaires –, alors que si je vivais au Queensmead, je n'aurais pas cette chance. Tant pis donc pour la solitude et le tourment qui vont avec.

Dimanche 11 octobre

J'ai fini à quatre heures et j'ai retrouvé Papa dans la Long Walk. Nous avons marché jusqu'à l'Adelaide Cottage pour prendre le thé avec les Philipps. À ma grande joie, Hugh E est venu. Il est resté jusqu'à notre départ, le soir. Je me suis sentie à l'aise et j'ai parlé avec lui qui s'est montré adorable. Je l'ai trouvé cependant mal en point, déprimé, perturbé même, et me suis dit que *je* pourrais le rendre heureux, que le mariage lui *redonnerait* de l'intérêt pour la vie et un sentiment de sécurité. Je n'ai pas du tout pensé qu'il pouvait être amoureux de quelqu'un et que ce quelqu'un, si l'envie lui prenait de se marier, pouvait être moi. Mais pourquoi, lui, ne voit-il pas qu'il est, jour et nuit, au cœur de mes prières les plus ardentes ?

Jeudi 22 octobre

Papa m'a conduite jusqu'à Beaumont[1]. J'ai continué en autobus jusqu'à Windsor et marché jusqu'au Château. La princesse E n'a pas changé du tout mais PM a grandi et son visage s'est un peu allongé. On n'a pas réussi à bien se concentrer pour la première leçon de dessin de l'année. Je me suis lavée dans la chambre de PE et nous avons pris le thé dans la salle de classe. Toni[2] habite là depuis que Libby Hardinge est en pensionnat et Winifred au WRNS. Ma vie a repris ses couleurs et le futur me paraît désormais moins sombre et moins désolé.

---

1. École privée tenue par les jésuites et réservée aux garçons.
2. (Marie) Antoinette, née Willemin et dite « Toni », était une Belge mariée au vicomte Pierre de Bellaigue. Elle a été préceptrice auprès des filles Hardinge, puis des princesses Elizabeth et Margaret jusqu'en 1948. Elle est toujours restée proche de la famille royale et d'Alathea.

Vendredi 30 octobre

Suis allée me promener avec Bet dans l'après-midi. Nous avons parlé mariage et j'ai mentionné le nom de Hugh, ce que je comptais faire depuis longtemps puisqu'elle est susceptible de m'aider. Elle trouve aussi qu'il est le seul garçon d'ici que je puisse épouser mais croit savoir qu'il *ne veut pas* se marier pour l'instant. Je suis rentrée abattue. Si c'est là son idée, comment pourrais-je l'en faire changer ?

J'ai mis une robe de crêpe verte pour aller danser. Nous avons été conduites jusqu'au White Heart et nous avons pris Zelda au passage. On a retrouvé Sonia, toutes mes collègues du Queensmead et une ou deux autres filles sur place. Les garçons étaient charmants et je me suis bien plus amusée que prévu.

Jeudi 5 novembre

Quand je suis arrivée au Château, il n'y avait personne. Puis PM a surgi et m'a dit qu'il n'y avait pas dessin car Mrs Cox avait une otite, mais que les princesses avaient tenu à ne pas me prévenir ! On est sorties avec Crawfie, les deux nouveaux poneys et les quatre chiens. Résultat, nous étions trempées ! J'ai dû emprunter les chaussons de Mrs Knight et une jupe de PE pour le thé ! Elle m'allait très bien alors que je me suis toujours vue plus grosse qu'elle. L'horrible Mr Tannar est venu, ce qui était tout à fait inutile, et après le thé nous avons évoqué la pantomime de Noël. Le choix s'est porté sur *La Belle au bois dormant*. Je suis soulagée de ne pas y participer cette année, étant donné que j'ai mal supporté tout ça l'an dernier. Je désapprouvais tout cela, bien que je ne puisse rien faire, le mieux est donc de feindre l'enthousiasme. *Personne* n'est plus favorable ou ne prendrait plus de plaisir à participer à ce genre de spectacles de Noël que moi, puisqu'ils sont les seuls à pouvoir en donner à présent. *La Belle au bois dormant* pourrait avoir un charme fou si on y mettait une atmosphère de conte de fées. Mais comment PE avec son égalité d'humeur pourrait-elle supporter de jouer dans un spectacle de variétés aussi tapageur ? D'autant qu'à son âge elle est censée se tenir à une conduite encore plus « royale ». Quant à impliquer des soldats et à pratiquer un humour à deux sous, j'avoue que je ne comprends pas. En revanche, il y a une chose qui m'a réjouie et rendue très heureuse, c'est de savoir que Cecil Beaton[1] les a photographiées en robe de taffetas et qu'elles m'en donneront *peut-être* un tirage !

Vendredi 6 novembre

J'ai déjeuné tôt au Cordon Bleu[2]. Comme j'avais encore beaucoup de temps, je me suis dit que j'allais marcher vers Lenare, Hanover Square, où on doit me photographier. J'adore leurs portraits alors j'ai demandé à la jeune fille quelle robe porter pour

1. Célèbre photographe de la haute société et de la royauté britanniques. La reine Elizabeth l'a beaucoup soutenu et a eu pour la première fois recours à ses services en 1939.

2. Le Petit Cordon bleu était un restaurant situé près de Sloane Square.

l'occasion. J'ai aussi pensé que j'adorerais m'en offrir un d'Elizabeth Anne dans sa robe de jeune fille d'honneur en mousseline blanche ou en couleur, mais *si seulement* on me payait au Queensmead.

Dimanche 8 novembre

J'ai télégraphié à Miles Marriott que je l'invitais à venir samedi prochain et il m'a répondu qu'il en serait ravi. Grand soulagement, bien qu'il m'ennuie un peu.

Lundi 9 novembre

Au travail à bicyclette après trois semaines de congé. C'était bizarre et j'ai de nouveau détesté faire la bonne, mais comme on s'ennuie de nos jours, je n'étais pas si mécontente d'être de retour. Délicieux thé aujourd'hui avec deux gâteaux pour célébrer l'anniversaire de Drusilla, qui était hier.

Mardi 10 novembre

Jour de congé obtenu en déclarant simplement que je devais aller chez le dentiste ! Nous sommes tous allés à la Chambre des lords, où Grand-Père a été sélectionné avec trois autres pairs pour constituer la Commission royale qui proroge le Parlement. Cérémonie intéressante dont le protocole d'un autre âge m'a beaucoup amusée. J'ai appelé Maman ce soir, qui m'a entreprise sur mon travail. Elle m'a dit que j'avais « loupé le coche » en laissant tomber la formation de secrétaire et pris le risque de rater ma vie juste pour le plaisir de la contredire encore une fois.

Je lui en veux terriblement ce soir, suis à deux doigts de la haïr même, et quand PE m'a appelée pour me demander de venir prendre le thé demain, j'ai d'autant plus accepté que Maman désapprouve tout le temps que je passe là-bas : rien d'autre n'a d'importance quand je suis avec eux, et si tout était à refaire depuis deux ans, je referais tout pareil.

Jeudi 12 novembre

Je suis allée au Château mais j'étais seule avec PM car PE était partie pour Caterham. On a bien ri pendant le thé. PM m'a vraiment amusée quand elle a dit qu'elle avait rêvé que Margaret Elphinstone était assise sur le genou de Hugh tandis que PE et moi, très jalouses, nous étions assises sur son pied ! Si seulement je pouvais compter sur leur fidélité éternelle, quitte à vivre ici, mais je ne dois pas m'illusionner. Pour autant, ce que j'ai acquis au fil des ans ne peut pas disparaître en un seul jour.

Samedi 14 novembre

Venue pour neuf heures au Queensmead à bicyclette avec ma valise. Peu après mon arrivée, Barbara m'a dit : « Vous devriez peut-être travailler seule si vous ne nous trouvez pas assez bien pour vous. » Interloquée, je lui ai demandé ce qu'elle entendait par là, mais elle m'a dit des choses encore plus terribles. Je suis descendue en vitesse voir Drusilla à laquelle, entre deux sanglots, j'ai demandé des explications et qui m'a répondu très gentiment qu'en effet elles me trouvaient toutes un peu *prétentieuse* depuis que nous étions sorties danser et que j'avais eu des paroles blessantes, même si *elle* savait que je ne voulais blesser personne. Mrs Hovell m'a vue pleurer alors j'ai dû aller tout *lui* raconter : elle a pris ma défense tout en précisant, à mon horrible surprise, que quelqu'un lui avait dit une fois que je me sentais *déclassée* en travaillant ici. Sans aucun doute une de ces horribles rumeurs malveillantes qui, parce que je vais au Château, me voit du mauvais œil. Il n'en demeure pas moins que, même dans mes rêves les plus fous, jamais je *n'oserai* même penser une chose pareille. C'est affreux d'avoir une telle réputation, et une fois qu'on l'a, difficile de s'en défaire. C'est cruel de colporter des choses aussi fausses à mon sujet mais le monde est bien cruel quand il s'agit de salir les gens.

J'ai mis ma robe en mousseline bleu marine et blanc et attrapé le train de cinq heures pour Londres. J'aurais préféré ne pas y aller à cause de mes yeux rougis par les larmes et de la *vitesse* à laquelle j'ai dû faire tout ça. J'ai changé de collants et de chaussures dans le taxi. Arrivée à Grosvenor House, j'ai retrouvé Annabel, Miles Marriott et un autre type, et nous avons filé voir *Lilac Time*. Moi, j'ai *beaucoup* aimé mais je crains qu'ils ne se soient *beaucoup* ennuyés. Nous sommes partis dîner au Savoy où nous avons dansé et ri toute la soirée en nous moquant d'un homme ivre et inoffensif. Nous sommes rentrés à une heure. Annabel et moi avons été reconduites à Grosvenor House, mais dans l'entrée, une dizaine d'Américains nous ont bousculées pour qu'on sorte avec eux. Bien sûr, nous n'y sommes pas allées, mais qu'est-ce qu'on a pu rire à leur sujet !

Dimanche 15 novembre

J'ai dû me dépêcher et tout mon malheur a fondu sur moi. Toutes ont été très gentilles avec moi, Barbara y compris, mais j'ai été comme submergée par mes larmes qui ont jailli en un flot aussi incontrôlable que silencieux. J'avais hâte d'être enfin seule. Trop fatiguée par les tracas du monde et ses démêlés, je me suis effondrée sur mon lit sans même me coiffer. Barbara aurait été désolée de voir mes larmes couler à cause d'elle et de savoir que je me sentais si malheureuse, si seule au monde, si incapable d'affronter la dure injustice. Puis brusquement, je me suis relevée pour attraper mon couteau et me suis tailladé l'avant-bras jusqu'à ce que je n'aie plus ni force ni yeux pour pleurer. Par une odieuse coïncidence, Tante Magdalen, qui n'entre jamais dans ma chambre une fois qu'on s'est souhaité bonne nuit, a ouvert la porte et m'a parlé, mais j'ai tiré le drap et lui ai répondu d'une voix lointaine, si bien qu'elle est ressortie. Personne ne saura ce que j'ai fait ce soir et, au moment où moi-même je me suis demandé pourquoi, j'ai bien senti que ça assouvissait une drôle de pulsion et calmait plus que tout autre chose mon chagrin, ma colère.

Lundi 16 novembre

Aujourd'hui s'est passé mieux que prévu. Z était là et je lui ai bien entendu tout raconté. Elle a dit qu'elle espérait que je me réconcilie avec B et que je lui pardonne car elle est ainsi faite ; bien que la vie n'ait pas été douce avec elle, elle a plutôt bon caractère hormis ce genre de comportement. Ce n'est pas faux, sauf que je n'oublierai jamais ses paroles et que j'aurai au moins pris une bonne leçon : apprendre à cacher ses sentiments surtout à quelqu'un qu'on n'aime pas.

Mardi 17 novembre

Courrier très intéressant pour une fois avec une lettre qui m'invite à une « réception en journée » à B. Palace le *26*. Grande joie et *très* grande curiosité pour les détails à venir. Personne ne m'en a parlé mais ce doit être un sacré événement s'il a lieu à Londres. Une lettre aussi de Miles disant « Ma chère » et « Affectueusement ». Si seulement elle pouvait être de quelqu'un d'autre ! Car malgré l'affection que j'ai pour Miles, il ne m'intéresse *pas du tout* et je ne comprends pas qu'il m'aime.

Jeudi 19 novembre

Me suis changée après le déjeuner pour aller au Château. Leçon de dessin. J'ai parlé à PE et à PM de la robe en dentelle blanche que je compte acheter, et quand j'ai évoqué la possibilité d'un bal de la Victoire, elles ont toutes deux répliqué que je serais trop voyante dans cette tenue à côté de tous les autres qui, d'ici là, n'auraient plus que des haillons à se mettre ! Elles ont des goûts si simples depuis la guerre et je suis certaine qu'elles désapprouvent beaucoup mes goûts à moi. On est sorties avec Toni voir les poneys et j'ai été saisie de perplexité concernant le destin de cette jeune fille si simple. Est-ce qu'elle se distinguera à la façon d'une nouvelle grande Elizabeth ou sera-t-elle la vulgaire marionnette d'une monarchie décadente ? Elle ne semble pas guidée par le désir de gloire alors qu'elle dispose de tous les pouvoirs dans le monde politique et dans la société. Quel gâchis !

Lundi 23 novembre

Zelda et moi avons dû nous acquitter de quelques tâches ménagères que nous avons accomplies toutes les deux et sans personne d'autre, ce qui était bien. Nous avons commencé à parler de l'époque à laquelle nous aurions aimé vivre, à inventer des histoires, qui nous étions, où nous vivions, et ce que nous faisions, jusqu'à ce que, en tout cas pour moi, ces récits deviennent plus réels que nos vraies vies. Mes rêves ont été brutalement mis en pièces quand Drusilla est venue m'accuser d'être jalouse et me dire qu'elle me *détestait* dans ces moments-là. Depuis que je suis au Queensmead, j'entends un grand nombre de vérités désagréables qui non seulement ne me réjouissent pas mais ne m'instruisent pas non plus. Le fait est que travailler *quotidiennement* avec d'autres filles est une épreuve difficile, qu'en temps normal il vaut mieux éviter. Je pense que personne n'y résiste dignement, à commencer par moi. Appelé Sonia pour tout lui raconter, ce qui nous a bien fait rire car elle aussi, chaque fois qu'elle a eu affaire à des groupes de filles, s'est crue très aimée alors qu'au jeu des critiques elle n'a pas été déçue ! Tout ça nous endurcit le cœur et nous rend amères et, plus que tout, aggrave les défauts dont on nous accuse.

Mardi 24 novembre

J'ai *dix-neuf ans* aujourd'hui. Messe puis petit-déjeuner. J'ai ouvert plusieurs de mes cadeaux. Quel bonheur et quel changement après la journée d'hier ! Nous sommes tous partis pour Londres en voiture et j'ai acheté des chocolats chez Fortnum pour la fête. Puis taxi pour Lenare où j'ai retrouvé Sonia qui m'a aidée à m'habiller pour la photo. Finalement, j'ai opté pour mon nouveau corsage au jabot de mousseline blanche en espérant que la photo soit réussie. Puis on est tous partis déjeuner chez Gunter's avant d'aller chercher mon gâteau d'anniversaire impossible à préparer cette année à la maison. La voiture nous a ensuite ramenées, avec Sonia. J'ai mis ma jupe rose et mon corsage en mousseline, puis Zelda, Drusilla et Eliz (Christie-Miller) sont arrivées à quatre heures et quart. Nous avons attendu en bas que les princesses arrivent mais c'est Patricia Beauchamp qui a surgi : quel embarras ! Les princesses sont venues avec Crawfie, Joan et Jackie P. Et Francis Legh[1] et Francis Wigram[2]. Elles m'ont offert un très joli sac en daim vert, les Philipps un coupon d'achat pour

1. Francis Legh était un grenadier, puis plus tard l'écuyer de la Reine et le secrétaire particulier de la princesse Margaret.

2. Capitaine de grenadiers, Francis Wigram fut tué au combat en 1943 pendant l'invasion des Alliés en Sicile. C'était le fils de

un livre, Sonia une ceinture en cuir écarlate, Eliz et D, un coupon d'achat également, et d'autres gens, bien d'autres choses. Nous avons pris le thé, c'était agréable bien qu'un peu guindé, alors nous avons opté pour les charades. Tout le monde s'est détendu, nous nous sommes bien amusés et nous avons *beaucoup* ri ! On a fait d'autres jeux de mimes puis ils sont tous repartis à sept heures. Le reste de la soirée a été calme et j'étais épuisée ! PE avait appelé la veille au soir pour me prier d'aller jeudi à Londres avec elles. Évidemment ! Quelle joie ! Tout a donc fini par s'arranger et chasser toutes les ombres au tableau. J'ai également reçu un sac en peau de porc de Grand-Père, une robe en laine verte de Papa mais qui n'est pas encore finie, des sous-vêtements garnis de dentelle en satin rose de Maman, dont je trouve la couleur trop vive et que je vais changer, une sacoche en chintz de Tante M et plein d'autres petites choses.

Jeudi 26 novembre

Jour mémorable. La voiture m'a emmenée au Château à dix heures moins le quart pour retrouver les princesses et aller à Londres avec elles et Mrs Knight. J'ai laissé ma valise dans la chambre de PE à Buckingham Palace : c'était étrange de revenir là après si longtemps, bien que je ne sois jamais vraiment allée ni dans cette chambre ni dans la salle de jeux, mais je les préfère à toutes celles que je leur ai

---

Lord Wigram, courtisan du Roi à Windsor, qui avait été le secrétaire particulier de George V.

connues ailleurs. Suis descendue avec les princesses pour assister à l'habituel méli-mélo concernant la place que je dois occuper au déjeuner, qui, chaque fois, me vexe et m'embarrasse. Même si je commence à m'y habituer ! Résultat, j'ai dû déjeuner avec la Maison royale mais, avant, on m'a fait attendre toute seule pendant dix minutes dans une grande pièce vide. Puis ils sont tous arrivés et, à ma grande surprise et grande joie, la duchesse de Northumberland[1] était là aussi. Déjeuner très amusant. On m'a ensuite ramenée dans la salle de jeux où je me suis changée pour mettre ma robe en laine bleu foncé, me suis arrangée en attendant les princesses qui sont arrivées à trois heures. Nous sommes redescendues, et là, je suis allée seule dans la Bow Room où quelques personnes attendaient déjà la réception. On m'a dit d'aller avec les dames d'honneur, etc. La duchesse a été un ange avec moi : elle m'a prise par les épaules alors qu'elle aurait très bien pu m'ignorer et m'exclure. La famille royale ensuite est arrivée et a accueilli tous les Américains, tous les invités. Quel changement de style et de décor par rapport à nos soirées d'été chez les Guides ! Nous sommes allés dans une pièce en long où on avait dressé l'immense buffet, et là, nous avons parlé avec les Américains. Ils devaient être environ trois cents ; le R et la R se déplaçaient parmi eux tandis que les princesses restaient au même endroit et parlaient à qui venait se présenter

1. La duchesse de Northumberland était maîtresse de la garde-robe de la reine Elizabeth.

à elles. PE portait cette vilaine robe en soie bleue avec la petite cape plissée qui ne sied pas du tout à sa silhouette. PM avait une robe en soie insignifiante. Elles sont si mal habillées ces derniers temps, mais au moins elles ne portent plus la même tenue, c'est déjà ça ! La conversation était difficile mais je me suis amusée et il y avait dans un coin une très belle musique de chambre. Il y a encore peu, j'aurais été très déçue de ne pas être avec la famille royale, mais cette fois j'étais contente d'être avec les dames d'honneur et de ne pas avoir à les suivre comme un toutou. J'ai rejoint les princesses là-haut à six heures. On nous a conduites à Windsor dans la nuit tandis que nous évoquions tout et tout le monde. Ensuite ils m'ont ramenée chez moi et ainsi s'est terminée cette journée qui restera gravée dans ma mémoire.

Mardi 8 décembre

Retrouvé Papa à la New Gallery de Londres pour aller voir le film de Noël Coward, *Ceux qui servent en mer*. Magnifique ! Retour en voiture à la maison d'où j'ai dû commencer à appeler les gens en vue de ce satané bal de samedi, mais sans succès ! Épuisée, j'en ai eu assez : j'ai décidé de ne plus m'en faire.

Vendredi 11 décembre

Au Château pour la pantomime. Nous nous sommes assises au premier rang. La Reine est venue prendre place aux côtés d'Elizabeth (Christie-Miller), toute contente, et m'a serré la main. Je dois dire que j'ai beaucoup aimé le spectacle, *La Belle au bois dormant* : tout était très bien fait, la princesse Margaret était divine en Marraine, mais Elizabeth paraissait un peu vieille au milieu de tous ces enfants et c'est dommage qu'elle joue toujours l'homme.

Samedi 12 décembre

Au Queensmead avec ma valise, puis dans le train de cinq heures moins le quart pour Londres. J'ai emprunté le manteau de fourrure de Maman à défaut du mien, et quand mon cavalier est arrivé, nous sommes directement allés chez quelqu'un à Oxford Square où se donnait une soirée autour d'un buffet délicieux. Nous sommes partis ensuite à vingt-quatre à Grosvenor House pour le bal de la reine Charlotte. On a dansé des quadrilles écossais. Sonia portait une robe en tulle blanche. Je connaissais des centaines de gens avec lesquels je me suis amusée beaucoup *plus que prévu* et c'était de loin le bal de la reine Charlotte *le plus joyeux* de ma vie. Après, certains d'entre nous ont voulu aller au *400* mais comme c'était plein à craquer, on nous a tous ramenés chez nous.

Jeudi 17 décembre

J'ai téléphoné à Sonia dans leur nouvelle maison près de Bray et elle m'a avoué quelque chose : elle a entendu un jeune homme dire que, quand j'appelais la caserne en vue de me trouver un cavalier, on consultait la liste des noms. Et aussi que j'appelais trop. « Ce qui est dommage, a-t-elle dit, car tu es si jolie, les gens se moquent de toi. » En vérité, c'est Tante M qui passe son temps à appeler bêtement, mais comme elle le fait pour mon bien, comment pourrais-je me plaindre ? J'aimerais qu'on sache que *ce n'est pas moi.* Sonia a hésité à me le dire mais je l'ai convaincue que si l'amitié ne sert pas à se dire la vérité, alors à quoi sert-elle ? Je lui en sais gré, bien que je sois un peu perturbée. Pour autant, je ne suis pas meurtrie, sans doute parce que j'ai pris l'habitude d'entendre des choses désagréables à mon sujet et parce que je sais que S ferait tout pour m'aider. Enfin, je suis quand même allée me coucher en ne me sentant pas à ma place dans ce monde : comment espérer m'en accommoder un jour alors qu'il reste pour moi une terre si étrangère ?

Mardi 22 décembre

Travail le matin. L'après-midi, suis allée acheter des cadeaux. En rentrant, trouvé plein de cartes dont une de Miles avec une photo de PE prise par Cecil Beaton, une autre, très mignonne, des princesses, où figurait une jeune fille très dix-huitième portant une robe blanche, une capeline et une étole rose pleine de jacinthes.

Mercredi 23 décembre

La matinée m'a paru interminable tant le travail m'ennuie et tant j'aspire à quelques jours de repos. Incroyable de devoir travailler tous les jours jusqu'à Noël et, quand j'y pense, mon âme tout entière se rebelle, si bien que je n'ai qu'une chose à faire : ne pas y penser, laisser mon esprit dériver vers d'autres pensées. C'est la raison pour laquelle Papa est si malheureux, parce qu'il est prisonnier de la réalité : on la déteste également lui et moi, mais moi, je suis capable de m'en dégager et d'être plus heureuse dans le monde que je me crée sauf quand elle me rattrape, reprend possession de moi et me fait perdre tout espoir et tout intérêt pour la vie. Désormais dès que je me dis que je m'ennuie à mourir, je me dis aussi que le jour va finir, et même si le suivant ressemble au précédent, celui où enfin *certains* de mes vœux les plus chers se réaliseront ne fait que s'approcher. Elizabeth (Christie-Miller) et moi avons pris le thé et discuté d'un sujet qui me contrarie toujours beaucoup : elle défend l'idée d'une femme moderne qui participe activement aux affaires du monde et déplore ma vision du mariage comme unique vocation pour les filles de mon milieu, mais n'est-ce pas ainsi que l'on m'a éduquée ? Comment pourrais-je avoir d'*autres* idéaux ?

Jeudi 24 décembre

Journée pleine mais plutôt agréable. Appris que le frère de Myra Wernher[1], Alec, a été tué à l'étranger : comme ils doivent avoir le cœur brisé et comme la guerre est plus triste pour ceux qui en souffrent dans leur chair que pour moi ! J'aurais aimé avoir

1. Myra Wernher était la plus jeune fille de Sir Harold Wernher et Lady Zia, elle-même fille du grand-duc Mikhail Romanov et parente de Pouchkine. La famille était très riche et vivait à Luton Hoo. Myra et sa sœur Gina ont été élevées avec les enfants des familles royales d'Europe et ont été très proches du prince Philip. Myra épousera le général Sir David Butter.

des nouvelles des princesses car cela fait longtemps que je ne les ai vues. Je trouve bien triste qu'elle compte si peu sur ses amies, mais, bien qu'elle passe, selon moi, à côté de quelque chose, elle ne changera jamais : elle se mariera, sera une épouse et une mère modèle, elle sera dévouée à sa famille et à ses chiens, sans jamais rien désirer d'autre, mais là encore : comment savoir de quoi est fait le destin de cette princesse ?

Vendredi 25 décembre

J'ai pris mon petit-déjeuner au lit en ouvrant quelques-uns de mes paquets, dont le joli panier en porcelaine fleurie et le pot-pourri de Tante Gwen[1]. Je me suis levée à neuf heures et demie et, après avoir offert leurs cadeaux aux domestiques, j'ai pris ma bicyclette jusqu'à Priest's Hill, puis, comme il n'y avait aucun autobus aujourd'hui, j'ai dû pousser jusqu'au Queensmead. On s'est échangé des cadeaux : Eliz m'a offert un grand nœud en velours noir pour les cheveux, puis toutes sont parties à l'église pendant que j'époussetais le premier étage en vue de notre déjeuner de Noël ! Étrange de travailler le jour de Noël, mais déjeuner très agréable avec de

1. Gwendoline, duchesse douairière de Norfolk, née Constable Maxwell, était la seconde femme du quatorzième duc de Norfolk, et avant cela Lady Herries. Membre d'un réseau très ramifié de familles catholiques, elle aimait réunir tous ses cousins à Glenharvie, sa maison du sud-ouest de l'Écosse. C'était la grand-tante d'Alathea.

la dinde et du pudding aux prunes. Après-midi dans la salle de garde avec Rosamund et Eliz, où à trois heures, on a écouté le discours du Roi à la radio, discours que j'ai trouvé excellent. Thé à quatre heures et demie avec gâteau glacé puis retour à bicyclette. Il faisait presque nuit et je déteste quand tout est désolé, morne et froid. Je suis terrifiée seule dans le noir. On a fait une bénédiction quand je suis arrivée à six heures mais Grand-Père m'a prodigieusement énervée en me titillant et en beuglant que mon âme manquait de spiritualité. Il ne changera donc jamais ! J'ai mis une robe longue pour le dîner « très dîner de Noël festif » quant au menu, mais si ennuyeux et si décalé à cause de toutes ces vieilles personnes autour de la table.

Mardi 29 décembre
Rien à signaler de toute la journée.

Jeudi 31 décembre
Petite chute de neige dans la nuit et froid glacial. Lettre de Myra Wernher qui prie Dieu pour que cette horrible guerre cesse enfin. Je me sens si égoïste dans ces moments-là car on ne souffre vraiment de la guerre qu'en perdant un être cher. J'ai clôturé ce journal en émettant trois grands vœux dans le secret de mon cœur. Que Dieu les exauce.

1943

Photo de groupe au Queensmead,
l'établissement de la Croix-Rouge
à Windsor, où Alathea contribua à l'effort de guerre.
Quatrième à partir de la gauche, elle y pose en uniforme.

Cumberland Lodge

Vendredi 1er janvier

Messe puis travail jusqu'à cinq heures. Avec Drusilla, ce qui nous a permis de bien parler de tout et de tous ! Passé la nuit dans une vilaine chambre au grenier qui m'a confortée dans l'idée que je me sens humiliée par des conditions aussi sordides. J'ai prié pour que cette année soit une bonne année. J'ai confiance.

Lundi 11 janvier

Très nerveuse au moment de commencer mes cinquante heures[1] mais on m'a assignée à la salle Mary (destinée aux femmes) et les sœurs ont été très gentilles avec moi. On m'a juste reproché de rester debout les bras croisés ! J'ai commencé par être bouleversée à la vue de tous ces visages blêmes et malades, mais je me suis bien vite habituée, y compris aux bassines de lit, même si j'ai couru à la fenêtre de

1. C'était le premier véritable poste d'Alathea à l'hôpital.

la salle de soins une ou deux fois pour soulager mes haut-le-cœur.

Mardi 12 janvier

Bicyclette jusqu'à l'hôpital. On m'a autorisée à regarder une femme se faire recoudre le dos à cause d'un énorme furoncle. On l'a fait sous anesthésie et j'ai dû soutenir sa tête. C'était si nouveau et si fascinant que je ne me suis pas du tout sentie mal !

Dimanche 17 janvier

Dernier jour à l'hôpital. J'étais triste dans un sens, surtout de quitter les patients auxquels je me suis la plupart du temps attachée. L'un d'eux m'a donné une demi-couronne que je n'ai bien sûr pas acceptée, et deux autres, des toffees, que là, j'ai *gardés* ! Mais je me suis sentie si *libérée* en pédalant jusque chez Zelda – je sais que c'est mal –, si *soulagée* de retrouver ma vie facile d'avant dès demain ! Il y a eu un raid aérien après le dîner et nous avons entendu des détonations pour la première fois depuis longtemps. *J'espère et je prie* pour qu'ils ne bombardent pas Londres encore une fois.

Mercredi 20 janvier

On est tous allés à Londres. On m'a déposée à Grosvenor Square où j'ai vu EA et Maman. EA était très excitée à l'idée d'aller dans sa nouvelle école et nous l'avons accompagnée à la gare pour son premier trajet vers St Giles. Il y a eu une alerte et des tirs juste avant le départ du train, ce qui a terrorisé les mères et réjoui les enfants !

Mardi 26 janvier

Elizabeth Anne a neuf ans aujourd'hui. Comme je l'espère heureuse à St Giles et capable de jouir de cette vie d'enfant idéale qui passe si vite !

Jeudi 28 janvier

Matinée agitée à cause des préparatifs de la réception. Nous avions l'intention de mettre des robes courtes car certaines d'entre nous doivent marcher, mais Mrs Bathurst[1] a brusquement provoqué un de ces esclandres en disant que c'était pour elle une *insulte* ! Tout le monde s'est énervé, notamment Drusilla, furieuse contre Z et moi, pour on ne sait quelle raison. Au déjeuner, tout ça nous est monté à la tête et j'ai jeté des fourchettes sous la table, dont une a atterri par terre et l'autre sur la cheville de D qui s'est mise à saigner. Elle m'a frappée à l'épaule mais j'ai pivoté pour la gifler. J'ai fondu en larmes et quitté la pièce sans *rien* comprendre à ce qui s'était passé ! J'ai pleuré pendant toute l'heure du déjeuner et tout l'après-midi, si bien que Mrs Hovell a très gentiment demandé à me voir. Jamais je ne me suis sentie si malheureuse avant une réception. D'ailleurs personne n'avait plus envie d'y aller. Suis rentrée avec Z qui a commencé à se pomponner avec

1. Mrs Bathurst était la propriétaire du Queensmead et vivait dans la maison mitoyenne.

enthousiasme tandis que j'étais toujours aussi abattue. Pour finir, j'ai enfilé ma robe longue et mes idées noires se sont dissipées.

Le commandant Loyd nous a conduites au Queensmead. Il y avait là-bas plus de soixante personnes et l'orchestre des grenadiers. Sonia est venue, ainsi que beaucoup d'officiers de ma connaissance. Je me suis bien entendue avec Julian Lyttelton[1]. On a dansé plusieurs valses et joyeusement profité d'un cocktail dînatoire. Conclusion, c'était une *très* bonne soirée au cours de laquelle j'ai eu beaucoup de *succès* pour une fois !

Mardi 2 février

Sonia est venue à cinq heures. Elle m'a dit qu'on surnommait souvent Hugh le « Prince Consort ». Je sais qu'il détesterait mais si seulement, si seulement, il m'épousait avant d'être davantage poussé vers une telle union. Je serais son échappatoire, une échappatoire simple et fiable, mais hélas les choses ne se passent jamais comme on voudrait.

Mercredi 3 février

La princesse E a appelé pour me prier de venir demain à la leçon de dessin. Elles sont rentrées lundi et je me réjouis de les revoir.

---

1. Julian Lyttelton était le fils du vicomte Chandos et lieutenant de grenadiers. Il mourut en 1944.

Jeudi 4 février

À bicyclette avec ma valise jusqu'au Queensmead. Puis jusqu'au Château pour la leçon. J'étais heureuse de tous les revoir, même si c'est triste de ne partager leur vie qu'un après-midi par semaine. C'est peu mais je fais partie de leur monde ou plutôt leur monde fait partie de moi, je me sens si bien là-bas.

Mercredi 10 février

Bicyclette puis bus jusqu'au Queensmead. J'ai dû cirer tout le parquet du garde-manger en un après-midi, ce qui a bien failli me tuer ! Il y a eu un raid aérien au moment du thé, ainsi que des tirs, et je suis rentrée directement. Grand-Père à Londres pour la nuit : quel bonheur de n'avoir ni à réciter son chapelet, ni téléphone, ni personne qui vienne farfouiller dans ma chambre le soir !

Jeudi 11 février

Bicyclette, Château, dessin. PE avait une jupe plissée et PM une jupe unie vert bouteille. Heureusement, elles n'étaient pas habillées exactement pareil. Selon moi, elles doivent tout faire pour se distinguer dorénavant. On s'est relayées pour monter à cru le petit poney norvégien crème, Hans. C'était amusant. Retour pour le thé, avant je me suis changée dans la chambre de PE. Et pour la première fois j'ai été frappée par le drôle de mélange de chintz imprimé, de brocard aux rayures délicates et de garde-robes victoriennes du plus mauvais goût, sans parler des chaises rococo !

Samedi 13 février

J'ai pris le thé avec le R, la R et les princesses dans le salon de la Reine. Ça m'a rappelé les jours anciens. Ensuite nous sommes allés regarder le film *Casablanca* dans la Waterloo Chamber, que j'ai aimé *bien plus* que je ne m'y attendais. On était au premier rang avec des plaids sur les genoux car il faisait froid dans la pièce. En sortant, PM a dit de sa jolie voix innocente : « Je ne saurais dire qui était marié avec qui ! » Lady Katherine et moi avons éclaté de rire, elle est si mignonne. Lettre de Maman en arrivant à la maison qui m'a gâché la soirée et mise dans une humeur trouble et agitée. Pour des raisons de sécurité, j'ai brûlé ma lettre mais elle disait, en un mot, que des jeunes femmes mariées seraient pour moi des amies bien plus utiles, car elles peuvent fournir plus d'hommes que de simples jeunes filles. Elle craint que les jeunes gens ne considèrent Cumberland Lodge comme une vaste blague et d'un ennui mortel. Elle ne supporte pas de me voir là-bas et dit qu'il vaut mieux qu'on pense que j'y vais plus par obligation que *par plaisir*.

Lundi 15 février

En rentrant, j'ai appris que ce pauvre Lord Fitzwilliam[1] était mort. Combien de gens doivent être peinés de cette nouvelle qui correspond, pour eux encore plus que pour

1. Le septième comte Fitzwilliam, connu sous le nom de « Billy », était le père de Lady Joan Philipps.

moi, certes, à la disparition d'un homme mais aussi à la fin d'une époque, d'un style de vie rare, même de son temps *à lui*. Et j'ai au sein de ma génération toujours le privilège de partager ce genre d'existence, car le vieil ordre qui régit l'Angleterre et qui est à deux doigts de s'effondrer tient encore un peu debout !

Mercredi 17 février

Sonia et moi avons pédalé jusqu'à sa nouvelle maison à Oakley Green où nous avons pris le thé avec sa mère. J'étais très contente et le trajet du retour, le long de la Long Walk, a étonnamment été plus plaisant qu'effrayant : le grand parc nimbé de silence et de crépuscule me paraissait plus familier que dans la lumière crue du jour. Exempt de touristes, il semblait redevenir le joyeux terrain de jeu des rois et reines d'autrefois et, si je n'avais plus peur, c'est parce que je ne faisais qu'une avec les personnages royaux dont il avait été la chasse gardée.

Jeudi 18 février

Bicyclette, Château, dessin. Quel merveilleux jour de printemps. On a évoqué le plaisir qu'on aurait à participer à un bal en robes longues et Crawfie a dit qu'elle se déguiserait en homme pour flirter avec nous toutes ! On porterait des masques, et moi, une crinoline et une perruque poudrée. PE a vaguement parlé d'organiser une soirée dansante puis de la « repousser » pour que Philip puisse y assister.

Dimanche 21 février

Je suis restée au lit toute la journée. Oisiveté délicieuse sans rien qui vaille la peine de se lever. Envoi d'une longue lettre à Sonia et d'un livre, ainsi qu'à Miles Marriott qui ne peut venir au bal de la reine Charlotte mais qui me dit qu'il allait justement m'écrire pour m'inviter au théâtre à Londres. Il est mal d'encourager l'affection que vous porte un homme quand elle n'est pas réciproque mais j'ai besoin de mettre du piquant dans ma vie et c'est la seule possibilité du moment.

Jeudi 25 février

Bicyclette jusqu'au Queensmead. Travail jusqu'au déjeuner puis leçon de dessin. Je poursuis mes silhouettes très XVIIIe. Promenade à quatre heures des poneys que les princesses ont montés. Pluie et abri sous le portique de Frogmore. Départ après le thé et service le soir avec Drusilla, ce qui rend les choses *bien plus* agréables. Elle m'a dit que je dansais trop à distance de mon partenaire, sans doute un style à l'ancienne qui me permet d'éviter le joue contre joue que je déteste tellement, mais je sais que ce n'est pas très gracieux. Je suis prête à m'amender.

Samedi 27 février

Autobus jusqu'au Château. Thé avec le R, la R et les princesses. J'ai hâte de raconter mes rêves à PE car, comme elle partage certains de mes sentiments, j'imagine qu'elle serait heureuse que je me confie à elle, mais je ne suis jamais seule avec elle. Il y a toujours PM. Étrange de voir qu'elle ne voit pas de problème à ce que sa petite sœur la suive *partout* et ne puisse jamais être seule avec ses amies. Film après le thé, une farce intitulée *George Washington Slept There*, qu'ils ont tous trouvée très drôle, et que moi, je n'ai pas supportée ! *Je n'aime pas les films drôles !*

Lundi 1er mars

Nous devons renoncer aux bidons d'eau chaude dans nos chambres, encore un symbole de la *fin* de notre ancien monde, si bien que la prochaine génération n'aura jamais entendu parler de cette façon de faire et prendra ses bains autrement ! Drusilla m'a dit que Tony Bethell[1] était tombé amoureux fou de Sonia : quelle injustice et quelle tristesse pour moi que les jeunes gens que je convie à dîner s'entichent de mes amies et m'ignorent ! Pourquoi ne suis-je attirante pour *personne* ?

Mardi 9 mars

Colin Davidson[2] a été tué. Pauvre Rachel. Personne ne s'attend jamais à ça. Devant les souffrances des autres, j'oublie mes petits soucis, et quand je pense à tous ces jeunes couples brisés par la mort, j'en suis

---

1. Richard Anthony Bethell était un voisin du Yorkshire.

2. Colin Davidson épousa Lady Rachel Fitzalan Howard, la sœur de Bernard, duc de Norfolk.

très attristée. Quel monde cruel et quelle égoïste je fais à penser que je connais la douleur !

Cet après-midi, Grand-Père, Tante M et moi sommes allés en voiture déjeuner à la Chambre des lords, puis avons gagné nos places pour assister à la cérémonie de présentation du nouveau Lord président. Ensuite Tante M et moi nous sommes promenées autour de l'abbaye de Westminster. Nous avons prié dans la petite chapelle de St Faith et, dans cette petite église si ancienne, j'ai soudain entrevu ce qu'était le tragique de la vie. Même si la vie est aussi très joyeuse. Je me suis brusquement demandé si Lilibet se marierait ici et si je viendrais au mariage.

Vendredi 19 mars

C'était le bal de la reine Charlotte ce soir. Pris le train avec Drusilla. J'ai mis ma robe de brocart bleu et or. Vu des centaines de gens que je connais et me suis bien amusée. Dommage que je n'éprouve aucun plaisir à danser mais je crois que j'attends tellement de la danse que je ne peux qu'être déçue. En réalité, j'espère toujours que quelqu'un tombera éperdument amoureux de moi alors que, la plupart du temps, je fais tapisserie. De quoi ma personnalité manque-t-elle puisque, sans me vanter, je suis aussi jolie qu'une autre ?

Lundi 22 mars

Très dure journée de travail aujourd'hui car on nous a amené deux familles victimes de la catastrophe de la station de métro Bethnal Green[1]. Presque plus aucun lit.

Mercredi 24 mars

N'ai cessé de travailler de sept heures et demie à cinq heures du soir et suis brisée de fatigue ! Puis je suis allée rendre visite à Barbadee Meyer et à son bébé[2], mais de jalousie, mon sang n'a fait qu'un tour quand je l'ai vue dans son lit avec son tout-petit ! Je me suis dit que ce devait être une joie suprême et ne puis comprendre comment ma mère a refusé de me voir pendant trois jours et ordonné à la nurse de me jeter par la fenêtre puisque je n'étais pas un garçon !

Jeudi 25 mars

Bicyclette et autobus pour la leçon de dessin au Château après le déjeuner. PE m'a montré la liste et nous avons parlé de tous les hommes qui devaient venir. Ensuite, comme on ne m'a pas priée de rester pour le thé, je suis rentrée. Je l'ai pris à la maison et j'ai lu jusqu'à six heures et demie avant de commencer à me préparer. Mis ma robe orchidée en gaze, mon collier en aigue-marine et mes nœuds en argent dans les cheveux. Mes longs gants blancs puis, après le dîner, suis partie chercher Zelda, Anne et Pat Crichton. Lorsque nous sommes arrivées au Château, on nous a fait attendre comme d'habitude

1. Cent soixante-treize personnes y ont péri le 3 mars en courant aux abris.

2. Barbadee avait épousé Sir Anthony Meyer en 1941.

dans la Green Drawing Room avant d'être présentées au R, à la R et aux princesses. La R portait une robe en tulle et des gants noirs. Elle était divine, bien que je la préfère en blanc. PE était en robe de dentelle blanche et PM dans une mousseline blanche toute brodée de fleurs que j'avais vue sur PE lors d'une fête d'anniversaire. PE était très jolie et avait mis du rouge à lèvres tandis que PM était très drôle et très spirituelle comme elle sait l'être ! Il y avait environ cent cinquante personnes parmi lesquelles je connaissais presque toutes les filles mais très peu de garçons. Hugh était là, tout juste rentré. J'avais perdu tout espoir de danser avec lui quand il m'a invitée *sans* que j'aie à user d'aucune ruse ! Mais sans que je puisse non plus me défaire de l'idée que mon cas est désespéré, c'est-à-dire qu'il n'aime personne, moi moins que quiconque, et qu'il préfère l'amitié des couples mariés, même s'il me semble qu'il goûte la vivacité d'une Diana Bowes-Lyon plus que la mienne. Et cependant il a vraiment l'air de bien m'aimer, mais encore faudrait-il que je ravive sa flamme ! Il a toujours la faveur des princesses. Si seulement il pouvait rester quelque temps à Windsor ! Nous avons soupé, bu du champagne et dansé jusqu'à quatre heures, record battu ! Tout le monde était joyeux et content, et c'était plus amusant encore que l'an dernier, bien que rien n'ait égalé le plaisir que j'ai eu lors de ma première danse en juillet 1941, sans doute parce qu'alors le désenchantement ne s'était pas emparé de ma vie, que je n'avais encore aucun doute sur mes chances de succès et que le monde était à mes pieds.

Au moment de nous séparer, le R et la R ont été charmants. La voiture a déposé tout le monde chez soi et j'ai fini par me coucher à cinq heures !

Samedi 3 avril

Attrapé le train de cinq heures moins le quart pour Londres et suis allée directement au Claridge où j'ai rejoint Annabel et Lady Newman pour le thé. C'était agréable de les revoir. A et moi avons partagé une chambre. On a commencé à s'habiller à six heures et demie. Longue robe noire pour moi. On a dîné puis on s'est rendues au bal de la Croix-Rouge (dans l'hôtel). Quand ça s'est fini, on a décidé de poursuivre la soirée ailleurs. On a commencé à marcher, Miles Marriott et moi étions devant et, dans la nuit, nous nous sommes éloignés des autres pour atterrir à un endroit appelé Le Cabaret. J'étais bien embêtée et énervée contre moi-même de ne pas avoir attendu les autres puisque je ne voulais pas être seule avec M. Il m'a montré ce soir qu'il était amoureux de moi, mais sans dire un mot. Si seulement c'était un autre, car en sa compagnie je ne ressens aucune véritable harmonie.

Dimanche 4 avril

Elizabeth Anne est ici. Merveilleuse journée de printemps. Je suis heureuse et la vie me paraît soudain bien plus excitante. L'après-midi, j'ai emmené EA là où, derrière le bois de mélèze, un jour de l'an dernier, je me suis allongée pour rêver à Hugh. J'ai fait de la lecture à haute voix à EA, mais par moments je me suis surprise à garder le silence et à penser que Miles n'est pas le genre de garçon à sortir avec beaucoup de filles. Je sais qu'il m'a toujours bien aimée mais il n'est pas assez passionné pour m'aimer comme je le voudrais : il lui manque quelque chose qui m'emporterait et jamais je ne pourrai passer toute ma vie avec lui !

Jeudi 8 avril

Abattement général car nombre des grenadiers que nous avons connus ici il y a deux ans viennent d'être tués en Tunisie, et parmi eux Hugh Trenchard[1] qui était si gentil. Mon Hugh aurait pu connaître le même sort, mais Dieu merci ce n'est pas arrivé ! Bicyclette jusqu'au cours de dessin après le déjeuner : c'était la dernière leçon et j'ai fini de peindre mes petites silhouettes. L'une de mes préférées est celle d'une fille en robe de popeline rayée vert et blanc. Ils partent la semaine prochaine, à Sandringham il me semble, donc ne seront pas là pour l'anniversaire de PE.

Mardi 13 avril

Attrapé le train pour Paddington, d'où Miles est venu me chercher avec la voiture qu'il a louée le temps de sa permission. Nous avons déposé mes bagages à Grosvenor Square puis sommes allés voir la pièce *A Month in the Country*, avant d'aller dîner

1. Hugh Trenchard était le fils d'un général d'aviation, le vicomte Trenchard, qui avait débuté dans la RAF. Il fut tué sur le terrain en Tunisie alors qu'il n'avait que vingt et un ans.

au Bagatelle. Au début, M semblait très amoureux mais il s'est refroidi à mesure que moi je me mettais à flirter avec lui ! Je crois qu'il n'aime pas les filles qui flirtent. On avait l'intention d'aller ensuite à l'Embassy mais la nuit était si belle que je lui ai proposé qu'on roule autour de Regent's Park : dans le clair de lune, l'ombre des arbres se découpait sur le sol, l'air doux d'avril caressait mon visage et rendait l'atmosphère si romantique que s'il avait voulu me faire la cour, m'embrasser, je l'aurais laissé faire. Mais une fois encore, l'ironie du sort a voulu que plus l'idée germait dans mon esprit, moins elle germait dans le sien. Assurément si cette scène a suffi à m'émoustiller, moi qui ne ressens aucun amour pour lui, elle a dû l'émoustiller lui aussi car s'il ne m'aime pas éperdument, il me témoigne une profonde affection. Nous avons longé le fleuve jusqu'à la City, la Tour de Londres, puis nous sommes repassés de l'autre côté pour aller à Chelsea, mais *à aucun moment* je n'ai ressenti d'harmonie entre lui et moi. Il était si tranquille et si froid, si précautionneux, sans doute pour ma réputation, alors que j'attendais un geste de folie, un élan, en repensant à toutes les personnes avec lesquelles j'aurais pu me trouver à ce moment précis. Il a peut-être deviné que je me jouais de son affection et m'a tourné le dos. Il m'a ramenée à Grosvenor Square à une heure et je me suis couchée dans un mélange de joie et de déception, en me demandant pourquoi je ne voulais pas épouser M. Il est si gentil, si beau, si riche, il me donnerait tout ce que je désire. Il me gâterait, je serais la femme bichonnée d'un fils unique, mais quel ennui ! Et, bien vite, je me mettrais en quête de ce qu'il ne pourrait jamais m'offrir.

Mercredi 21 avril

La princesse Elizabeth a dix-sept ans aujourd'hui. J'ai pensé à elle toute la journée car elle me manque. J'ai passé de si nombreux anniversaires avec elle depuis ses dix ans, et dire que l'an prochain elle sera majeure !

Vendredi 23 avril

Suis allée à l'église, c'était Vendredi saint, mais Windsor ou pas, tout le monde était moche et sentait mauvais autour de moi. Spiritualité au plus bas.

Dimanche 25 avril

Messe et communion. Petit-déjeuner rapide puis bicyclette jusqu'au Queensmead. Quelles Pâques différentes de toutes celles que j'ai connues ! Ni œufs, ni cadeaux, ni festivités nulle part, ni joie ni plaisir. Journée d'une platitude totale. Personne n'a beaucoup travaillé à cause des différents offices et je suis rentrée à la maison à cinq heures en pédalant contre le vent.

St Nicholas Abbey, Yorkshire

Mardi 4 mai

Hier a commencé ma semaine de congé. Quelle joie de me retrouver à St Nicholas ! Ursula (James) et moi nous sommes installées dans la salle de jeux après le petit-déjeuner où elle s'est fait coiffer avant de sortir dans le jardin. L'air embaumait le lilas de toutes parts. J'ai pensé qu'il serait *merveilleux* d'être amoureuse ici. Un petit monde en soi, St Nicholas m'est apparu aujourd'hui comme un royaume enchanté de fleurs, de volants et de gaieté. Ici, on peut *croire* que le bonheur existe car il vous inonde comme il m'a inondée aujourd'hui, un bienheureux ravissement dont je désespérais ces derniers temps.

Jeudi 6 mai

Ursula a dix-neuf ans aujourd'hui. On est restées toute la matinée à nous boucler les cheveux dans la salle de jeux, à nous demander quoi porter, en écrivant des lettres et en écoutant des valses de Strauss à la radio. Tout était empreint d'un charme particulier aujourd'hui et, bien sûr, nous avons, comme d'habitude, fini par parler mariage ! Quelle épouse parfaite ferait U ! Plus douce que moi, dépourvue d'ambition et de motivations secrètes, ne recherchant ni le drame ni la tragédie, elle sera, je pense, plus heureuse que moi. J'espère l'aimer toute ma vie. Après le thé, nous avons cueilli des fleurs dans le jardin pour orner nos coiffures, puis nous nous sommes habillées pour le bal. Elle a mis une robe toute simple en dentelle blanche avec une fleur carmin dans ses cheveux, et moi, ma robe en dentelle imprimée avec les rubans de velours noir et un brin d'azalée dans mes cheveux. On était douze à table. Entre trente et quarante personnes sont venues pour le bal, qui fut *très* amusant.

J'ai pu demander les airs que nous aimions, beaucoup de valses viennoises qu'au moins ici nous pouvons danser au large !

Lundi 10 mai

Après cette semaine joyeuse et paisible, quel ennui de revenir au cœur de cette famille querelleuse et agitée ! Et de retrouver Grand-Père, mais je donnerais quand même tout pour rester vivre ici ! Papa m'a dit qu'à Houghton Maman lui avait confié qu'on devrait me mettre dans un musée car je suis d'un autre âge. Il a pris le ton de la plaisanterie, mais ça m'a vexée, et j'ai trouvé Maman désobligeante.

Mardi 11 mai

J'ai détesté reprendre le travail, d'autant que j'ai dû récurer le sol ! Drusilla m'a dit que Miles M avait demandé à Michael Stoop[1] de s'enquérir de mes sentiments à travers elle, tout comme moi je lui avais demandé de s'enquérir des siens à travers Michael ! D m'a montré la lettre où Miles dit que je ne lui manifeste rien d'autre qu'une indifférence polie ! Je m'en suis amusée tout en me demandant si je n'avais pas mal joué. Si j'avais été plus maline, je l'aurais gardé sous le coude en attendant de trouver quelqu'un d'autre, de gagner en expérience affective,

1. Michael Stoop était un autre jeune officier grenadier. Il devint ensuite un joueur de backgammon accompli et eut beaucoup de chance au jeu. Lord Lucan lui avait emprunté sa voiture lorsqu'il disparut en 1974.

mais je suis si ignare en matière d'amour et si incapable de manœuvrer une histoire intelligemment. Je continue toutefois à penser que c'était sa faute si, lors de notre virée dans Londres, il ne s'est rien passé, d'autant que j'avais suggéré qu'on sorte de la voiture pour nous promener dans le parc et lui donner une chance. C'était à lui de s'en saisir, ce qu'il n'a pas fait et maintenant il m'en veut.

Mercredi 12 mai

D et moi nous sommes réparti la maison et le garde-manger. Elle m'a dit que Michael avait dit que Miles lui avait demandé conseil à mon sujet, d'où la sortie au restaurant et la pièce, et qu'au retour il avait filé chez Michael pour lui dire que j'étais « *froide* comme un pain de glace » ! Quelle vilaine analogie, même s'il n'a *peut-être* pas employé ces mots, qui m'a pourtant plus amusée que vexée. Après tout, ai-je jamais voulu paraître autrement à ses yeux ? Mais n'était-ce pas lui qui était froid dans la voiture et, à moins de me comporter comme une dinde, je n'aurais pu me comporter différemment. La seule chose qui m'inquiète, c'est de savoir si oui ou non je suis capable d'être chaleureuse quand il le faut car jusque-là personne ne m'a *émoustillée* à ce point et les *très rares fois* où j'ai pu l'être, personne ne m'a encouragée à l'être davantage.

Jeudi 20 mai

À bicyclette avec ma valise jusqu'au QM. Travail à la cuisine, à un rythme effréné, mais me suis débrouillée pour partir à deux heures moins le quart. Autobus jusqu'au Château pour la leçon de dessin. Nous sommes restées dehors et j'ai dessiné la princesse E. Nous avons vu Michael, le prince de Kent, âgé de dix mois : c'est un bébé adorable qui ressemble beaucoup aux gens de sa famille ! Nous nous sommes ensuite préparées pour partir au Royal Lodge dans la Ford avec Crawfie, les Philipps, Hugh E et un autre officier. J'avais espéré qu'on irait en calèches à poney mais les officiers n'étaient pas prêts à temps. On nous a magnifiquement servi le thé sur des tables dans l'herbe, sous une marquise pour nous abriter du soleil, avec de jolies serviettes fleuries de roses. Ensuite, nous avons marché dans le jardin, c'était divin, et j'ai fait de mon mieux avec Hugh, ce qui a consisté à finalement le laisser tranquille. À un moment, il a dit qu'il ne laisserait jamais ses enfants faire de la voile tout seuls et, comme il marchait à mes côtés, je me suis demandé s'il sentait que je pensais passionnément que *ses* enfants puissent être aussi *les miens* ! En regardant son visage doux et fin, je me disais que je pourrais l'épouser plus que n'importe qui d'autre, à l'exception peut-être de Robert Cecil. PE a pris une photo de nous tous, ou plutôt c'est Crawfie qui l'a prise avec l'appareil de PE, alors j'espère *vraiment* en avoir une ! Après, nous avons joué aux cadavres exquis dans le jardin en utilisant des noms de personnes connues de nous tous et nous avons bien ri ! Hormis les calèches à poney qui manquaient, c'était une journée parfaite. Ils sont rentrés en voiture à Windsor et moi à pied. Mais je n'ai fait aucun rêve d'amour tendre pendant la nuit comme autrefois quand je voyais Hugh. Au contraire, j'ai dormi d'un sommeil sans repos avec la sensation de me perdre dans l'espace et d'être si désorientée par la vie que je ne savais où tourner. J'étais comme hantée par la désillusion : vers où irais-je si aucun de mes vœux ne se réalisait ?

Jeudi 27 mai

Me suis changée après le déjeuner pour mettre mon corsage en mousseline bleue à pois et ma jupe rose. Leçon de dessin. J'ai peint des delphiniums. PE m'a dit que Winifred Hardinge s'est fiancée, à quelqu'un qui s'appelle Murray[1], un grenadier.

Dimanche 30 mai

Travail à bicyclette à dix heures après la messe. On a toutes enfilé des coiffes et des tabliers propres après le déjeuner pour aller aux Combermere Barracks où nous devions nous rassembler pour le défilé (pour la semaine des « Ailes de la victoire »). Ce fut vraiment très amusant ! Papa défilait aussi avec son corps d'entraînement Beaumont. Jamais je n'avais défilé auparavant mais je n'ai cessé d'éternuer à cause de mon rhume des foins ! On est remontés jusqu'au Château et nous nous sommes disposés tout autour de la cour carrée où le Roi est venu saluer. La Reine

1. Le commandant Sir John Antony Murray sera adjudant chez les grenadiers puis, après la guerre, homme d'affaires et consultant pour le gouvernement de l'île de la Barbade.

et les princesses étaient avec lui dans des robes et des chapeaux rose vif. J'ai trouvé très difficile de regarder à la fois droit devant soi *et* d'avancer en rythme. Elles m'ont reconnue et nous nous sommes souri ! Ensuite tout est devenu plus ennuyeux. Nous avions chaud, nous étions épuisées et sommes retournées à la caserne à moitié mortes !

Mardi 1er juin

Grand-Père a quatre-vingt-huit ans aujourd'hui. On a dit le chapelet ce soir pour lui faire plaisir. Papa et moi avons reçu une lettre d'EA : elle n'est plus dernière de sa classe et a pris la tête de sa chambrée, ce qui a l'air de la ravir !

Mercredi 2 juin

Nous avons entendu ce soir à la radio qu'un avion de ligne, avec Leslie Howard à son bord, avait été abattu. Ils pensaient viser celui de Churchill. J'en ai été très peinée car c'est mon acteur préféré : il était parfait dans ses rôles un peu démodés que j'aime et qui me ressemblent tant.

Lundi 7 juin

Maman vient ici de lundi prochain à vendredi. Elle a enfin compris, Dieu merci, que c'est là son devoir mais quelle contrainte pour moi ! C'est le lieu *le plus mal choisi* ; je ne l'ai pas vue depuis février et je redoute que sa présence m'assigne au tribunal et ne soit pour moi qu'un festival de critiques mordantes, de reproches acides et d'avertissements qui m'obligent à lui cacher mes vraies pensées. Mais je vais tâcher de supporter cette épreuve et d'en sortir victorieuse car je n'ai pas le choix.

Jeudi 10 juin

On a dessiné à Frogmore aujourd'hui. Les affaires de dessin ont été transportées dans une petite voiture à poneys conduite par deux garçons d'écurie. Crawfie et Mrs Cox ont marché, les princesses et moi avons pédalé. On s'est installées sur le bord du lac où se trouvent les ruines en stuc et on a pique-niqué pour le thé. PE a dit qu'elle avait eu des nouvelles de Winifred H, dont le mariage aurait lieu le 10 juillet, et qu'elle irait ! Si seulement elles pouvaient m'emmener avec elles ! De toute façon, j'irai puisque ce sera un gros événement. Mais si elle va au mariage de W, viendra-t-elle au mien ?

Mercredi 16 juin

Jour de congé. Maman ne voulait pas aller à Londres alors nous sommes restées à la maison. Elle dit être devenue socialiste récemment, chose que j'ai notée l'an dernier. Je suis profondément malheureuse et quelque chose meurt en moi quand ma mère me ramène sur terre. Quelque chose étouffe sous son réalisme, mais bizarrement, *son idéalisme* est encore plus grand que le mien. Nous avons appris que le R est en Afrique du Nord, ce qui doit être *palpitant*. Maman s'en va demain.

Jeudi 24 juin

J'ai mis ma robe vert clair et blanc et suis partie à bicyclette pour Frogmore. Leçon de dessin. PE était gentille aujourd'hui et a trouvé dommage qu'on ne se voie pas plus (mais à qui la faute ?). Si seulement elle pouvait dire ça avec plus de passion ! La royauté ne justifie pas sa froideur ! Il n'est pas question de se promettre une amitié éternelle car je sais que je fais partie de son environnement, que c'est parce que je suis là que je compte, mais c'est étrange qu'elle ne manifeste nul désir de parler et de partager ses pensées avec des gens de son âge. Son tempérament n'est pas de nature à nouer des liens forts avec les autres, ce qui, vu sa position, est un avantage et fera d'elle une reine parfaite. Sa sœur est en cela très différente et, si ce n'était notre écart d'âge, ferait pour moi une bien meilleure amie, mais quoi qu'il arrive je resterai toujours profondément dévouée à PE.

Mercredi 30 juin

Travail toute la journée. En taxi au Ritz où j'ai retrouvé Brita. Quel plaisir de la revoir ! Je n'avais pas réalisé à quel point je l'aimais. Elle va rejoindre les WRNS et s'y sentira bien puisqu'elle sait s'adapter aux situations et aux gens nouveaux. Son seul objectif dans la vie, c'est le bonheur, ce qui, après tout, est l'essentiel. Pourquoi certains êtres humains sont-ils faits autrement ?

Jeudi 1er juillet

Rejoint les princesses à Frogmore pour dessiner. PE voulait qu'on relève les coins des tentes aux Guides, comme on le fait des voiles sur un bateau, ce que je trouvais parfaitement inutile et *déplacé* étant donné la chaleur qu'il faisait cet après-midi. Mais après, beaucoup plus agréable, nous sommes allées manger des framboises dans les jardins ! Personne n'a parlé du mariage si bien que le suspense va durer une semaine de plus. Étrange, quand je suis *avec* elles, comme mes espoirs s'amenuisent alors qu'elles sont si charmantes. Je pense que c'est parce qu'elles sont très terre à terre et ne s'adonnent à aucune rêverie !

Vendredi 2 juillet

Jour de congé. Lettre de Joe Dormer[1] qui m'invite à sortir. Tante M en a reçu une de sa mère, Lady Dormer, lui proposant qu'on sorte tous ensemble au théâtre ! Elle cherche manifestement des candidates catholiques éligibles pour ses fils, si j'en juge par les égards qu'ils me témoignent tous depuis que je l'ai rencontré à St Nicholas. Nous avons décliné parce qu'ils sont assommants et qu'il est *laid* ! Mais pourquoi suis-je seulement courtisée

---

1. Joseph Dormer était le jeune frère de Lord Dormer. À une époque où épouser des non-catholiques était mal vu, il rechercha une femme qui l'était mais n'en trouva jamais et mourut célibataire en 1995, à l'âge de quatre-vingt-un ans. Il hérita cependant du titre car son frère n'eut que des filles.

par des gens comme *eux* ? Enfin, mieux vaut en rire !

Samedi 3 juillet

Vu dans le *Times* que Rachel[1] a été nommée dame d'honneur de la duchesse de Kent. Je suis si heureuse pour elle et pour moi car cela prouve qu'ils ont dépassé l'obstacle de la religion.

Jeudi 8 juillet

Me suis changée pour aller à la leçon de dessin qui était au Château aujourd'hui à cause du temps instable. PE a dit que Winifred se rendra à l'église dans un carrosse royal : pourquoi certaines personnes ont-elles tant de chance ?

Samedi 10 juillet

Je suis allée à Londres en voiture. J'ai mis ma nouvelle robe en voile à fleurs vertes, mon manteau beige et un grand chapeau de paille crème. Direction la chapelle des Gardes pour le mariage de Winifred à deux heures et demie. Elle est arrivée dans une voiture à cheval du royaume qui, malheureusement, a dû être fermée car il pleuvait. Elle était très belle en dentelle et satin blancs, mais les demoiselles d'honneur, Libby et Mary Anna[2], étaient *affreuses*. La réception a eu lieu à St James, dans la même pièce que là où nous

1. Rachel Davidson, la cousine d'Alathea.

2. Mary Anna Sturt était la fille de Mary Ashley-Cooper (fille de Lady Shaftesbury) et de Lord Alington de Crichel. Orpheline, c'était

prenions nos leçons de danse ! Ai revu de nombreux amis dont *Robert Cecil* ! À ma grande joie, il s'est souvenu de moi et s'est montré charmant. Il est bien plus séduisant que Hugh Euston dont le caractère s'accorde cependant mieux au mien, et désormais je n'imagine rien de plus agréable qu'être amoureuse de lui. Mais à quoi bon ? Il ne m'accordera plus jamais la moindre attention et j'ai de toute façon renoncé à avoir la clémence du Ciel. La cérémonie de mariage m'a assombrie. W est la première de notre vieux cercle de Londres à se marier, qui l'eût cru ? On se demande qui sera la prochaine mais je suis résignée. Mes souhaits et mes espoirs m'ont plutôt mal servie. C'est peine perdue que de se battre en ces temps hostiles et barbares.

Cumberland Lodge

Mardi 13 juillet

Messe à neuf heures. Malgré mon jour de congé, je n'ai pu traîner au lit ! Au Château à bicyclette et autobus. Anne Crichton et Domini Lawrence[1] s'y trouvaient aussi, si bien qu'on est toutes allées dans la Red Drawing Room avec les princesses, où nous avons accueilli treize garçons d'Eton et quatre

---

la pupille des Hardinge. Elle épousa le lieutenant-commandant George Marten.

1. Domini Lawrence était la fille d'Alfred Lawrence. Elle devint championne olympique de dressage.

officiers. Thé. Hugh était là également mais mon âme n'est désormais plus tourmentée par la passion qu'il m'inspire : je ne recherche plus son attention et, s'il lui prenait de rechercher la mienne, j'y répondrais avec ardeur et me dévouerais à cet amour de toute mon âme, mais inutile de m'user le cœur puisque l'astuce ne remplace pas l'amour. Ni PE ni moi ne l'épouserons et je sais à présent que je dois attendre le prochain. Quel soulagement d'être débarrassée des angoisses que me causait Hugh !

Jeudi 15 juillet

Leçon de dessin en classe encore à cause de la pluie, puis nous sommes sorties avec Crawfie à quatre heures et avons mangé des fraises des bois en descendant la pente. PE m'a parlé de son week-end car c'est la première fois de sa vie qu'elle partira seule. J'imagine qu'Allah ou Bobo l'accompagneront. J'ai approuvé son initiative et PE a promis de me raconter tout en détail. Crawfie lui a dit de prendre ses plus jolies robes et de choisir ses plus beaux bijoux : elle *peut* être si belle quand elle veut ! Dieu que je les aime et comme j'aime ces journées que nous passons à bavarder et à rire ensemble ! De quoi me consoler de toutes les corvées du Queensmead.

Vendredi 16 juillet

Nous faisons de grandes avancées en Sicile. Que Dieu fasse que nous remportions la victoire ! Comme je souhaite voir cette guerre s'achever tout en me demandant quel sera ensuite mon destin ! J'ai pour l'instant un mauvais pressentiment.

Jeudi 22 juillet

Dessin à l'intérieur encore une fois et PE a dû se rendre à Londres, ce qui m'a attristée car je voulais qu'elle me raconte son week-end, mais la princesse Margaret a été adorable. On a joué au croquet puis on s'est promenées. Elles ont *toutes* aimé ma coiffure[1] : Crawfie a dit que ça lui rappelait une de ses anciennes photos. J'aurais bien voulu que PE voie ça mais il me faudra attendre un peu plus longtemps.

Dimanche 25 juillet

Bicyclette jusqu'à Frogmore où se trouve le campement des Guides. On m'a fait jouer au rounders[2], que j'ai détesté et auquel j'étais nulle ! Mais j'ai aimé être là et qu'on boive ensuite le thé dans l'herbe avec le R et la R qui nous ont rejointes. La R était charmante dans sa robe de soie blanche et mauve et son chapeau de paille blanc. PM passe le week-end au camp avec Anne Crichton et deux autres Guides, ce que je désapprouve *totalement* : c'est scandaleux, indigne, et je pense que la Reine a tort de l'autoriser. Dieu merci, PE, elle, ne l'a pas fait, se contentant de descendre un court moment dans la journée en uniforme de la marine. C'est sans doute en raison de la

1. Alathea avait tenté une raie au milieu contre la volonté de sa mère qui n'aimait pas du tout.

2. Sport collectif britannique semblable au base-ball (NdT).

démocratie, mais si on en arrive à ce genre d'extrémité la royauté y perdra le peu de prestige qu'il lui reste encore. Mais le monde moderne n'est pas à la mesure des rois, et si j'en étais un, nul doute que j'en appellerais à la révolution !

Lundi 26 juillet

Mussolini a démissionné. Le roi d'Italie et le maréchal Badoglio ont repris le pouvoir et imposé la loi martiale.

Vendredi 30 juillet

EA passe la semaine ici. Il a fait très chaud alors je lui ai donné un bain puis l'ai couchée dès notre retour à la maison. Comme j'ai hâte d'avoir un enfant à moi !

Mardi 3 août

Tout le monde a quitté Cumberland Lodge aujourd'hui. Grand-Père, Tante M et Papa restent à Londres deux semaines et, pendant ce temps-là, moi, je resterai au Queensmead. J'ai arrêté mon travail à quatre heures puis suis partie pour Londres. EA était folle de joie pour son premier dîner *et* sa première visite au Ritz, ce qui nous a un peu consolées de la tristesse de la séparation.

Mercredi 4 août

Jour de congé. J'ai pédalé jusque chez Sonia où nous avons bavardé tout notre soûl. Elle m'a dit que Tim Barclay l'avait embrassée dans la voiture en rentrant d'une soirée et, comme ils dormaient tous les uns contre les autres, elle a fait semblant de dormir aussi ! Je me demande si je suis la seule à n'avoir jamais été embrassée.

Jeudi 5 août

J'ai travaillé puis pédalé jusqu'en ville. Suis allée chez un antiquaire, Sheldon's, pour trouver un cadeau d'anniversaire à la princesse Margaret, et j'y ai vu les plus délicates figurines en porcelaine de Dresde. Je n'ai pas pu résister. J'en ai acheté deux, dont une pour moi. L'une représente Vénus, et l'autre, une dame en toge grecque avec une jarre de fleurs. Elles sont toutes deux blanches avec des motifs peints très délicatement. J'aimerais garder la Vénus pour moi et offrir la dame à PM, mais j'ai hélas découvert après coup qu'elle était *légèrement* ébréchée, si bien que je dois absolument lui envoyer la Vénus.

Samedi 14 août

Rosamund a fondu sur moi dès le petit-déjeuner en disant que j'avais épuisé sa patience et que tout le monde avait fait de son mieux, sauf moi. Je savais que c'était en train de couver et qu'elle attendait la première occasion, depuis qu'elle-même avait commencé à devoir travailler, pour se défouler sur moi. Même la vieille Mrs Hambrook et Blucky[1] disent que c'est toujours avec moi qu'elle est méchante alors que je ne suis pas pire que les autres. Furieuse, j'ai pleuré sans m'arrêter et, dans la cuisine, je me suis tailladé tout l'avant-bras avec un couteau : ça saignait et j'avais honte, mais j'ai eu un accès de malheur et de fureur. J'ai désormais trop de raisons de haïr R pour lui être agréable car elle est *si injuste et si malveillante*. Je ne lui ai jamais fait de mal et je ne mérite pas ses griefs. De toute façon, ce serait à Mrs Hovell d'en avoir, pas à elle. Sonia est revenue, une aubaine pour moi : elle m'a changé les idées et surtout m'a pleinement comprise. J'aurais aimé que Z aussi soit là parce qu'elle a déjà été victime de ses pairs. J'ai fini mon travail à cinq heures et passé le reste de la soirée seule là-haut : je n'ai pu ni descendre ni venir dîner ni même lire tant j'étais misérable. Mais j'ai écrit dans mon journal, ce qui m'apporte toujours une consolation, et j'ai remercié Dieu de rentrer chez moi mardi. *Tout* me semble si vain. Je ne vois pas comment la vie pourrait m'apporter le succès ou le bonheur.

Dimanche 15 août

Meilleure journée aujourd'hui. R a certes été plus agréable – comment aurait-elle pu l'être moins ? – mais

1. Mrs Hambrook et Blucky étaient deux cuisinières professionnelles, contrairement aux jeunes filles qui officiaient comme volontaires au VAD.

elle devrait venir s'excuser d'avoir été si blessante. J'ai travaillé jusqu'à cinq heures et me suis effondrée en larmes en regagnant ma chambre. Je sais que c'est à cause du surmenage mais c'est *quelque peu* terrifiant d'être dans cet état.

Lundi 16 août

Nous avions toutes l'air plus heureuses aujourd'hui. La perspective de ne plus avoir à dormir au Queensmead me ravit même si je dois encore y aller tous les jours. Sonia était à Londres avec Myra Wernher qui lui a dit que PE allait épouser le prince Philip de Grèce, bien qu'il ne soit pas encore amoureux d'elle. Je l'espère sincèrement car ce serait un mariage *à son image*.

Mercredi 18 août

Il m'est apparu récemment que je n'aspire plus au mariage avec la même ferveur qu'avant. Quand j'y pense, je vois une demeure ancienne et pleine de domestiques qui attendent que je m'y installe pour imprimer mon style à l'ensemble et décorer les chambres à mon goût. Mais je mesure mon erreur car le destin des jeunes épouses ces temps-ci est plutôt de passer d'une petite maison à une autre petite maison, aux abords des casernes, de faire leur propre cuisine ou, *au mieux*, de recourir aux services des maisons voisines. L'amour serait-il une compensation suffisante ? Ne vaut-il pas mieux rester ici, m'accrocher à ce qui me reste de *sécurité* et attendre que les hommes aient un peu plus à m'offrir ? Je suis prête à faire des sacrifices mais ils doivent vraiment en valoir la peine !

Samedi 21 août

La princesse Margaret a aujourd'hui treize ans.

Mercredi 25 août

Lettre de la princesse Margaret qui me remercie pour la statuette. Très courte mais si mignonne.

Mercredi 1er septembre

Lettre de Brita qui vient d'arriver à son dépôt WRNS. Ses descriptions m'ont remplie d'horreur mais elle dit qu'elle s'y habitue et qu'elle commence même à aimer y être. Elle a dû conduire un gros camion autour de Piccadilly Circus et se faire *insulter* par une « ordure d'instructeur ». *Pas du tout* ma tasse de thé !

Vendredi 3 septembre

Quatrième anniversaire du début de la guerre et jour de prière national. Messe à neuf heures puis Queensmead à bicyclette. De plus en plus d'ormes qui avaient été plantés sur la Long Walk du temps de Charles II sont abattus, ce qui est bien triste.

Mercredi 8 septembre

En rentrant, nous avons entendu la nouvelle la plus merveilleuse : l'Italie a capitulé sans condition. Aux informations de neuf heures, ils ont donné plus de détails et le monde entier a pu mesurer la solennité d'un tel événement. Il fait un froid de gueux ici ce soir et je tremble tandis que j'écris. Le monde est encore plongé dans la tristesse, mais soudain l'espoir renaît et chacun sait plus que jamais que Dieu est avec nous, quelle que soit l'âpreté du combat.

Kinharvie, Écosse

Lundi 20 septembre

Suis arrivée à Kinharvie pour rester avec Tante Gwen. À ma grande surprise, la maison était presque vide mais je crois que d'autres arrivées sont prévues. Nous nous sommes changées pour le dîner puis j'ai fait de la couture. Autrefois tout le monde était gai ici, mais le chagrin les a gagnés, à présent. J'espère que nous aurons bientôt une fête où nous réjouir car le chemin était long jusqu'ici, et j'en ai vraiment besoin.

Mercredi 22 septembre

Les hommes sont partis chasser. Je suis allée marcher avec Winnie[1]. Son mariage est pour moi toujours un mystère, d'autant que son mari est un homme charmant. Elle, en revanche, me semble la personne la plus quelconque qui soit, mais ce doit être grâce à son absence totale d'égoïsme.

1. Lady Winefride Fitzalan Howard était la sœur de Bernard, le duc de Norfolk, et de Lady Rachel Davidson.

Vendredi 24 septembre

On a parlé fantômes jusqu'à l'heure du thé, puis Rachel a évoqué ses devoirs en tant que dame d'honneur (elle va bientôt devenir celle de la duchesse de Kent), et c'était amusant d'avoir sa version.

Burloes, Hertfordshire

Mercredi 29 septembre

Arrivée à Carlise hier et ce matin, Maman a dit qu'EA détestait venir à C. Lodge, ce qui, je sais, lui fait secrètement plaisir. Maman ne sait pas qu'elle détient le pouvoir de me faire parfois haïr EA, dont la ressemblance avec Tante A me terrifie. Maman à présent aime ma raie au milieu et a été très gentille, alors pourquoi sa présence flétrit-elle mon énergie de cette façon ? Après déjeuner, je suis allée à Royston en train et suis arrivée à Burloes[1] juste pour le thé. Annabel rentrait de son hôpital. Deux Américains sont venus après dîner et nous avons joué aux cartes. Ils étaient amusants mais je ne peux pas dire que j'aime les Américains. A non plus mais ils la divertissent et, chez les Newman, on n'aime rien tant que s'amuser !

Vendredi 1er octobre

Francis Wigram a été tué en Italie. Quelle tristesse ! Il était si gentil. On se demande qui il restera

1. Nom de la demeure familiale d'Annabel Newman.

après ce carnage, les soldats ont tellement souffert. Annabel et moi sommes restées à l'intérieur cet après-midi, à bavarder et tricoter. Ce que je trouve très rafraîchissant ici, c'est ce rire permanent, cette façon de prendre toutes les petites choses de la vie avec humour et bonne humeur. Je ris du début à la fin de chaque repas au sujet de tout et de n'importe quoi.

Lundi 4 octobre

Annabel m'a raccompagnée à la gare. Combien de fois ai-je ainsi tristement quitté Burloes, même si je souffre un peu moins aujourd'hui qu'enfant car je ne pouvais dire au revoir sans pleurer ? La famille va bien mais quel ennui de rentrer, même si évidemment tout le monde est content de me revoir. Tante M m'a appris que Hugh Euston partait avec l'équipage de Lord Wavell pour les Indes, puisqu'il est inapte au combat. Je suis contente pour lui et n'en ai plus rien à faire. J'ai depuis longtemps dit adieu à cette romance infructueuse et Dieu fasse que je sois mariée quand il reviendra.

St Giles, Dorset

Lundi 18 octobre

Arrivée à St Giles et vu Elizabeth Anne. Elle était folle de joie et semble très heureuse ici. Quelle merveilleuse maison, toute pleine de tableaux de gens dont on a lu l'histoire ! J'ai ressenti encore une fois ce désir urgent et impérieux d'épouser quelqu'un avec une belle demeure ancienne, pour le charme indéfinissable de ces grandes maisons de campagne anglaises. Elles font tellement partie de moi qu'il me semble en avoir eu une dans une autre vie, et je les aime par-dessus tout. Il y a même un valet de pied en livrée ici ! Comme j'ai ri ce soir des tenues qu'on a eues au dîner : Lady Shaftesbury portait une longue robe de satin, des gants en chevreau avec des boutons de perle et sa fille, Dottie, un horrible pantalon en velours côtelé et un manteau de tweed !

Vendredi 22 octobre

EA est venue me dire au revoir : elle est si courageuse, elle luttait pour retenir ses larmes.

Je crois qu'elle est heureuse somme toute, bien qu'elle ait du mal à se faire des amies.

Mardi 26 octobre

Queensmead. Eliz (Christie-Miller) et moi nous sommes levées et avons préparé notre petit-déjeuner. Z est venue et on a fait du ménage toute la matinée. On a eu le temps de tout ranger avant que Martin Fitzalan Howard[1] et sa sœur Miriam n'arrivent. La pièce s'intitulait *Hi di Hi*. Très bonne. Au Bagatelle,

---

1. Martin Fitzalan Howard était le troisième fils de Lord Howard de Glossop et de Mona, Lady Beaumont. Son grand frère, Miles, devint le duc de Norfolk quand Bernard mourut, un titre qui serait allé à Alathea si elle avait été un garçon.

pour le dîner, j'ai pris des huîtres pour la première fois et j'ai adoré ça ! Martin fêtait ses vingt et un ans : on a bu du champagne, mangé un gâteau d'anniversaire et bien ri. Puis nous sommes allés au *400* où je ne me suis jamais autant amusée ! Ce n'était ni bondé ni sordide comme c'est souvent le cas de nos jours. Personne n'a dansé joue contre joue alors que c'est aujourd'hui la norme et que je déteste ça. Miles Marriott était avec une jeune fille : j'étais contente de le voir embarrassé, mais comme il connaît bien Martin, il nous a rejoints. Sarah Dashwood aussi était là, elle a grossi. Nous avons acheté *une banane* à une livre et l'avons partagée en six : la première que nous mangions depuis presque quatre ans. On est partis vers quatre heures dans un brouillard si épais qu'il nous a fallu marcher jusqu'à Piccadilly avant de tomber sur un taxi. En rentrant, j'ai trouvé un mot me priant de dormir sur le sofa du salon, mais imaginez mon effroi en découvrant que quelqu'un y dormait déjà ! Je n'ai pas osé allumer pour ne pas voir qui c'était. J'entendais des gens dormir depuis les deux chambres. Je me suis déshabillée dans l'entrée, j'ai mis ma tenue de VAD, me suis lavée et préparée, puis assoupie dans le fauteuil près de l'inconnu du sofa, à peine une heure et demie puisque j'avais un train à prendre. Une sacrée nuit mais qui en valait la peine ! À cause du brouillard, les trains ont eu du retard et je ne suis arrivée au QM qu'à dix heures, mais on ne m'en a pas tenu rigueur et Eliz m'avait préparé un petit-déjeuner. J'étais ravie de tout leur raconter à Zelda et à elle. Mais j'étais un peu tendue car je ne savais pas s'il y avait dessin ou non. Personne ne m'avait prévenue du contraire, donc je supposais que oui, tout en sautant sur le téléphone chaque fois qu'il sonnait. J'étais *déçue* donc impolie avec ceux qui appelaient puisqu'ils n'étaient jamais ceux que je voulais entendre ! Le dernier aura été Papa qui m'a appelée vers neuf heures et demie, juste après que je me suis couchée. Je regrette de ne pas avoir été plus agréable car il est au moins aussi seul que moi.

Dimanche 31 octobre

C'était l'anniversaire de Papa et nous avons bu du champagne au dîner. Mon anniversaire à moi approche et me cause des angoisses car je *dois* décider *dès maintenant* qui inviter à mon dîner.

Jeudi 4 novembre

Bicyclette, Château, dessin. On a commencé à faire les affiches pour la pantomime qui sera *Aladdin*. PM s'est fait elle aussi une raie au milieu, mais je crois que ça ne me plaît pas. Pendant qu'elles se préparaient pour sortir, j'ai demandé à Crawfie ce qu'elle pensait de les inviter à mon dîner. Elle a répondu qu'elle demanderait à la R mais que c'était une très bonne idée. Nous sommes sorties voir les deux poulains norvégiens qu'elles ont achetés en Écosse et leur avons fait faire un tour à Frogmore. Comme elles aiment leurs poneys ! Et comme j'étais heureuse d'être de nouveau avec elles ! Margaret Elphinstone *vit* avec elles désormais et va au Clarence Lodge[1] tous les jours. Je l'ai vue pour le thé. Quelle chance *inouïe* !

Mardi 9 novembre

Au dîner, Papa nous a raconté une histoire amusante concernant le Roi en Afrique : il a demandé au général Alexander s'il s'entendait bien avec le général Montgomery[2]. Gén. A trouvait qu'il convoitait son poste et le Roi a répondu : « Vraiment ? La dernière fois que je l'ai vu, il me parlait comme s'il avait *pris* le mien ! »

Jeudi 11 novembre

Bicyclette, Château, dessin. Cette pauvre Crawfie a été transportée à Londres la semaine dernière pour se faire enlever l'appendicite. L'horrible Mr Tannar nous a parlé de la pantomime pendant le thé et, bien sûr, il m'a fallu être aimable avec lui. PE était plutôt distante aujourd'hui. Elle est en cela très « royale » car elle ne donne pas beaucoup d'elle-même à ses

---

1. Clarence Lodge était un établissement où on enseignait le secrétariat.

2. Le général Harold Alexander, plus tard maréchal comte Alexander de Tunis, dit « Alex », fut remarqué pour ses victoires contre Rommel en Afrique du Nord, puis pour ses campagnes en Italie et en Europe de l'Ouest. Le général Bernard Montgomery, plus tard maréchal vicomte Montgomery d'Alamein, commanda la 8e armée puis celle des Alliés en France. Dit « Monty », il était le doyen et le plus illustre des généraux britanniques pendant la Seconde Guerre.

amis. PM est plus amicale et c'est plus volontiers dans sa chambre que je vais me rafraîchir, ce qui reste un peu étrange pour moi malgré le fait que nous soyons devenues assez familières.

Samedi 13 novembre

Après dîner, PE elle-même m'a appelée. Elle était charmante. Elle a dit qu'elle aimerait beaucoup venir à mon dîner mais serait-il possible de le déplacer de mercredi à jeudi ? Elle doit partir quelques jours cette semaine ce qui, d'ailleurs, l'empêchera d'assister à la leçon de dessin. Je brûlais d'envie de savoir où elle partait mais n'ai pas osé demander !

Dimanche 14 novembre

Je dors avec Drusilla ce soir, en espérant qu'elle ne soit *pas trop* méchante. En nous mettant au lit, nous avons abordé la question du baiser. Elle n'en revenait pas que non seulement je n'aie jamais été embrassée, mais qu'en plus personne n'ait jamais essayé de le faire ! Z et moi sommes uniques, on dirait. Ce qui m'amène à penser que j'aimerais annoncer à mon futur mari qu'il est le premier, mais cela sera-t-il vrai ? Je ne sais toujours pas à quoi je dois ça : D pense que je suis distante et que je donne l'impression d'être guindée. Tout comme moi, PE parle aux hommes sans jamais les encourager à se rapprocher, sauf qu'elle a à sa suite des gens qui veillent sur sa carrière, ce qui n'est pas mon cas. Je disais autrefois que je ne pourrais jamais vivre sans amour, mais j'ai tellement oublié ce que c'est que ce n'est peut-être plus vrai.

Jeudi 18 novembre

Je suis allée à la leçon de dessin et j'ai appris que Mrs Cox était souffrante, si bien qu'avec PM on a dû se débrouiller et faire nos affiches toutes seules. J'adore être avec elle. Elle m'a dit que PE était partie à Badminton[1] pour sa première chasse. Merveilleux !

Mardi 23 novembre

Dernier jour de ma première décennie. Demain, j'aurai vingt ans mais presque comme si de rien n'était. Je ne regrette pas de tourner le dos à ma prime jeunesse. L'an dernier ne fut pas une année heureuse pour moi et celle qui vient sera sans doute meilleure. L'insouciance n'est de toute façon plus de mise. Autant avancer et grandir.

Mercredi 24 novembre

J'ai vingt ans aujourd'hui.

Je n'ai pas beaucoup travaillé, mais c'était un jour comme un autre et j'ai même pris le thé toute seule. Christie est arrivée juste au moment où je partais. Elle m'a donné son cadeau à D et à elle : deux paires de knickers en laine d'Écosse blanche ! Puis D est descendue, folle de rage, car je n'avais pas fait la lessive de l'après-midi. Eliz lui a tendu le cadeau pour

---

1. Badminton était et reste le fief du duc de Beaufort dans le Gloucestershire.

que ce soit elle qui me le donne et D me l'a lancé en disant : « Tenez, puisque c'est votre anniversaire, mais il y a des limites ! » Ensuite elle a tourné les talons. Quelle peine j'ai eue ! Je ne pouvais m'arrêter de pleurer bien qu'elles aient toutes été des anges avec moi. Se faire réprimander par quelqu'un de son âge le jour de ses vingt ans pour un simple oubli est ce que moi j'appellerais une « limite », d'autant que je ne supporte pas la malveillance. Je ne lui en tiendrais pas rigueur si elle s'excusait mais elle ne le fera pas, car elle se fiche tout bonnement de mon anniversaire. J'en suis meurtrie. En rentrant, je me suis forcée à l'oublier, elle et le Queensmead, pour me réjouir de mes cadeaux, le plus beau de tous étant une paire de boucles d'oreilles en diamant et en perles que m'a offerte Tante M et qui lui vient de Granny.

Liste de mes cadeaux d'anniversaire,
le 24 novembre 1943

Sachet de mouchoirs en dentelle blanche et rose	*P. Elizabeth*
Boucles d'oreilles avec fleur ronde en diamant, perle au centre et pendentif de diamants	*Tante M*
Petite boîte ronde en écailles de tortue avec motif peint sur couvercle verni	*Grand-Père*
Très vieille édition des romans de Jane Austen à reliure de cuir bleu, rouge et or	*Papa*
Housse de bouillotte en satin vert clair	*Sonia*

Plusieurs animaux miniatures en verre	*Annabel*
Petits vases en vieille porcelaine blanche à fleurs	*Ursula*
Photo d'elle en robe de dentelle blanche	*Zelda*
Charles Ier, saint des artistes (livre)	*Miss Drummond*
Houppette à poudre	*Margaret Elphinstone*
Dé à coudre jaune	*Billy*
Deux paires de knickers en laine blanche	*Christie et Drusilla*
Bons d'achat de livres	*Mrs Pearson (du QM)*
The Corner Stones (livre)	*Kenchington (du QM)*

Jeudi 25 novembre

Messe à neuf heures et communion. Drusilla a appelé pour me souhaiter bonne chance, si bien que j'en ai été touchée et lui ai pardonné. Écrit les cartons de table et déployé mes cadeaux. Les domestiques ont été merveilleux : ils ont sorti l'argenterie, la porcelaine, etc. et ont dressé une table fabuleuse. J'ai commencé à m'habiller dès sept heures : mis ma robe en brocart bleu et or, mon rang de perles, les deux rangs de Tante M ainsi que l'une de ses *magnifiques* broches en topaze rose sertie de diamants, avec filigranes en émail blanc et vert et perles, et pendentif de perles. La princesse Elizabeth est arrivée un peu après huit heures. Nous étions douze en tout, dont Margaret Elphinstone, Joan et Jackie Philipps. Nous avons eu un dîner succulent composé de soupe de céleri, faisan, soufflé au chocolat, pommes, confiseries et un gâteau surmonté de vingt bougies rouge et blanche. PE était assise près de Grand-Père. C'était la première fois qu'elle sortait dîner et elle a trouvé formidable que ce soit pour venir chez moi. Quel honneur pour nous ! Elle était ravissante dans sa robe de mousseline jaune clair, très simple, avec ses perles et ses étoiles de diamant de part et d'autre de son cou. Elle s'était très joliment maquillée et avait cette grâce si particulière qui n'appartient qu'à elle. Après le dîner, je lui ai montré mes cadeaux tandis que les hommes étaient toujours dans la salle à manger. Elle m'a offert les plus beaux mouchoirs parfumés en dentelle rose et blanc. Une splendeur ! On a commencé à faire des jeux avec du papier et des crayons, puis des charades, et on a beaucoup ri. Elles sont reparties vers minuit moins le quart, donc j'imagine qu'elles se sont bien amusées. Il n'y a eu aucun temps mort. Je suis allée me coucher sur un petit nuage et me souviendrai longtemps de cette soirée : tout a été conçu selon mon idée et tout s'est déroulé comme dans mes rêves. Ça n'aurait pas pu être *plus* réussi et *tout le monde* était content : Grand-Père et Tante M étaient si gentils. Papa aussi a apprécié. C'était vraiment un très joyeux anniversaire.

Jeudi 2 décembre

Bicyclette, Château, dessin, sauf qu'il n'y avait personne ! Mrs de B *pensait* me l'avoir dit la semaine dernière. PE m'a cependant proposé de rester, ce qui était formidable puisque je suis allée voir les répétitions de la pantomime. Je pense que les princesses devraient au moins s'abstenir de *toucher* les enfants de l'école : être avec eux pour chanter le refrain, c'est déjà trop, mais quand je pense que PE et l'horrible petit garçon qui joue la mère d'Aladdin doivent se tapoter le dos et se tenir les bras ! Comme dit Z, seul Mr Tannar peut oser mettre en scène de telles familiarités. Ensuite nous sommes sorties un peu avec Monty, qui est là pour un mois, le temps que Crawfie se rétablisse. Me suis rafraîchie dans la chambre de PE avant d'aller prendre le thé avec la Reine dans son salon. Longtemps que je ne l'avais vue. Elle a été adorable, à me dire comme Lilibet avait apprécié ma soirée d'anniversaire. Margaret E était là et je n'en suis pas revenue de l'entendre appeler la Reine « Peter », qui est son surnom dans la famille. Je pense vraiment qu'elle devrait l'appeler Tante E, ou même Madame, en public. Elle a tellement de chance de recevoir des baisers de la R, un de mes rêves, d'être traitée comme un membre de la famille et de participer à des événements publics que rien n'égale selon moi !

Vendredi 10 décembre

Commencé à m'habiller à six heures et demie. J'ai de nouveau mis ma robe de brocart et la broche de Tante M en topaze, mais cette fois, je l'ai accrochée à une chaîne en or, puis, après dîner, j'ai enfilé mes longs gants. Suis passée prendre Zelda, les Crichton et Sarah Dashwood sur la route du Château. Attente comme d'habitude dans la Green Drawing Room. Le R avait la grippe et n'est pas venu. La Reine était en noir comme au mois de mars, PE en mousseline jaune et PM en dentelle blanche. Retrouvé des tas d'amies mais seulement quelques jeunes gens de ma connaissance, dont la plupart sont trop verts pour bien danser. Presque tous sont à l'étranger désormais. Mais c'était magnifique et il y a eu assez de valses pour me faire plaisir (et *bien trop* pour faire plaisir aux autres). J'ai très agréablement dansé et dîné avec l'un des jeunes gens de la Maison royale. Il m'a dit qu'il était très soulagé d'entendre enfin quelqu'un de jeune avouer qu'elle n'aimait pas le jazz, ce qui m'a fait plaisir. J'ai dansé une paul-jones avec David Milford Haven[1], mais je ne l'aime pas beaucoup. Je me demande parfois si je me marierai jamais, étant donné le peu de succès que j'ai, mais je sens que oui. Malgré tout, je me suis autant amusée que l'an dernier et ma robe m'a ravie. Tout s'est fini à trois heures et quart : on a pris un dernier souper avant

1. Le marquis de Milford Haven troisième du nom, David Mountbatten, était le cousin du prince Philip (famille maternelle) et de Myra Wernher. Les princes de Battenberg ont anglicisé leur nom en Mountbatten et se sont adjoint le titre de Milford Haven en raison du sentiment anti-germanique causé par la Première Guerre mondiale.

de serrer la main à la famille royale et de nous retirer.

Samedi 18 décembre

Zelda et moi avons couru nous changer après le déjeuner et sa mère nous a emmenées en voiture au Château pour voir la pantomime. Nous avions de bonnes places, au second rang. Le R et la R sont venus avec la duchesse de Kent, belle comme une apparition, toute de noire vêtue, et le prince Philip de Grèce, qui est devenu bien plus beau et plus mûr que l'an dernier. Il s'accorde si bien avec PE et je n'ai cessé de me demander s'il serait son futur mari. Ce serait pour moi l'événement le plus grandiose qui soit. Elle en serait heureuse et, qu'il soit amoureux d'elle ou pas, je suis certaine qu'il n'y est pas opposé. La pantomime était excellente, en dépit de ce que l'on peut penser. Les princesses jouent et chantent à merveille. Je crois que le R et la R m'ont vue mais n'ont pu me parler.

Mercredi 22 décembre

Les Dashwood ont donné le West Wycombe Park au National Trust : quelle tristesse que ces gens doivent céder leurs maisons à des étrangers alors qu'ils n'ont commis aucune faute ! C'est cependant une triste époque pour nous tous.

Samedi 25 décembre

Bicyclette jusqu'au Queensmead. Tout le monde était à l'église et personne n'a beaucoup travaillé.

Le déjeuner de Noël était *merveilleux* et nous avons toutes bâfré ! Rentrée à la maison à cinq heures. J'ai lu ce que j'avais écrit dans mon journal le jour de Noël de l'an dernier et me suis souvenue d'une tristesse sans raison particulière. Mais ce soir je suis très heureuse.

Jeudi 30 décembre

À ma grande surprise, Miles Marriott a appelé pour m'inviter au bal du Devonshire le 8 janvier. Il m'a aussi demandé de séjourner là-bas. J'étais immensément soulagée car je m'inquiétais à l'idée de devoir aller sans cavalier et à dix heures du soir de Grosvenor Square à Eaton Square. Mais j'espère ne pas être coincée avec M toute la soirée et pouvoir danser avec d'autres. Ce me serait insupportable et c'est bien pour ça que je préfère *infiniment* me rendre toute seule à ces bals, comme autrefois, pour rencontrer des gens sur place et ne me priver d'aucune possibilité. On n'a alors aucune obligation et c'est bien plus excitant.

Vendredi 31 décembre

J'ai lu lors de chacune de mes pauses à l'hôpital. C'est la dernière page que j'écris ici : je finis l'année comme je l'ai commencée, au Queensmead. Je me demande bien où nous serons l'an prochain. Mais mieux vaut ne pas y penser !

1944

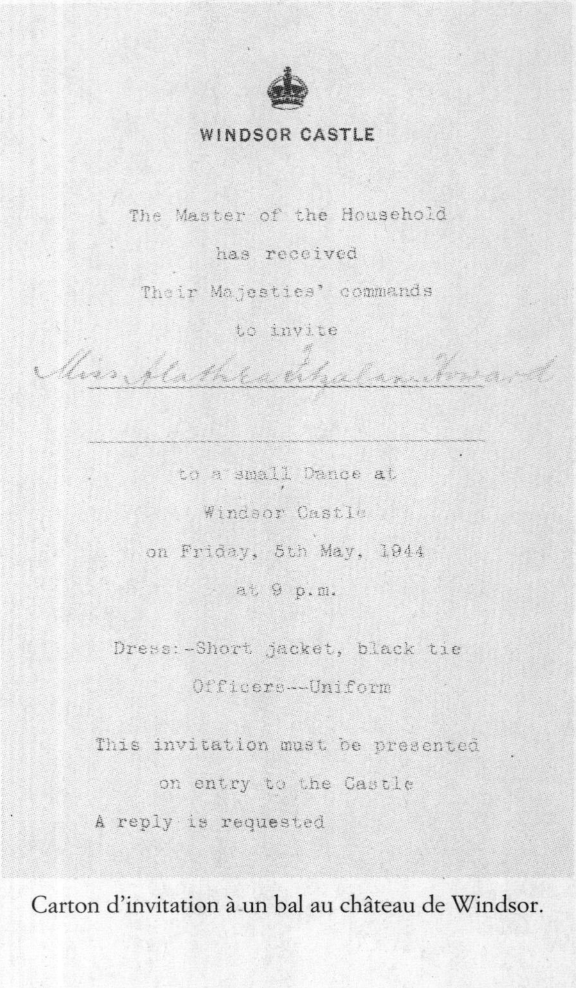

WINDSOR CASTLE

The Master of the Household
has received
Their Majesties' commands
to invite
Miss Alathea Fitzalan Howard

to a small Dance at
Windsor Castle
on Friday, 5th May, 1944
at 9 p.m.

Dress:-Short jacket, black tie
Officers---Uniform

This invitation must be presented
on entry to the Castle
A reply is requested

Carton d'invitation à un bal au château de Windsor.

Queensmead

Samedi 1er janvier

Travail puis, à onze heures, bicyclette jusqu'à l'église pour apprendre que la messe avait eu lieu à dix heures aujourd'hui ! J'étais contrariée de l'avoir manquée, pour une fois que je tiens à y assister ! Je suis quand même restée, le temps d'allumer un cierge et de prier pour que *certaines* des choses que je désire se réalisent cette année. Retour à la maison pour souhaiter une bonne année à toute la famille avant de repartir travailler à cinq heures. Soirées un peu ennuyeuses. J'écris ceci avant de me coucher. Étrange de penser à toutes ces pages blanches qu'il me reste à remplir avec cette année qui commence.

Mardi 4 janvier

Lettre de Maman qui m'apprend que PE a un faible pour David Milford Haven, lequel est amoureux de Bridget Elliott[1] et cherche à se dégager de PE de toutes ses forces tant il la trouve *ennuyeuse*. Cela me peine, car je sais que Maman et ses amies pensent la même chose, sans se soucier de la peine que leurs opinions font aux autres. Personnellement, je doute que PE aime David MH de cette façon et je pense que le prince Philip lui correspond bien plus.

Samedi 8 janvier

Mon congé de Noël commence ce matin. Suis allée chez les Marriott à Eaton Place où j'ai passé la nuit. Joué au backgammon avec Miles et, après dîner, j'ai mis ma robe de brocart bleu et or dans laquelle Mrs Marriott m'a trouvée charmante. Miles et moi nous sommes mis en chemin pour le 99, Eaton Square, où avait lieu le bal. La duchesse de Devonshire était adorable, tout comme Elizabeth et Anne Cavendish. Mais robes hideuses. Je connaissais pratiquement toutes les filles mais très peu de garçons, si bien que j'ai dansé avec M *toute* la soirée ! J'en étais si malheureuse que ça m'a gâché mon plaisir de danser car, là encore, je n'ai eu aucun succès. C'est *scandaleux* de devoir danser avec un seul et même partenaire toute une soirée. *Plus jamais* je ne traînerai de cavalier avec moi, même si c'était commode ce soir. Hélas, il n'y a eu aucune danse paul-jones, ce qui m'aurait rendue heureuse, mais beaucoup de valses viennoises qui m'ont fait oublier

---

1. Lady Bridget Elliott était la fille du comte de Minto. Elle se maria trois fois mais jamais à David Milford Haven.

M et me prendre pour l'impératrice d'Autriche invitée à un bal de la couronne britannique dans ses plus beaux atours. Je vais même jusqu'à dessiner ses robes en imagination, car, misérable que je suis, mon bonheur n'existe que dans ma tête. À vingt ans, je n'ai toujours suscité ni l'amour ni l'admiration, ni même *l'amitié* d'un seul homme à part Miles, qui est si ennuyeux et si tiède que je serais ravie de ne plus le revoir.

Dimanche 9 janvier

Petit-déjeuner avec Miles qui, à ma grande surprise, m'a annoncé qu'il m'accompagnait à la messe. J'aurais préféré y aller *seule*. Nous avons marché jusqu'à l'autel devant lequel, avec Miles à mes côtés, j'ai prié désespérément pour qu'il m'arrive certaines choses, dont aimer et être aimée. Mr et Mrs M sont charmants et très drôles. Je savais que je leur plairais comme bru et je suis certaine que M trouvera une jeune fille à épouser qui sera gentille et qui le méritera. En rentrant, Tante M m'a demandé si j'avais dansé avec M toute la soirée mais j'ai répondu : « Diable, non ! J'ai dansé avec des centaines de gens ! » Je n'ai *pu* dire la vérité à personne, si ce n'est à quelques bonnes amies, car c'eût été trop avouer ma défaite.

Vendredi 21 janvier

Soirée folle au travail. Après souper, j'ai dû me dépêcher pour me changer en vue du concert que nous donnions pour nos invités. J'ai récité un court poème sur l'Angleterre et dansé la highland-fling[1] ! Au beau milieu, il y a eu un raid aérien avec d'énormes rafales de tirs. Nous avons dû fuir sous le feu des balles. C'était terrifiant et glaçant de courir dans la nuit noire tandis que toute la bâtisse tremblait sous les armes qui grondaient tout près, à Queen Ann's Gate. Nous regardions le ciel livide. Le raid s'est terminé et nous avons abattu dix avions.

Dimanche 23 janvier

Messe à neuf heures. Après le petit-déjeuner, je suis allée donner son cadeau à Bet (un sous-main) chez les Barclay. Brian Rootes[2], son fiancé, était là. Je l'ai trouvé très gentil et très beau garçon. Je me demande par moments si je me marierai car je me rends compte que le facteur déterminant, dans *la plupart* des mariages, c'est la *famille* dont on vient. Or la mienne, si j'en ai une, joue en ma défaveur et semble ne m'associer qu'à des êtres ternes et vieillissants. C'est triste car je ferais une si bonne épouse pour celui qui saura me captiver. Jim Lees-Milne[3] et un de ses amis sont venus déjeuner.

---

1. Danse traditionnelle écossaise (NdT).

2. Brian Rootes, le fils de Lord Rootes, devint le second mari de Bet Barclay.

3. James Lees-Milne, qui travaillait au National Trust, était un coreligionnaire et ami de la famille. On le connaît pour ses journaux intimes où, à plusieurs reprises, il évoque ses visites au vieux Lord Fitzalan de Cumberland Lodge.

Mercredi 26 janvier

Elizabeth Anne a aujourd'hui dix ans, l'âge que j'avais quand elle est née. Je lui ai envoyé une broche en or en forme de renard. Dieu sait si elle l'aimera ! Lord Dormer, le frère de Joe qui a essayé de me courtiser, s'est fiancé à Maureen Noel[1] que j'ai connue autrefois. Il a quarante ans et elle, vingt-six, et peut-être devrais-je faire comme elle ! Un très gentil garçon, John Grigg[2], a dîné chez nous : *un peu* vaniteux mais intelligent. On a joué au backgammon et j'ai gagné six shillings.

Dimanche 30 janvier

Jour de congé. Comme j'ai apprécié de vivre une vie normale, même une seule journée ! L'un des avantages d'avoir le dimanche comme jour de congé. Me suis changée pour le dîner. Partie de bésigue avec Dick Molyneux[3]. Il a dit que la famille royale serait de retour mardi. Il a dit aussi que lorsqu'il a demandé à Lord Linlithgow[4] ce qui le frappait ici après cinq ans aux Indes, celui-ci a répondu : « L'*expérience* que le Roi a acquise avec la guerre. » Très bonne nouvelle.

---

1. Lady Maureen Noel était la fille du comte de Gainsborough.

2. John Grigg, plus tard le baron Altrincham, était un grenadier. Il est ensuite devenu journaliste et historien. Il a critiqué l'élitisme de la cour. C'était le parrain du neveu d'Alathea, Sir Philip Naylor-Leyland.

3. Dick Molyneux était écuyer auprès de la reine Mary.

4. Lord Linlithgow était le précédent vice-roi des Indes.

Jeudi 3 février

Bicyclette jusqu'au Queensmead. J'ai eu mal à la gorge toute la semaine et j'ai toussé. Mais je n'ai pas pris froid. Aujourd'hui, je me sens malade et usée par l'éternel retour des tâches ménagères. Je pourrais parfois étrangler tout le monde ici.

Jeudi 10 février

PE ne suit pas les leçons de dessin ce trimestre car elle ne se trouve pas douée et préfère prendre plus de leçons de musique. La vérité, c'est qu'elle est découragée par les facilités de sa sœur, et à présent qu'elle a *moins* de temps libre, elle préfère se consacrer à une discipline où elle excelle. Crawfie a dit que PM serait déçue si je ne venais pas et a proposé qu'on se retrouve pour le thé. C'est très gentil à elles de me solliciter et j'espère que PM ne va pas arrêter le dessin pour faire comme sa sœur ! Elles m'ont aussi conviée à un thé des officiers mercredi qui sera sûrement très plaisant. Je repars vers le Queensmead le cœur joyeux mais en me demandant comment réussir à tout caser. Toujours un sacré problème !

Samedi 12 février

Drusilla m'a demandé aujourd'hui pourquoi je n'arrivais pas à être aussi naturelle avec les hommes qu'avec les femmes. Elle a dit que je ne leur parlais pas de la même façon. J'en ai été remuée, bien qu'au fond je l'aie peut-être toujours su. C'est la raison pour laquelle je n'attire pas les gens, les hommes n'aiment ni me parler ni me fréquenter ! Et cependant que puis-je y faire ? Je n'en suis pas consciente mais c'est juste que je ne sais jamais trop quoi leur dire puisque je n'ai ni frères ni cousins. De plus, nous menons une existence anormale ces temps-ci, sans festivités ni vie sociale continue qui nous rapprocherait. Il n'y a pas à s'étonner qu'on grandisse bizarrement. C'est très triste et je suis condamnée à devoir constamment faire des efforts avec les autres. La vie me sera toujours difficile à cause de ma manière de voir et de me détacher de la réalité. Pourtant je pense que tout finira par s'arranger.

Lundi 14 février

Travail toute la journée, puis me suis dépêchée d'attraper l'autobus pour le Château où j'ai vu les princesses et Margaret Elphinstone. Elle y passait la nuit, avec quelques autres dont les Philipps, et une amie russe de la duchesse de Kent, très amusante, qu'ils appelaient tous Zoia[1]. Nous étions quinze en tout. Merveilleux thé. Puis nous sommes allés dans la Red Drawing Room pour faire des charades endiablées : Michael Farebrother[2] s'est déguisé en pasteur à l'aide d'une nappe qu'on a trouvée dans la salle à manger et d'une serviette qu'il a nouée autour de son cou !

---

1. Zoia Poklewska-Koziell, fille du baron de Stoeckl, vivait à Coppins Cottage situé dans le parc de Coppins, la demeure des Kent.

2. Le capitaine Michael H. Farebrother était un grenadier.

Mardi 22 février

Lu dans le *Times* que Rupert Nevill s'était fiancé à Camilla (dite « Micky ») Wallop[1]. Il se trouve que Rupert a dîné chez nous ce soir et, à ma grande joie, qu'il m'a invitée au mariage, le 22 avril. C'est l'un des jeunes gens les plus charmants que je connaisse. Elle n'est pas du tout jolie mais elle a le charme des gens petits de taille tout en gestes vifs, comme ceux d'un oiseau, ce à quoi il doit être sensible. Je l'envie tellement : elle doit être si heureuse à l'idée de devenir une femme mariée alors que toutes ses amies en sont encore à taper aux portes sans espoir de trouver le mari idéal. Je me demande quand même bien comment elle a fait.

Jeudi 2 mars

Bicyclette, dessin, après quoi nous sommes sorties avec Toni et avons fait des concours de crachat dans le lac de Frogmore ! PM était incontrôlable une fois sur place : elle peut être si jeune et si puérile, pas du tout comme PE, mais elle est irrésistiblement drôle. PE était à Londres aujourd'hui : c'est triste car je ne la vois plus depuis que sa vie lui appartient de moins en moins.

---

1. Lord Rupert Nevill était le plus jeune fils de la marquise d'Abergavenny. Lady Camilla Wallop, toujours surnommée « Micky », était la fille du comte de Portsmouth.

Vendredi 3 mars

J'ai oublié de mentionner hier que Toni m'a parlé d'une conversation au dîner durant laquelle on se demandait qui, parmi les grands maîtres, aurait dû peindre qui, et où Mr Kelly[1] a dit que moi j'aurais dû être peinte par Vélasquez. J'imagine que c'est plus flatteur que Gainsborough, même si je préfère ce dernier. J'aurais aimé être peinte par Angelica Kauffmann[2] ou lui, bien plus que par Reynolds.

Jeudi 9 mars

Me suis changée après le déjeuner, puis bicyclette, Château, dessin. Je suis ensuite sortie me promener une demi-heure avec PE. C'était la deuxième fois seulement que je le faisais mais Crawfie a jugé que c'était une bonne idée. Elle a été si gentille. Elle m'a dit que la duchesse de Kent l'avait emmenée déjeuner au Claridge la semaine dernière, un endroit qui l'a *fascinée* car elle n'était jamais allée dans un hôtel auparavant. Elle m'a invitée à un goûter lundi et à une chasse au trésor, exactement *le même* jour que cette réception *atroce* au Queensmead mais que je ne peux manquer sous *aucun* prétexte. C'est effrayant de devoir faire passer la Croix-Rouge avant la monarchie

1. Gerald Kelly qui deviendra Sir Gerald Kelly était président de la Royal Academy. Célèbre portraitiste, il passa les années de guerre au château de Windsor.

2. Angelica Kauffmann était une artiste suisse qui devint célèbre dans le Londres de la fin du XVIIIe siècle comme cofondatrice de la Royal Academy.

mais c'est pour moi le symbole de ce nouveau monde auquel nous *devons* nous plier. J'aurais pu pleurer de fureur et de déception car c'est difficile, mais pour me consoler, PE m'a conviée à venir voir un film samedi.

Samedi 11 mars

Journée très chargée dont j'ai pu m'abstraire à cinq heures pour aller au Château où je suis arrivée en avance ! J'ai dû traîner dans les parages ! Ensuite, on m'a fait attendre dans St George's Hall avant de m'emmener voir le film.

Le R et les princesses étaient là, mais pas la Reine. Le R m'a serré la main. C'était un film avec Tommy Handley, intitulé *Time Flies*, que je ne m'attendais pas à aimer, mais à ma grande surprise, je l'ai trouvé amusant avec ces gens qui voyagent dans une machine à remonter le temps, une invention futuriste, et repartent dans l'Angleterre élisabéthaine. C'est un peu absurde mais ça m'a fait sérieusement réfléchir à un avenir qui renouerait avec mon XVIIIe siècle chéri.

Mercredi 29 mars

Maman et Elizabeth Anne sont arrivées à sept heures. EA a *tellement* grandi. Conversation avec Maman qui m'a fait plaisir car c'est précieux de trouver *quelqu'un* qui reconnaît que mon travail est difficile et fatigant !

Jeudi 30 mars

Autobus, Château, dessin. Dernière leçon. Quelques indices m'ont fait penser que Mrs Cox ne reviendra pas le trimestre prochain et que ce serait une autre artiste qui enseignera à PM. Je n'en sais rien mais il se peut que je ne sois pas incluse dans ce nouvel enseignement. Si je le suis, je regretterai Mrs C qui aura été si gentille et si patiente avec moi. Et mes petites esquisses ridicules façon XVIIIe. Je n'aurai jamais le cran de les montrer à un grand peintre de paysages ! Crawfie et moi sommes allées à Frogmore et nous sommes assises dans l'un des bateaux amarrés à la rive. La tristesse m'a submergée à l'idée que l'insouciance des jours partagés avec elles ici était peut-être révolue à jamais. PE n'était pas là. Seule consolation du jour : l'aquarelliste dont m'a parlé Mrs Cox et qui, j'espère, fera mon portrait dans ma nouvelle robe de velours.

Vendredi 31 mars

Trouvé Maman à la maison en rentrant. Elle a été si gentille avec moi cette fois, mais sa présence *ici* me pèse toujours et j'ai hâte qu'elle s'en aille. Elle passe son temps à me demander *le pourquoi du comment*, or je n'ai pas réponse à tout. Elle me trouve démodée à force de vivre ici.

Samedi 1er avril

Bicyclette jusqu'au Château avec EA pour regarder la leçon de danse. PE au lit avec un rhume si bien qu'il n'y avait que PM qui portait une merveilleuse robe en soie et mousseline gris clair, autrefois à sa sœur. Crawfie et elle m'ont invitée à venir voir un film le soir mais j'ai invoqué la présence de Maman pour décliner. Si j'avais été seule, si PE avait été là et s'il n'avait pas fait si froid, j'y serais sûrement allée. Je ne sais quand je les reverrai et, étant donné la déveine qui me poursuit, je n'ose espérer être invitée à son anniversaire. La vie en ce moment est bien morne.

Dimanche 2 avril

EA insiste pour prendre des leçons de peinture à St Giles et, à nous deux, Maman s'est laissé convaincre. J'en suis ravie car elle est douée, et si elle s'y met, elle ira loin.

Mardi 4 avril

Adieux déchirants avec EA qui, lorsqu'elle s'accroche à moi en sanglots, m'arrache des larmes impossibles à contenir.

Dimanche 9 avril

Dimanche de Pâques

Travail de sept à huit, puis retour à bicyclette avant la messe. Épuisant de rester debout si longtemps et sans manger[1] mais j'aime être à la maison où je trouve la joie et le réconfort qui me manquent tant ces derniers temps. Petit-déjeuner avec la famille avant de repartir au Queensmead. Mon seul cadeau : un petit

1. Jeûner toute la nuit avant de communier était alors une obligation pour les catholiques.

sachet de satin mauve rempli de muguet à mettre dans mes chemises de nuit de la part de Tante M, que j'adore. Ceux de Maman et Papa sont en chemin. Le carton d'aquarelles de Miss Cobban[1] est arrivé, qui doit me montrer un échantillon de son travail.

Lundi 10 avril

Ouvert le carton. Ses dessins m'enchantent. Je lui ai écrit aussitôt car j'en attends amusement et distraction. On a si peu de plaisirs en ce moment.

Lundi 17 avril

Très bon article sur PE dans le *Times*. Je nage en pleine confusion mais n'en parle à personne : pourquoi Lilibet cause-t-elle autant de ravages dans mon esprit ? Elle a été la plus grande source de plaisirs dans ma vie ; elle a représenté ce que j'ai vécu de plus heureux et, en retour, je devrais souffrir dès qu'elle m'ignore puisque je ne compterai jamais autant dans sa vie qu'elle compte dans la mienne ? Ces jours-ci, mon désir le plus cher est de participer à ses dix-huit ans, mais je passe par des heures d'angoisse et de silence sans savoir si, à la fin, je serai ou non déçue. Comme il n'y aura aucune célébration officielle et moins que jamais un bal, ce qui se comprend bien, il se peut qu'elle passe cette journée en famille, sa famille au sens large, et qu'elle ne demande pas à une étrangère dans mon genre de partager ce grand jour.

---

1. Rose Cobban était une portraitiste ayant étudié à la Royal Academy School au tournant du XXe siècle.

Mais l'espoir fait vivre, ce trait de la nature humaine qui jamais ne se tarit dans l'existence, parfois même à nos dépens !

Mardi 18 avril

Reçu une lettre adorable de Jim Lees-Milne me proposant d'utiliser sa maison de Cheyne Walk pour des séances de pose quand je le souhaite ! Le plaisir que me donnera ce portrait compensera peut-être le reste : c'est en tout cas la seule chose qui suscite en moi de l'impatience.

Mercredi 19 avril

Montée au Château pour déposer le cadeau de PE. Ils n'étaient pas là et j'ai cru comprendre qu'ils n'arriveraient que jeudi.

Jeudi 20 avril

Soirée au calme. Je ne peux nier que j'attendais un message pour demain mais j'ai réussi à me raisonner. Il est à présent évident qu'ils vont fêter l'événement en famille à Windsor. Elle n'organisera pas de goûter pour ses amies et, si elle le faisait, ou si elle donnait un spectacle ou une pièce pour l'occasion, elle m'inviterait à coup sûr. Or comme je sais qu'ils sont *déjà* allés au théâtre hier à Londres, j'en conclus que demain ce sera strictement *formel.* Je dois me satisfaire de lui avoir offert un cadeau et d'espérer qu'il lui plaise. Mais l'impatience anxieuse de ma famille et de mes amies à ce sujet me rend les choses plus pénibles. Et je ne peux m'empêcher de penser au merveilleux bal qu'ils *auraient* donné à Buckingham Palace s'il n'y avait pas eu la guerre. Bal où je serais peut-être allée déjà mariée et parée de mes plus beaux joyaux.

Vendredi 21 avril

Jour J que j'attendais tellement et sur lequel je comptais tant. Page blanche que je contemplais souvent en me demandant ce qui y serait écrit, et finalement, rien à faire et des heures à remplir en pensant à ma chère princesse à qui je souhaite le meilleur. Lu tout ce que disaient les journaux : elle a été au centre de l'attention et on a décrit son caractère avec justesse. Aujourd'hui, j'ai envié sa nature normale, rationnelle et simple, mais quel contraste entre nos vies familiales ! Au seuil de la vie, à un moment certes peu propice à la gaieté mais pas à l'incessant affairement et aux interludes plaisants, elle ne subit pas comme moi les longs jours qui se traînent et les plaisirs trop minces ces derniers mois. J'ai écrit des lettres puis suis sortie dans le Spring Garden avec mon livre pour m'asseoir au soleil pendant l'heure du déjeuner. Il a fait frais dans l'après-midi, alors je suis rentrée. Trois voitures royales sont venues dire à Grand-Père que le Roi souhaitait le voir. La reine Mary était là et ils ont bavardé un moment. Il était content et honoré de leur visite. J'avais raison : ils ont organisé un déjeuner strictement familial et n'auraient pu envisager autre chose.

Samedi 22 avril

Mis l'immense chapeau marron et le sac vert pâle que les princesses m'ont offerts. Suis allée à St George, Hanover Square, et me suis assise à la droite du marié. C'était un mariage magnifique (celui de Rupert Nevill et de Camilla Wallop). Elle était très mignonne, bien que nerveuse, toute de satin blanc vêtue et d'un voile en tulle attaché à un diadème en perle. La réception avait lieu au Claridge et était très bien organisée. Des nouveaux mariés si attendrissants de jeunesse et de bonheur.

Jeudi 27 avril

Journée splendide et presque estivale. Reçu une lettre de PE qui se terminait par un très gentil « Affectueusement » et par l'annonce du 5 mai ! Je crois que la couverture lui a plu. Elle dit que Rupert Nevill lui a offert un bébé corgi[1]. J'étais si contente, si heureuse ce soir. Les deux semaines qui viennent promettent d'être bonnes avec la perspective d'un bal qui me ravit et que j'attendais depuis si longtemps : je n'ai *pas tellement* apprécié les deux derniers, mais là, je ne sais pas pourquoi, j'ai *complètement* renoncé à l'idée que quelqu'un tombe amoureux de moi sur la piste de danse.

---

1. Ce chiot s'appelait Susan et engendrera tous les corgis qui auront accompagné la Reine jusqu'à la mort du dernier de la lignée, Willow, en 2018, soit soixante-quinze ans et quatorze générations de chiens plus tard.

Mardi 2 mai

Elizabeth Anne est arrivée aujourd'hui. J'ai passé une soirée épuisante avec elle. Elle était de très bonne humeur et elle m'a raconté tous les ragots de Houghton et *tout* ce que Maman dit au sujet de mes goûts qui, selon elle, me viennent de PE. Or c'est faux car j'ai toujours aimé les volants et les jolies choses, même s'il est vrai que j'ai souvent imité les princesses quand nous étions enfants. EA est un reporter très fiable !

Vendredi 5 mai

Travail jusqu'à cinq heures puis retour à bicyclette. Mary Lumley[1] et Sarah Dashwood sont venues prendre leur bain et s'habiller avec moi. J'ai mis ma robe en gaze orchidée, mes souliers de satin bleu ciel, dans mes cheveux une fleur assortie à celles de ma robe et mon collier en aigue-marine. On est passées chercher Zelda et les Crichton avant d'arriver au Château à neuf heures. File d'attente dans la Red Drawing Room, cinq révérences cette fois en présence de la duchesse de Kent qui était somptueuse, bien que plus triste et plus fatiguée que d'habitude. La Reine était encore en noir. PE avait une nouvelle robe d'organdi à carreaux rouges et verts que j'ai trouvée affreuse mais bien coupée. Elle-même était ravissante. La robe de PM était parfaite : toute

1. Lady Mary Lumley était la fille aînée du comte de Scarborough. Ses sœurs et elle, dont Elizabeth dite « Skip », et Anne, étaient des amies de la famille.

d'organdi crème avec une jupe et des manches bouffantes ornées de nœuds en velours vert assortis à celui de ses cheveux. J'ai dansé toute la soirée dont une paul-jones *avec le Roi* alors que je ne m'y attendais pas du tout. Grand bonheur qui a illuminé ma soirée ! Il portait son uniforme de capitaine de marine et nous avons beaucoup parlé. Le souper était exquis bien qu'on m'ait mise à côté de Richard Stanley[1], tellement snob. Quand je me suis enfin débarrassée de lui, le Roi, qui dansait avec Anne Anson[2], est venu s'asseoir sur le même sofa que moi et m'a dit : « Qui *était donc* cet homme avec lequel vous étiez ? » Tout entendu du mariage de Billy Hartington et de la fille Kennedy[3]. Si ce n'est pas dommage. J'ai été surprise de voir combien Elizabeth[4] parlait et s'amusait, elle qui était jusque-là si calme et si pesante. Puis la famille royale s'est dispersée en plusieurs tables. J'étais à celle de la duchesse de Kent. On nous a servi du saumon mayonnaise, de la mousse de volaille, un

1. Richard Stanley était le plus jeune fils du comte de Derby.

2. Anne Anson, qui deviendra la princesse Anne du Danemark, était la fille de John Bowes-Lyon, le frère de la reine Elizabeth. Elle était mariée au vicomte Anson, un colonel grenadier, mais ils divorcèrent en 1948. C'était la mère de Patrick Lichfield, le photographe, et de Lady Elizabeth Anson, connue pour son sens de la fête.

3. Kathleen « Kick » Kennedy était la sœur de John F. Kennedy.

4. Lady Elizabeth Cavendish était la fille du dixième duc de Devonshire. À peu près du même âge que la Reine, elle est devenue dame d'honneur de la princesse Margaret et la compagne du poète John Betjeman.

soufflé blanc à la confiture et du champagne. Nous étions cent cinquante, le nombre idéal pour remplir cette salle. On a joué beaucoup de valses, un rêve, et on m'a présentée au frère de Margaret, Andrew Elphinstone, avec lequel j'ai dansé et que j'ai trouvé *follement* séduisant. Rupert et Micky Nevill étaient là. Elle portait sa robe de mariée. Je pourrais encore écrire des pages et des pages sur ce mariage que j'ai *tant aimé.*

Dimanche 7 mai

L'horloge a sonné *six heures* quand je me suis couchée et j'ai dû me lever à sept heures et demie pour aller travailler à bicyclette. Imaginez l'état dans lequel j'ai été toute la journée !

Vendredi 12 mai

Nous avons travaillé frénétiquement toute la matinée et, après le déjeuner, nous avons mis des coiffes et des tabliers propres pour écouter les longues instructions qu'on nous a données. Nous nous sommes mises en rang dans le salon de Mrs Bathurst et la Reine est arrivée à trois heures. Chacune lui a été présentée après les officiers de la Croix-Rouge, auxquels il avait été demandé d'être là. Elle a été charmante avec moi, m'a appelée Alathea, ce dont j'espère des gens comme Mrs Woolcombe[1] se sont rendu compte

1. Mrs Woolcombe était la directrice régionale dont dépendait la branche de la Croix-Rouge pour laquelle travaillait Alathea.

puisqu'ils adorent me traiter comme une moins que rien. La R a pris le thé dans l'entrée et tout le monde a été invité au buffet, mais une fois qu'elle est repartie, tout le monde s'est jeté sur le garde-manger !

Samedi 13 mai

Annabel à Cumberland Lodge la nuit dernière. Formidable de la revoir. Elle est venue dans ma chambre à neuf heures et nous avons petit-déjeuné en bavardant. J'ai lu dans le journal que la princesse Margaret a commencé ses leçons de dessin avec Charles Knight[1]. J'avais donc la certitude de ne pas y être conviée cette fois, mais, étonnamment, je l'ai aussitôt *accepté* en perdant tout espoir : j'ai peut-être enfin appris à manier l'espoir au mieux.

Lundi 15 mai

Annabel est partie ce matin mais j'ai dû aller au Queensmead très tôt. Drusilla m'a demandé quand reprenaient les leçons de dessin. Je lui ai répondu avec naturel mais sans aucune désinvolture parce qu'à trop en faire on trahit ses sentiments autant que si on se confiait. C'est assez satisfaisant de cacher ses peines au reste du monde, de laisser les gens penser que ce qui vous affecte et vous humilie profondément n'a, en fait, aucune importance. En effet, je ne peux prendre vraiment la mesure que ce qui faisait mon bonheur dans la vie s'est à présent volatilisé. J'essaie

1. Charles Knight était un peintre de paysage hautement respecté.

d'assimiler l'idée que PE est adulte désormais et doit arrêter le dessin tandis que PM doit au contraire s'y atteler pour devenir une grande artiste. Rien de plus normal donc que je m'écarte, sans offenser personne, et nulle raison de m'inquiéter. Mais j'ai le sentiment que je ne les verrai plus et qu'elles m'oublieront car elles sont si occupées et si heureuses. Elles n'imaginent pas ma solitude, ni combien je les aime et combien je dépends d'elles. Mais je n'ai pas envie de pleurer pour autant : c'est comme si la vie soudain ne valait plus qu'on s'en fasse, comme si la morne plaine qu'elle est devenue pour moi ne donnait plus prise à aucune perturbation émotionnelle, tant la joie que la peine.

Mardi 16 mai

Jour de congé. Nous sommes tous allés à Londres en voiture. En taxi chez Jim Lees-Milne où auront lieu mes séances de pose. C'est une ravissante petite maison qui surplombe le fleuve. Quand Miss Cobban est arrivée, je me suis changée et j'ai mis ma robe de velours bleu. Elle a commencé à me peindre assise de trois quarts, un bras sur le dossier de la chaise et les mains posées l'une contre l'autre. C'est une petite femme charmante, un peu dans le style de Mrs Cox. J'ai beaucoup aimé cet après-midi paisible et agréable. Rester assise tranquillement pendant deux heures m'a fait tout oublier. Quant à la circulation extérieure, je remontais le temps et j'imaginais chevaux et calèches dans la rue. Le décor du salon aussi, avec ses quatre longues fenêtres et ses murs vert clair, me ramenait à un passé qui éclipsait le présent.

Mercredi 17 mai

Crawfie m'a appelée après le petit-déjeuner pour me proposer d'aller suivre la leçon de dessin ! Il y aura d'autres élèves, des enfants, mais peu importe puisque mon vœu est exaucé.

Jeudi 18 mai

Travail jusqu'à deux heures, puis bicyclette jusqu'au Château après m'être changée. Trouvé PM, Mary Morshead, Louise Cockcroft et Dawn Simpson[1] assis en rang devant Mr Knight qui leur montrait de petites images. On s'est entraînés à mélanger des couleurs de base. Je pense que ce sera très intéressant mais les autres filles sont assez stupides et le pauvre artiste si timide. C'est un petit homme calme et gentil, à l'allure bohème. Il porte une chemise ocre et ses cheveux bouclent sur ses oreilles. Il ne fait pas peur *du tout*. À quatre heures, PM nous a montré le bébé corgi, Susan. On a piqué la pauvre Carol qui était ma préférée. Ensuite les autres sont parties et on m'a priée de rester, ce que j'ai beaucoup apprécié car je ne savais vraiment pas ce qui allait se passer. Je me demande pourquoi les autres sont là puisque PM ne les fréquente *qu'à cause de la guerre* et n'en a pas grand-chose à faire. Nous sommes sorties avec Toni

1. Tous des enfants de la Maison royale, ou qui vivaient à Windsor.

voir les poneys, puis rentrées pour le thé : PE était à sa leçon de musique. J'étais si heureuse de la revoir et le thé fut un moment si joyeux. Pour la première fois, je l'ai appelée « Madame » !

Vendredi 19 mai

Lettre de Brita qui se morfond toute seule à Dartmouth et se plaint d'être traitée comme une domestique.

Lundi 22 mai

Travail toute la journée, puis me suis changée. Mis ma jupe marron et mon corsage jaune clair. Bicyclette jusqu'au Château où j'ai vu les princesses. Retrouvé les autres dehors, les Philipps, Michael Farebrother, Wing Commander Townsend[1], le nouvel écuyer du Roi, tous très gais. On s'est entassés dans la voiture tirée par deux grands chevaux gris, avec les paniers de denrées, et on s'est acheminés vers le Royal Lodge sous les yeux de la Reine à sa fenêtre. On s'est promenés au jardin jusqu'à l'heure du thé qu'on nous a servi sur une longue table disposée dans l'herbe, devant la terrasse. On a grandement fêté l'anniversaire de Jackie avec un gâteau nappé de chocolat. Ensuite, nous avons joué aux charades par équipes de deux ou trois, et le temps a filé. C'était joyeux et informel mais absolument digne, ce qui n'est pas le

1. Peter Townsend, héros de la RAF et écuyer du roi George VI en 1944, voudra plus tard épouser la princesse Margaret.

cas des réceptions de nos jours, toujours un peu sordides. Puis nous sommes rentrés nous préparer pour le dîner qui a été servi dehors à huit heures, un repas froid et *délicieux* : feuilletés de saucisses, petits pâtés de homard et terrines, asperges, sandwichs, soufflés à la confiture, boissons froides, fraises à la crème et café. Ce fut de nouveau pour moi une fête champêtre* à l'ancienne, quelque chose d'unique et de retenu qui se distingue de ce monde devenu pressé et bruyant, ce qu'a souligné un officier et qui m'a fait rire. Puis quelqu'un a lancé que le *carrosse* était avancé, ce qui a complété le tableau, mis à part que nous portions des vêtements sombres et ternes et que ce n'était pas l'été ! PE avait un manteau et une jupe à carreaux bleus et verts et une horrible chemise en soie jaune de chez Aertex, et PM, un manteau et une jupe bleu nuit, beaucoup plus jolis. Mais elles étaient si heureuses et si charmantes. Après le dîner, nous sommes allés montrer la Little House aux deux officiers qui ne l'avaient jamais vue, avant de repartir au Château. Quel plaisir de rentrer avec eux car l'un d'eux est un vrai boute-en-train, sans compter les frissons que me causait la traversée du parc à la tombée de la nuit ! On a chanté à tue-tête, de vieilles chansons anglaises et françaises. On a croisé quelques personnes mais aucune n'a reconnu les princesses, vu l'heure tardive, alors que plus tôt dans l'après-midi les gens se retournaient tous sur notre passage ! On s'est quittés au Château et j'ai pédalé jusqu'au Queensmead, sur un petit nuage grâce à cette merveilleuse soirée.

Jeudi 25 mai

Bicyclette, Château, dessin. On a fait des esquisses de pensées, notamment des études de couleur. Ensuite, je suis sortie voir les poneys avec les princesses et Toni. Journée grise et venteuse. PE m'a emmenée dans sa chambre pour nous débarbouiller et me montrer ses cadeaux d'anniversaire : un magnifique bracelet en diamant et saphir de la part du Roi, une montre-broche en diamant et rubis qui m'a énormément plu, de la part des Beaufort et des Cambridge. Elle m'a dit aussi que la reine Mary lui avait offert un bracelet et un collier ; le roi de Norvège[1], une malle et une petite tiare en diamant.

Vendredi 26 mai

Suis allée à Cheyne Walk pour ma séance de pose dans la maison de Jim. Ce portrait me ravit. Miss C m'a dit que les gens à qui elle l'avait montré lui ont tous dit que je ne ressemblais pas aux filles d'aujourd'hui, mais qu'ils n'ont pas précisé à quelle époque ils me situaient. Rien n'aurait pu me faire plus plaisir, mais c'est tout de même la preuve que je suis en décalage par rapport à ma génération.

Samedi 27 mai

Travail jusqu'à deux heures. Me suis changée en vitesse. Mis ma robe en soie aux imprimés bleus et

1. Le roi Haakon était en exil en Grande-Bretagne durant la guerre.

mon petit chapeau de paille marine. Grand-Père et moi sommes allés assister au concours hippique en voiture, dans Home Park. PM conduisait un attelage tiré par des poneys. Toute la famille royale était présente, dans une loge un peu à l'écart de là où nous étions assis. Drusilla est venue se coller à moi, ce qui m'a rendue folle. PM a gagné la coupe puis PE a conduit Hans, le poney crème norvégien, depuis un phaéton ayant appartenu à la reine Victoria et au fond duquel était accroupi un petit garçon d'écurie avec un haut-de-forme. Un attelage parfait ! J'étais très heureuse qu'elle remporte le premier prix.

Jeudi 1er juin

Grand-Père a aujourd'hui quatre-vingt-neuf ans. J'ai pédalé jusqu'au QM à huit heures et demie, me suis changée après le déjeuner et suis partie à la leçon de dessin. PE m'a dit que trois VAD avaient fait de l'auto-stop pour voir le concours hippique et que le duc de Beaufort les avait fait monter dans sa voiture. Puis quand le Roi et la Reine en ont entendu parler, ils les ont retenues à dîner au Royal Lodge et invitées à dormir au Château, afin qu'elles puissent rentrer avec le duc au matin et ne pas avoir à refaire de l'auto-stop en pleine chaleur. Elles étaient ravies et je les comprends ! Victor Canning[1] a été tué en Italie : c'était l'un des plus gentils officiers qui soit venu ici, et je me souviens très bien qu'à un bal au Château

1. Victor Canning, le plus jeune fils de Lord Garvagh, était un autre grenadier.

nous étions tombés d'accord sur le fait que nous préférions les salles éclairées à la bougie. Quelle triste nouvelle.

Lundi 5 juin

ROME A CAPITULÉ !

J'ai appris la nouvelle en arrivant au QM ce matin à huit heures. La ville elle-même en ressort indemne, ce qui relève de la grâce divine.

Mardi 6 juin

Ce matin à l'aube, nos forces ont débarqué en Normandie et la longue invasion tant attendue a *enfin* commencé. Mon jour de congé. Je suis allée à Cheyne Walk. J'ai déjeuné à la Whistler House avant de rejoindre le numéro 104 pour ma séance de pose. J'avais une heure d'avance, si bien qu'après m'être changée j'ai feuilleté les merveilleux livres d'art et d'architecture de Jim. Puis retour à la maison où, à neuf heures, j'ai écouté le discours du Roi : un peu plus hésitant que d'habitude, n'a pas arrêté d'appeler à la prière. Les nouvelles étaient bonnes. Première ville où nous avons débarqué : Caen. Quelle joie de vivre ce jour grandiose à la maison !

Jeudi 8 juin

Dessin après le déjeuner. Séance formidable aujourd'hui : Mr Knight et nous toutes nous connaissons mieux et, à nous cinq, on fait des choses extrêmement variées et amusantes. Sortie avec PE et Toni voir les poulains. PE m'a raconté comme le Roi avait souffert tout le week-end en attendant le débarquement, puis vingt-quatre heures de plus puisqu'il avait été repoussé de dimanche à lundi soir. Elle a aussi évoqué l'insomnie de la Reine qui a passé toute la nuit de lundi à regarder les avions. Elle, PE, *heureusement*, ne se doutait de rien. Nous avons pris le thé et beaucoup ri aux imitations de Crawfie.

Samedi 10 juin

Journée de travail frénétique. Reçu une invitation à un cocktail de la part de Jean Wills[1], la sœur de Margaret Elphinstone, qui vit à l'Adelaide Cottage. C'est ce samedi et j'ai hâte d'y aller.

Jeudi 15 juin

Travail jusqu'à deux heures, puis bicyclette, Château, dessin. Nous étions pour la première fois dehors aujourd'hui, et avons fait des esquisses de la vue sous la terrasse. PE nous a rejointes avec Miss Lander, son professeur de musique, et nous avons pris le thé sur l'herbe. PE a dit qu'elles iraient à la réception de Jean Wills samedi.

Vendredi 16 juin

Raid aérien hier soir de minuit à dix heures ce matin ! Une bombe a détruit une auberge près d'Old Windsor, sans doute envoyée par un avion sans pilote. Les tirs ont cessé à cinq heures du matin mais nous sommes restés au lit.

---

1. Jean Wills était la nièce de la reine Elizabeth.

Samedi 17 juin

J'ai mis ma robe en voile verte, mon manteau marron et j'ai enfourché ma bicyclette pour arriver à la réception de Jean Wills à six heures. Beaucoup de monde, tous assez jeunes. Le Roi et la Reine sont venus avec les princesses, la duchesse de Kent ainsi que le prince Bernhard des Pays-Bas[1] accompagné de son adorable chien, un sealyham terrier. Par chance, il faisait beau mais point trop chaud et nous avons pu rester au jardin envahi de roses grimpantes. Nous avons pris des rafraîchissements et la Reine est venue me serrer la main. Tout le monde est reparti vers huit heures. J'avais l'espoir que quelqu'un m'invite à dîner mais, comme personne ne l'a fait, je suis rentrée à bicyclette en longeant Frogmore. Une horrible mélancolie s'est abattue sur moi : les autres ont tous l'air de s'aimer quand moi je suis seule. Je suis toujours seule. Si je m'identifie aux autres familles, c'est seulement pour me rendre compte que je n'en fais pas partie et que je reste une laissée-pour-compte, une spectatrice qui regagne toujours sa solitude. Mais, même seule, je m'apaise en me promenant dans ce havre de paix où j'ai été plus heureuse que partout ailleurs. Le soir y était doux et tranquille. J'ai observé les tombes du Mausoleum[2], suis allée près du lac et ai pu me repaître de cet endroit reposant et sans égal.

---

1. Le prince Bernhard était le mari de la princesse et future reine Juliana. Il travaillait pour le renseignement britannique.
2. Le caveau de la famille royale depuis 1928.

Lundi 19 juin

Nuit dernière très perturbante : alertes incessantes, effroyables bruits des avions-robots, tirs stridents et explosions menaçantes qui ont fait trembler la maison. Sans arrêter de penser qu'à Londres c'est encore pire. Il paraît que la Chapelle royale militaire a été frappée hier pendant l'office alors que j'ai tant d'amis qui s'y rendent : Mr et Mrs Marriott, par exemple. Seigneur ! Quel atroce massacre ! Sinon les nouvelles sont plutôt bonnes : les Alliés ont coupé à travers la péninsule de Cherbourg et sont à six miles de Saint Lô, plus au sud.

Mardi 4 juillet

Rentrée à temps pour le thé et Maman déjà arrivée. Avant le dîner, je lui ai montré mon portrait et, à mon grand étonnement, elle l'a trouvé admirable tout en disant qu'il était flatteur, ce avec quoi je ne suis pas d'accord. Elle dit qu'il me donne du sex-appeal alors que je n'en ai aucun. Le plus triste, c'est que maintenant je sais que c'est vrai. Maman dit que c'est à force de vivre avec des personnes âgées et de me tenir à distance de ces choses, des jeunes gens en particulier. Je me rends compte que vivre ici m'a peut-être plus modifiée que je ne le pense : d'abord, parce qu'ils se réclament d'un monde perdu, révolu, et, parce qu'auprès d'eux j'ai plus de succès qu'auprès des jeunes.

Mercredi 5 juillet

Juste avant de quitter le travail, j'ai vu une bombe tomber près de la maison. Je n'en avais jamais vu d'aussi près. Maman est venue à ma rencontre et nous avons discuté dans sa chambre jusqu'à l'heure de dire notre chapelet. Elle m'a donné un petit poudrier que quelqu'un lui a rapporté de Bayeux. Incroyable d'avoir un tel cadeau au milieu des batailles !

Vendredi 7 juillet

Une bombe est tombée sur la gauche de Copper Horse et, ce soir, de notre côté. Elle a brisé des vitres au Royal Lodge et a causé une terrible explosion au Queensmead. J'ai fait un détour à bicyclette en rentrant pour voir : heureusement qu'elle est tombée dans un champ sans blesser personne.

Samedi 8 juillet

Je suis allée voir un film au Château : *Heureux Mortels* de Noël Coward, formidable. Il y avait le R, la R, les princesses et le prince Philip de Grèce. J'étais assise derrière lui et PE. Il riait à gorge déployée pendant le film et le R faisait des commentaires à haute voix sur sa visite en Normandie qui étaient très drôles. PE devait être aux anges. Je lui souhaite un grand bonheur. Joan Philipps m'a priée de venir dîner avec elle en rentrant, ce que j'ai fait. Elle était seule et nous nous sommes nous-mêmes préparé à dîner mais au moment de m'en aller, la sirène a retenti. J'ai attendu un peu puis suis partie. J'étais anxieuse. J'arrivais sur la route quand j'ai aperçu la queue de ces engins tout illuminés dans le ciel en train de faire feu près de la maison ; j'ai quitté la route mais, à mon grand effroi, *un autre* fonçait au-dessus de moi. Je me suis réfugiée dans les écuries où j'ai compris que finalement ils filaient sans lâcher de bombes. Mais quelle *terreur* d'être *seule* dans la nuit sous les flammes de ces dragons qui zébraient le ciel avec personne à l'intérieur !

Mardi 11 juillet

En parcourant le *Times* avant le petit-déjeuner, j'ai vu que Lady Mary Palmer[1] a été nommée dame d'honneur de PE. Mes sentiments en ont été meurtris mais je me suis forcée à paraître gaie toute la journée. La vie en ce moment est terne et décevante. Je dois m'obliger à regarder les choses en face : Lady MP serait inapte à effectuer son devoir de guerre en travaillant à plein temps, bien qu'elle n'ait que vingt-trois ans, et ils ne peuvent pas éloigner qui que ce soit en ce moment de son travail, mais comme j'aurais aimé qu'ils me le demandent ! Dire qu'ils vont confier cette charge à une personne qu'il y a encore dix jours PE ne connaissait *que de vue* alors que moi j'en rêve depuis des années. Alors que j'ai connu la princesse enfant, quand nous étions si jeunes, mais ce serait encore plus insupportable pour moi s'ils avaient choisi *une autre amie* de PE ! L'avant-dernière semaine, pendant

1. Lady Mary Palmer, fille du comte de Selborne, fut dame d'honneur jusqu'en 1947, puis dame d'honneur suppléante jusqu'en 1949. Elle épousa Thomas Strachey.

la leçon de dessin, PE a dit que MP venait pour le week-end au titre d'*invitée du Roi*. Elle ne comprenait pas pourquoi, à part que c'était la fille de Lord Selborne et qu'elle avait un grand nez, ce qui ne me laisse aucun doute sur sa sincérité. Et, pour ne rien arranger, quand les gens se sont mis à me parler de la nouvelle dame d'honneur, il a fallu que je continue à avoir l'air contente et excitée par la nouvelle. Mais je le prends comme une épreuve que m'envoie Dieu pour mon propre bien, il va sans dire, et ma foi inconditionnelle m'aide à prendre les choses du bon côté. Après tout, elle nommera d'autres dames d'honneur et je peux rester son amie en attendant. Je me suis réveillée dans la nuit (toujours au QM), en me disant d'abord que ce n'était pas vrai, mais j'espère que Drusilla n'a pas remarqué mon insomnie.

Mercredi 12 juillet

Quel que soit l'effort de raison que je fais, voir son ambition et son souhait le plus cher balayés, même temporairement, en lisant le journal par hasard, est un coup dont on peut mettre du temps à se remettre, si bien que pour le moment il n'y a pour moi *ni consolation ni distraction* qui vaille. Je crois savoir que Lady Mary Palmer est une jeune fille *très cultivée*, efficace et travailleuse, et donc bien plus apte à ce poste à tous points de vue qu'une fille aussi frivole, rêveuse, peut-être pas irresponsable mais en tout cas aussi inexpérimentée que moi. Et, rien que d'y penser, j'en *souris*.

Jeudi 13 juillet

Jour de congé. Château, dessin. À la fin de la leçon, la Reine a voulu qu'on lui montre tous nos travaux du trimestre. Elle a aimé mes cerises et a été charmante. Ensuite, j'ai dû attendre dans le salon de PE pendant qu'elle se préparait et me parlait dans l'autre pièce. Je lui ai demandé si elle avait apprécié le week-end passé et elle a répondu qu'il était venu sans prévenir et que, oui, elle en avait été très heureuse. Nous sommes reparties au C. Lodge en voiture où nous avons pris le thé puis joué au démon volant et à des jeux sur papier avec Tante M, pendant que Crawfie et Grand-Père bavardaient. PE m'a demandé si je connaissais Mary Palmer en m'avouant qu'elle ne l'avait jamais vue avant la semaine passée mais qu'elle avait l'air gentille, bien qu'un peu inquiétante. Tout était amical et gai entre nous, et bien plus fluide qu'avec beaucoup d'autres gens que je connais. PM est amusante et douce, et a même dit « Tante Magdalen », sans doute pour m'avoir entendue le dire !

Jeudi 20 juillet

Dernière leçon de dessin, hélas. Suis sortie marcher avec les princesses et Crawfie. PE plutôt de méchante humeur aujourd'hui, silencieuse et dans ses pensées. Elle est comme le R de ce point de vue, très différente de PM, qui virevolte de l'une à l'autre pendant qu'on marche, nous prenant les mains, glissant son bras sous le nôtre, tout en bavardant et en nous racontant les dernières blagues qu'elle a entendues. Il est normal que PE ait de temps en temps envie d'être seule et je ne peux que compatir. Elle était déjà plus en forme pendant le thé et m'a demandé de réserver mon jeudi soir sans pouvoir m'en préciser la raison. Je suis repartie au QM contente. Voici au moins qui éclaire un peu mon été. Les informations ce soir ont révélé qu'un attentat contre Hitler l'avait blessé, ce qui nous a mises en joie.

Vendredi 21 juillet

Les officiers de l'armée allemande se sont révoltés contre Hitler ! Grands remous, mesures drastiques pour étouffer la révolte, *rumeurs* de guerre civile, mais en réalité *personne* ne sait rien. Aucune fuite ne filtre du pays. Mais l'espoir est là et c'est déjà bien.

Mardi 25 juillet

Le Roi est en Italie, passant les troupes en revue. Il a atterri près de Naples après avoir survolé et atterri en Afrique du Nord. La princesse Elizabeth agit pour la première fois au titre de conseiller d'État[1].

1. La princesse Elizabeth devint éligible au statut de conseiller d'État à l'âge de dix-huit ans. On en nomme six lorsque le souverain est à l'étranger, dont deux qui travaillent en tandem. Les six plus âgés sont en ligne de succession pour le trône. À cette occasion, les autres furent la reine Elizabeth, le duc de Gloucester, la princesse royale et le prince Arthur de Connaught. La princesse Elizabeth agissait en tandem avec sa mère.

Jeudi 27 juillet

Travail jusqu'à trois heures puis rendez-vous avec les Philipps et le reste du groupe au Château. Avons attendu les princesses à la porte Augusta. Crawfie était avec elles et nous sommes toutes montées dans le break pour aller à Maidenhead. Nous nous sommes réparties dans deux canots électriques au Boat Club et avons descendu la rivière jusqu'à Cliveden où nous avons élu domicile derrière un bosquet pour prendre le thé dans l'herbe. Le Château avait tout préparé. Nous avons allumé un feu pour faire chauffer la bouilloire et avons pris place sur des coussins. Le temps avait été décevant toute la matinée et il s'est soudain mis à faire très beau, mais pas assez chaud cependant pour que je regrette de ne pas avoir apporté mon nouveau chapeau de paille ! Je portais ma robe en lin imprimé pour la première fois, avec mon manteau marron. PE avait une robe-chemise en lin fleuri très ordinaire, et PM, une robe en coton rose pas très jolie. Nous avons regagné les bateaux et avons continué un peu au-delà de Cookham Lock avant de faire demi-tour. Quel dommage car ce segment de rivière est magnifique ! Il y avait quelques autres bateaux, mais c'était étonnant comme *personne* ne reconnaissait les princesses alors que celles-ci n'hésitaient pas à regarder dans les yeux tous ceux qui passaient, surtout dans les boucles de la rivière, comme pour se réjouir d'être tout à fait incognito. Cela s'explique sûrement par le fait qu'on ne les *attend* pas à cet endroit et que notre groupe passait assez inaperçu, personne ne portant l'uniforme. Au retour, j'étais assise au fond avec PE et Jackie P, avec lesquels j'ai beaucoup parlé et beaucoup ri. En vérité, nous étions *tous* assez malpolis car nous gloussions au passage des gens. On s'est parfois lancé des cordes d'un bout à l'autre du bateau. De retour au Boat Club, on a délicieusement dîné. Nous étions peu nombreux mais cette fois, tout le monde a reconnu les princesses et leur a fait une révérence. Nous nous sommes ensuite exercés au tir à l'arc sur la pelouse et avons bien ri. Retour ensuite au Château en chantant tout le trajet et arrivée vers dix heures. C'était une bien joyeuse expédition et je me suis beaucoup amusée. Puis j'ai salué les princesses que je ne reverrai pas avant un moment.

Mercredi 2 août

Jour de congé. Elizabeth Anne a pris son petit-déjeuner dans mon lit mais qu'est-ce qu'elle gigote ! Après le déjeuner, nous avons pédalé jusqu'au Queensmead où, au passage, nous avons retrouvé Christie, puis direction les écuries de Clewer. Je n'avais pas monté depuis deux ans et c'était un grand bonheur, même si les chevaux étaient très lents et paresseux. J'ai mis une horrible culotte de cheval grise empruntée aux Barclay et me suis sentie honteuse avec.

Mercredi 9 août

Petit-déjeuner avec EA, après quoi nous nous sommes séparées. Retrouvé une lettre qu'elle a écrite ce matin avant de partir et qui me dit combien elle m'aime, etc., etc. : les mots d'un ange qui me vont droit au cœur.

Jeudi 10 août

Pour l'anniversaire de PM, j'ai acheté chez Sheldon's une très belle affiche, figurant une fille à son rouet, encadrée à l'ancienne. Comme d'habitude, elle me plaît tellement que j'ai envie de la garder pour moi mais c'est si difficile de trouver quelque chose qui lui plaise.

Lundi 14 août

Le frère de Hugh Euston, Oliver FitzRoy, a été tué en Normandie. C'était un si gentil garçon, bien que je l'aie peu connu. Le jeune frère de Robert Cecil a été tué samedi dans un accident de motocyclette.

Mercredi 16 août

Écrit un mot avec le cadeau de PM, que Grand-Père déposera demain à Buckingham Palace. J'espère vivement qu'elle aimera l'affiche. Elle ira très bien dans sa chambre.

Vendredi 18 août

Lettre de Maman avec toutes les règles de conduite à tenir à Blair Drummond[1]. Je dois parler à voix basse et ne pas couiner car cela me dessert. Je dois sourire, rire, m'intéresser à ce qui se passera en Europe après

---

1. Blair Drummond était la demeure de Sir Kay Muir, le parrain d'Alathea.

la guerre et dire que je partirai à l'étranger. J'ai le droit de parler de ma fatigue mais *pas* de gémir au sujet de la morosité de la vie ou d'autres choses. Ainsi Lady Muir me verra comme quelqu'un qui a « de la vitalité et de la valeur ». Son avis est en partie bon et certainement bien intentionné, mais pourquoi devrais-je dire des choses *que je ne ferai pas* ? Et puis elle est *trop* désobligeante. Comme toujours, sa lettre m'a plongée dans une tristesse profonde et m'a gâché tout le plaisir de ma visite. Je devrais savoir désormais que je ferais mieux de ne pas me confier à M : c'était une erreur de me montrer à elle seule et terne, car elle est persuadée que je suis comme ceux avec lesquels je vis. Ce qui me console grandement, ce sont les nouvelles qui continuent à être merveilleuses sur tous les fronts : nous progressons bien dans le sud de la France.

Lundi 21 août
La princesse Margaret a aujourd'hui quatorze ans.

Mercredi 23 août
La matinée a été rude mais quand nous avons appris à une heure *LA LIBÉRATION DE PARIS*, nous étions folles de joie, d'autant que c'est le début de mes vacances. J'ai quitté Queensmead avec un bonheur fou et suis partie prendre le thé à la maison. Pris le train-couchette en première classe pour Édimbourg. J'étais seule dans le compartiment. N'ayant jamais voyagé de nuit à travers l'Angleterre, j'ai trouvé ça fascinant ! J'ai sorti mon dîner et j'ai

fini de manger avant que le train ne démarre, à dix heures moins le quart. J'étais trop fébrile pour bien dormir. L'air était chaud et confiné.

Blair Drummond, Écosse

Jeudi 24 août

Arrivée à Édimbourg à huit heures quinze. J'ai retrouvé Nada Muir et nous sommes sorties de Stirling ensemble. Avec des Russes charmants, le comte et la comtesse Kleinmichel[1] et leur fille de quatorze ans, Sonia, nous avons pris la voiture jusqu'à Blair Drummond où nous sommes arrivés pour le thé. Sir Kay nous a accueillis. Les Kleinmichel revenaient de Balmoral où ils ont séjourné avec la grande-duchesse Xenia, la sœur du Tsar, à qui on a donné une maison là-bas. Ils ont vu la famille royale. La duchesse de Kent et ses enfants passent l'été à Birkhall. Elles portent des robes longues ici et tout est merveilleusement confortable. La nourriture y est excellente. On a joué au backgammon : j'ai joué d'abord avec la comtesse puis avec le comte. Je suis déjà folle de la première et la trouve d'une séduction indicible. Ils ont un fils qui s'appelle Dimitri[2] et je donnerais tout pour le rencontrer, mais, et c'est bien triste, c'est impossible car il combat en Normandie

1. Le comte et la comtesse Vladimir Kleinmichel.

2. Dimitri Galitzine était en réalité le fils de la comtesse, né d'un premier mariage.

dans un régiment britannique. J'ai une merveilleuse chambre, très grande, avec un lit double tout sculpté et plein de dorures, deux sofas bleus et une belle vue. Je ne peux pas dire que j'éprouve une quelconque solidarité avec les VAD qui s'affairent dans la maison alors que j'en étais une il y a deux jours encore !

Vendredi 25 août

Sonia Kleinmichel et moi sommes allées avec son père et Sir K chasser les canards sur l'étang. C'est une enfant exquise. Nous avons tous marché jusqu'au jardin potager et avons mangé des fruits. Il faisait vraiment très chaud. L'air d'ici est fabuleux. L'atmosphère morale y est bien plus stimulante que partout ailleurs où je suis allée. Ils parlent français, russe et anglais à tour de rôle et s'intéressent au monde auquel j'aspire depuis si longtemps et qui me fait si cruellement défaut dans ma vie actuelle.

Samedi 26 août

On est montés dans le van pour aller chasser des grouses dans la lande. Les moucherons qui s'agglutinent sur les crosses sont atroces : ils nous ont presque rendus fous, et en tout cas recouverts de boutons écarlates. Résultat, me voilà disgracieuse à souhait ! Après le thé, j'ai écrit à Papa et à PE pour leur dire combien j'aime l'Écosse.

Dimanche 27 août

Avec Nada, la comtesse, nous sommes allées à la messe de dix heures à Doune. On a chanté des cantiques et j'ai fait les trois grands vœux que je fais chaque fois que j'entre dans une église catholique. J'adore Nada : une des femmes les plus charmantes que je connaisse, si brillante et si intéressante, tout en étant drôle, ingénue et gentille. Je me sens quelqu'un d'autre ici, donnant le meilleur de moi-même, bien plus qu'au Queensmead et à Cumberland Lodge, où rien ne nourrit mes sens. Mais je ne regrette nullement d'y avoir passé la guerre.

Mardi 29 août

Sonia Kleinmichel et moi avons pédalé jusqu'à Doune Castle pour en explorer les *innombrables* remparts et les sombres escaliers de pierre en colimaçon. Mary, la reine d'Écosse, y était autrefois. C'était le fief de son frère, le comte de Moray. Plus tard, quand nous étions seules, Nada a parlé de PE, disant que beaucoup trouvaient dommage qu'on ne l'encourage pas à se cultiver davantage et que *toutes* leurs conversations tournent autour des chiens et des dernières blagues à la radio. J'ai acquiescé car je sais, malgré tout l'amour que je leur porte, que ce n'est pas une famille d'intellectuels. N m'a suggéré d'influencer un peu PE mais elle est d'accord avec moi pour dire que la princesse n'en donnerait le droit à *personne*, hormis à ceux qui y sont naturellement autorisés. Son sens de la royauté nous en tiendrait rigueur et son imperturbable placidité ne la laisserait pas sauter sur les idées en vigueur dans les différents cercles de la société qu'elle fréquente.

Vendredi 1er septembre

C'est à regret que je suis partie ce matin. J'étais si heureuse ici. D'une part, parce que nous étions gais, d'autre part, parce que nous nous intéressions à la situation de l'Europe sans pour autant devoir nous crever les tympans avec la musique moderne, ni parler des night-clubs à la mode, d'alcool ou de jitterbug. En un mot, j'ai pu rester *moi-même*. Je suis arrivée à Houghton à l'heure du dîner.

Houghton, Yorkshire

Samedi 2 septembre

J'ai discuté avec Ming-Ming après le petit-déjeuner, puis petite promenade avec Maman. J'ai enfin reçu (grâce au transfert de courrier) une lettre de PM : très succincte mais gentille, disant qu'elle avait aimé l'affiche et l'avait aussitôt accrochée dans sa chambre à Balmoral où « ça rend très bien ». Les Alliés sont entrés en Belgique et aux Pays-Bas, et la suite ne saurait tarder. Ils avancent à une telle vitesse qu'on n'arrive plus à suivre. Ils ont pris Dieppe et approchent de la côte. Au sud, ils sont à Lyon.

Dimanche 3 septembre

Il y a cinq ans, la guerre était déclarée et j'étais précisément ici. On dirait que c'était IL Y A DES SIÈCLES. La soirée s'est passée tranquillement et j'étais triste de m'en aller.

Lundi 4 septembre
Retour en train. J'étais affamée et épuisée. Tout me semblait irréel comme chaque fois que je reviens ici.

Mardi 5 septembre
Retour à l'uniforme ! J'étais bien contente d'aller au Queensmead avant le déjeuner car j'ai ainsi évité les tracasseries de Grand-Père qui, ce matin, m'a appelée toutes les dix minutes pour des broutilles. J'ai trouvé dur de me remettre au travail. Une grisaille froide s'est aussitôt emparée de moi. Une fois de plus. La vie s'est brusquement figée ainsi que je le redoutais, créant cette impression d'être enterrée vivante ici pendant quinze jours sans nulle part où aller. On a pris Bruxelles hier et on va atteindre l'Allemagne, mais modérons nos espoirs.

Jeudi 7 septembre
Hier la Russie a déclaré la guerre à la Bulgarie et la Bulgarie réclame aujourd'hui l'armistice ! Le monde est fou !

Dimanche 10 septembre
À six heures ce soir, nous avons entendu des tirs au loin qui ont fait trembler toutes les fenêtres et toutes les portes. On nous a dit ensuite que c'était dû à une bataille sur le littoral, entre Calais et Dunkerque.

Vendredi 15 septembre

Papa m'a appelée ce soir. Il regrette que je reste au QM parce qu'il ne me voit plus assez. Son coup de téléphone m'a fait plaisir. Tôt ce matin, nous avons entendu une grosse explosion, et apparemment c'était le nouveau V2, une roquette qu'on ne voit pas arriver. Il paraît qu'il en est déjà arrivé quinze dans le pays et que la Norvège en a livré une à Glasgow.

Dimanche 17 septembre

On a entendu dire que la Hollande avait massivement été envahie par nos forces. On a retardé les pendules d'une heure la nuit dernière, ce qui fait que le noir complet du black-out et le petit jour se sont presque enchaînés ! Enfin, c'est d'une importance assez relative.

Lundi 18 septembre

Lord Harington a été tué. Je suis triste pour toute la famille (les Devonshire) qui doit en avoir le cœur brisé. L'angoisse est, ce soir, maximale à cause d'un black-out très tôt, d'un sentiment de malaise, sans parler de l'affreuse sensation d'avoir les oreilles bouchées après les avoir lavées !

Mardi 19 septembre

Travail toute la journée puis Londres. Horrible humidité ce soir dans le métro que j'ai pris jusqu'à Grosvenor Square où j'ai retrouvé Maman et Elizabeth Anne. On a discuté avant d'aller dîner au *Connaught* avec Grand-Père. Il y avait aussi Papa et

Tante Magdalen. Un vrai dîner de famille ! L'absence me les rend *bien* plus précieux car jamais auparavant je n'avais eu autant envie de les voir *tous*.

Mercredi 20 septembre

J'ai dormi avec EA et lui ai demandé au matin si elle n'avait rien de croustillant à me raconter. Après mon départ de Houghton, Maman aurait dit : « Pauvre A, elle n'est pas séduisante du tout. J'espère qu'elle trouvera un bon mari. » J'en étais très blessée et aussi très fâchée, car je ne savais pas que Maman pensait cela de moi. Mais ça ne m'inquiète pas outre mesure puisque je sais que les autres pensent autrement et qu'elle ne me voit pas sous mon meilleur jour, de la même manière que moi je ne l'admire *pas du tout* quand elle évolue dans son nouveau cercle. Le problème, c'est qu'elle est totalement influencée par ces nouvelles personnes un peu bizarres qui captivent son attention par leur originalité, et que, de ce fait, elle me condamne moi et tout ce qui m'entoure, parce que je ne leur ressemble en rien. Ni moi ni EA, bien qu'elle soit en train de « l'abîmer » à force de l'élever dans ce cercle. Elle aura *des ennuis* plus tard avec EA, même si c'est depuis toujours *sa préférée*. Avec moi, elle fait constamment de nobles efforts mais finit toujours par perdre patience et intérêt. Elle dit qu'ils doivent quitter l'appartement à Noël, ce qui me réjouit car je le déteste, mais elle veut le même en plus grand et dans le même immeuble pour y vivre avec Tante Alathea, après la guerre. Ne se défera-t-elle donc jamais de cette femme ? Je ne serais pas contrariée si Papa ne pouvait payer que la moitié du loyer et n'en tirer aucun bénéfice financier, et si je devais vivre avec elles, j'en serais dévastée. À défaut de me marier, partir à l'étranger serait une si bonne solution. Ainsi Dieu en a-t-il décidé et préfère-t-il que j'apprenne à conduire ma vie dans des circonstances défavorables. Nous avons déjeuné avec toute la famille au *Connaught*, puis je suis allée avec M et P raccompagner EA à la gare de Waterloo (elle repart à St Giles). J'ai peu après quitté Maman qui ne m'a pas embrassée mais seulement remerciée « d'être aussi gentille avec EA ». J'ai bien senti qu'elle n'attendait qu'une chose, partir rejoindre sa bande d'amis.

Mercredi 27 septembre
Entendu à la radio toute l'histoire de notre retraite d'Arnhem, très émouvante et très tragique.

Dimanche 15 octobre
Hier, nous avons appris la libération d'Athènes et de Riga. La campagne de Russie suscite de grands espoirs, en particulier dans le Sud qui, en ce moment même, avance à grandes enjambées vers la liberté, et dans l'Ouest où *nous préparons* une nouvelle offensive d'envergure.

Mercredi 18 octobre
Travail jusqu'à deux heures. Arrivée à Arundel avec Grand-Père et Rachel (Davidson). J'ai une très belle chambre avec une salle de bains et un grand poêle. Mis ma robe de velours bleu. Excellent dîner

puis discussion et mots croisés. Je suis allée me coucher, très heureuse d'être ici et d'avoir un lit aussi confortable.

Jeudi 19 octobre

Le petit-déjeuner m'a été servi au lit : confort et luxe absolu !

Suis allée voir les trois enfants Howard. Anne et Mary sont d'un quelconque ! Aussi *grosses* que grandes, avec des visages angulaires soulignés par des coupes au carré. Seule Sarah s'en sort mieux. Je suis montée voir Rachel dans la maison sur la colline. Vu ses enfants, très mignons. Harriet est un *ange*. Dire que R a une fille aussi gracieuse qu'un elfe avec son petit visage pâle, son menton pointu, ses yeux bleus perçants et ses cheveux très fins et très blonds. R et moi avons marché jusqu'à la chapelle Fitzalan où Grand-Père nous a rejointes. Nous avons assisté à la messe pontificale en l'honneur de notre cher Philip Howard[1]. C'était très beau. Ensuite, suis allée avec Grand-Père sur la tombe de ma grand-mère avant de rentrer déjeuner. Retour au Queensmead à deux heures. Pour exactement quatre heures. Retour lugubre dans le froid et la nuit.

1. Philip Howard, comte d'Arundel, fut enfermé dans la Tour de Londres par Elizabeth Ire, où il mourut. Il fut canonisé en 1970.

Jeudi 26 octobre

Les leçons de dessin ont repris mais seulement pour PM, Dawn Simpson et moi, ce trimestre. C'est mieux, bien que DS nous agace. Elle est partie à quatre heures. Je suis sortie avec les princesses et Toni. C'était *si bon* de les revoir. Elles m'ont raconté leur séjour en Écosse. J'en ai conclu que Mary Palmer y était presque aussi longtemps qu'elles. PE s'est excusée de ne pas avoir répondu à ma lettre, mais la correspondance n'est pas son fort !

Vendredi 27 octobre

Nous avons reçu une *roquette* à six heures et demie, assez proche, qui a secoué toute la maison. Je suis restée à l'intérieur toute la journée, couture et écriture.

Jeudi 2 novembre

Bicyclette, Château, dessin.

On a fait des sculptures en pommes de terre. Très amusant. J'ai demandé à Crawfie, quand nous étions seules, si PE viendrait à mon dîner et elle m'a suggéré de le lui demander durant notre promenade, ce que j'ai fait, lorsque nous montions les poulains. Bizarrement, elle a répondu beaucoup plus tard et PM s'est écriée : « Venons-*nous* ? » Me voilà dans un bel embarras : dois-je les inviter *toutes les deux* ou seulement PE comme je l'avais prévu initialement ? Je n'avais pas invité PM ainsi que me l'avait demandé Crawfie l'an dernier car elle est bien trop jeune pour aller à des dîners, mais je dois les laisser juges et *espérer* qu'elles me donnent leur réponse plus tard. Je suis allée me rafraîchir dans la chambre de PE qui m'a confirmé que, *oui*, elles préparaient une nouvelle pantomime. J'avais espéré que PE n'y soit pas autorisée cette année. Je n'ai pas pris le thé avec elles car elles avaient une réunion de famille en vue des obsèques de la princesse Beatrice[1] demain et PE parlait de la robe du soir noire qu'elle était censée porter, sa première, et à laquelle on avait dû retirer les nœuds rouges cousus dessus.

Samedi 4 novembre

Je viens de lire dans le journal que le fils de la comtesse Kleinmichel, Dimitri Galitzine, était mort des suites de ses blessures. La nouvelle m'a bouleversée car ils parlaient beaucoup de lui à Blair Drummond et sa mère le vénérait. La pauvre femme : je suis avec elle et prie pour elle de tout mon cœur. Elle a déjà perdu ses biens matériels, son statut, son pays, son mari lors d'une guerre, puis en exil et dans la misère, voilà qu'elle perd sa sœur et son fils unique dans une autre guerre. Il y a des gens qui endurent de ces peines ! Je ne l'ai côtoyée qu'une semaine mais je l'ai beaucoup appréciée et je vais lui écrire un mot de condoléances.

---

1. La princesse Beatrice était la plus jeune fille de la reine Victoria. Elle mourut le 26 octobre 1944 et ses funérailles eurent lieu à la chapelle Saint-Georges.

Jeudi 9 novembre

Bicyclette, Château, dessin.

On a fait des découpes de linogravure et ça me passionne ! J'ai parlé de PM avec Crawfie qui m'a dit qu'elle aimerait beaucoup venir et que la situation a changé par rapport à l'an dernier où elle devait lui apprendre à se dissocier de sa sœur mais, l'ayant compris, elle peut venir. Je suis soulagée car je m'étais emmêlé les pinceaux : la situation se résout simplement et le mieux du monde. Je suis très contente que PM vienne, même si je trouve étrange qu'on l'y ait autorisée. Nous sommes sorties marcher. Il faisait très froid mais nous étions de très bonne humeur et avons joyeusement parlé de ma réception. PE m'a demandé de lui dire ce que je voulais qu'elle porte. On ne sait pas encore qui, de Crawfie ou de Mary Palmer, viendra et, pour ma part, malgré toute l'affection que j'ai pour Crawfie, je suis très curieuse de rencontrer Mary P.

Lundi 13 novembre

Simon Worsthorne[1] est porté disparu en Italie. En espérant qu'il ait été fait prisonnier.

Jeudi 16 novembre

Dessin l'après-midi. Mr et Mrs Tannar sont venus prendre le thé et discuter de la pantomime. Ils étaient là, assis, à *se complaire* des faveurs royales, à

1. Simon Worsthorne était un cousin d'Alathea. Leurs grands-mères étaient sœurs.

s'épancher et à m'appeler Alathea. J'ai dû prendre sur moi pour *leur sourire* et être aimable. Je suis revenue travailler à six heures. Lettre de Maman : elle m'a dit que Grand-Père Langdale m'offrirait des œufs et des faisans pour mon dîner. Typique de lui ! Il est excessivement pingre !

Mardi 21 novembre

J'ai travaillé toute la journée puis me suis changée, robe bleu marine, et taxi jusqu'au Château. Suis allée dans la classe où m'attendaient les princesses, Crawfie et Toni. Puis sont arrivés les Philipps et quelques grenadiers : nous étions seize en tout à aller dans la petite salle à manger avec vue sur la cour carrée pour prendre le thé. Puis on a fait des jeux dans la Red Drawing Room : il y avait tout un tas de casseroles et de bouteilles sur des tables que nous devions goûter et sentir pour deviner ce qu'elles contenaient ! On a ensuite procédé, avec de petits bouts de papier et une paille, en faisant la course. On a aussi joué aux charades. J'étais dans l'équipe de PM et de Jackie avec lesquels on reprenait le mime des autres mais pour faire deviner un nouveau mot (on mimait mieux que les autres). Mais ça ne leur a pas du tout plu, si bien que pour notre dernier mime, ils s'étaient tous cachés derrière les rideaux en représailles !

Vendredi 24 novembre

J'ai aujourd'hui vingt et un ans.

Messe et communion à neuf heures, puis, après le petit-déjeuner, ouverture de mes cadeaux. J'ai été très touchée par le nombre de gens qui m'ont adressé des télégrammes, etc. Les princesses m'ont offert une lampe, vert clair et rose, que j'adore. Maman est arrivée avant le déjeuner : elle a critiqué beaucoup de mes cadeaux et j'ai dû lutter toute la journée pour qu'elle ne me gâche pas le plaisir de cet anniversaire. Personne ne se doute à quel point cette manie qu'elle a de piétiner ce que j'aime m'empoisonne ; j'avais envie de lui rappeler qu'*aucun* membre de *sa* famille ne m'a offert *le moindre sou* et j'ai pu mesurer l'impatience que j'ai de vivre loin d'elle quand la guerre sera finie. Les princesses sont arrivées à huit heures quinze avec Crawfie et m'ont apporté le cadeau de la Reine : une superbe broche en émail bleu ciel incrustée de ses initiales, ER, en diamant et d'une petite couronne, le tout dans un écrin en cuir rose à ses initiales ER également. Avec, dedans, un mot de la Reine. Je ne sais comment exprimer le bonheur ni la reconnaissance que je dois à son immense bonté. Nous étions seize à table. Après, nous avons examiné mes cadeaux, fait quelques jeux, avant que les garçons ne reviennent et qu'on enchaîne avec des charades : c'était follement drôle et tout s'est passé *à merveille*. Je crois que tout le monde s'est amusé, même Maman qui s'est prise au jeu. Ils sont restés jusqu'à minuit et quart. PE était ravissante dans sa robe en gaze tartan, même si je trouve que ça la grossit un peu. PM portait la robe en gaze crème avec les nœuds verts que j'aime beaucoup, bien que Maman l'ait d'un seul mot épinglée : « cruelle ». Je me suis couchée sans être fatiguée mais simplement ravie et comblée par chaque instant de la soirée. Je n'en revenais pas que ce soit *déjà* fini alors que j'ai attendu ce moment si longtemps.

Liste des cadeaux pour mes 21 ans

Broche en émail et diamant bleu ciel	*La Reine*
Lampe vert clair et rose	*Les princesses*
Bracelet en perles et diamants	*Gpère et Papa*
Broche papillon en opale	*Maman*
Grande broche ronde en diamants	*Tante Magdalen*
Broche et pendentif en diamants et aigues-marines	*Bernard*
Grande broche ornementale pour manteau	*Sir Kay Muir*
Aquarelle de sa main	*Elizabeth Anne*
Boîte en écailles de tortue et argent	*Lady Shaftesbury*
Boîte ivoire à fleurs peintes	*Tout Cumberland Lodge*
Corbeille à papier de style victorien	*Sonia*
Paire de vases de porcelaine miniatures à fleurs	*Ursula*
Livre : *British Statesmen*	*Miss Drummond*
Écharpe Jacqmar	*Mr Throckmorton*
Sac du soir brodé	*Rachel*
Petit écrin en cuir chagrin	*Katherine*
Rouge à lèvres	*Crawfie*

Livre où écrire des listes de livres	*Toni de Bellaigue*
Housse de chaise en tapisserie Reine Ann (pour coudre)	*Tout Queensmead*
Dix shillings	*Miss Dunham*
Coussin à épingles en satin et dentelle roses	*Lady Serena James*
Étui à poudrier en cuir rouge carmin	*Miss Sandbach*
Collier en pierres vertes et cristal	*Tante Gwen*
Gourmette d'améthystes et cristal	*Annabel*
Deux mouchoirs à liseré de dentelles	*Ming-Ming*

Lundi 27 novembre

J'ai reçu une lettre adorable de la comtesse Kleinmichel : elle était sincèrement heureuse que je lui aie écrit et, en retour, sa lettre m'a presque fait pleurer de bonheur. C'était si gentil et si triste. J'ai pour elle la plus tendre affection. Dû retourner au Queensmead juste après le thé pour écrire une lettre de remerciement à Drusilla : jamais rien écrit de plus formel et de plus froid.

Mardi 28 novembre

Travail jusqu'à quatre heures, puis retour à bicyclette. Passé ma soirée à ranger mes cadeaux et à faire Dieu sait quoi, mais ne me suis pas assise avant l'heure du dîner, à part dans mon bain.

Jeudi 30 novembre

Diana Bowes-Lyon m'a appelée pour m'inviter à la petite réception qu'elle organise samedi à Londres pour ses vingt et un ans. Je suis en plein dilemme car j'*adorerais* y aller mais Annabel vient ce week-end.

Vendredi 1er décembre

Appelé Diana Bowes-Lyon qui me propose d'amener Annabel avec moi. Problème résolu ! Nous étions ravies et avons réservé une chambre au Claridge. On m'a donné un jour de congé supplémentaire. Formidable !

Samedi 2 décembre

A et moi avons parlé toute la matinée puis déjeuner à Eton, au *Cockpit*, avec toute sa famille. Après-midi à regarder et ne pas regarder les jeux du stade. Froid terrible mais moment amusant car beaucoup de gens qu'on connaissait. Puis A et moi avons pris le train pour aller nous changer au Claridge (petite robe noire en organdi), puis en taxi jusqu'à la maison des Bowes-Lyon, à Charles Street. Ça a commencé comme un cocktail, puis on a dansé en haut au son d'un phonogramme. Très bien organisé, buffet ouvert toute la soirée, environ soixante personnes dont beaucoup d'hommes. PE était là, avec la nouvelle dame d'honneur, Mary Palmer. À ma grande surprise, je l'ai trouvée très séduisante mais *pas jolie* du tout. Petite, brune, visage *intéressant*, voix douce, gestes feutrés, mais très gaie et très rieuse, en plus d'être, selon moi, douée et efficace. Elle doit gagner à être connue. Son mari était là, allure terne, silhouette épaisse et peu séduisante, mais comme dit Maman, ce sont souvent ceux-là qui font les meilleurs maris. PE portait une robe en crêpe rouge vif : la couleur lui allait bien mais la coupe, non, et ses chaussures étaient *affreuses*. Elle s'est beaucoup amusée et n'est partie qu'à minuit, en même temps que tout le monde. Je suis contente car elle n'a que peu de plaisirs à présent et jamais l'occasion d'être tranquille. Elle a dit qu'elle passait la nuit à Londres. J'envie Mary de tout mon cœur. A et moi sommes rentrées au Claridge comblées de joie par la soirée, mais je n'ai pas bien dormi à cause de cette douleur qui me lance, cette incessante sensation de vouloir ce que je n'aurai ni n'atteindrai jamais.

Jeudi 7 décembre

Dessin l'après-midi, dernière leçon, ce qui m'attriste chaque fois beaucoup. PM et moi avons discuté dans la salle au lieu de sortir car il faisait froid. PE est revenue pour le thé après avoir inspecté la Maison de la cavalerie d'Aldershot ; elle a dit qu'elle a bien apprécié la soirée de Diana mais on n'a guère pu en dire davantage à cause des Tannar qui étaient *encore* là. À mon grand dam.

Dimanche 10 décembre

Chez Zelda à trois heures pour fêter ses vingt et un ans. Quelques autres personnes présentes dont Drusilla. Ça m'énerve de me rendre compte à quel point la voir m'effraie jusqu'à ce que je me dise qu'elle n'est pas grand-chose et que je me calme.

Lundi 11 décembre

Juste avant le déjeuner, reçu une invitation pour un dîner dansant à Buckingham Palace le 14 décembre, jour d'anniversaire du Roi. Mon cerveau s'est mis à valser dans ma tête tant j'étais folle de joie.

Jeudi 14 décembre

Pris un petit-déjeuner en vitesse à la cuisine du Queensmead avant que la voiture ne me ramène à la maison. Me suis changée pendant que Billy faisait les bagages en panique. Grand-Père et moi sommes partis pour Londres. Déjeuner avec Lady Moray[1] et Mary-Anne au 1, Hans Place, que j'ai beaucoup apprécié. Nous sommes restées à bavarder jusqu'à trois heures. Retour chez Mrs Wyndham[2] à cinq heures pour le thé. Me suis lavée et habillée. Robe en dentelle de couleur et broche de la Reine accrochée sur un ruban de velours noir, bracelet en perles sur mes gants. Voiture à sept heures et quart. Pris Mary et Elizabeth Lumley au passage. Nous sommes arrivés au Palais à huit heures moins le quart et nous avons

1. Barbara, comtesse de Moray, était veuve et mère de trois filles, dont l'aînée, Mary-Anne, qui avait le même âge qu'Alathea et qui était une amie d'enfance.

2. Mrs Wyndham était une amie de la famille qui venait parfois séjourner à Cumberland Lodge et qui avait un appartement à Londres.

attendu dans le grand couloir avant de défiler devant la famille royale puis Bow Room où huit tables de dix étaient disposées avec des assiettes à nos noms. La famille royale s'est répartie sur deux ou trois tables : ils étaient tous là, les Gloucester[1], la duchesse de Kent et la princesse royale qui était *affreuse* dans sa robe de velours rose saumon ! Nous n'avons serré la main qu'au Roi, à la Reine et aux princesses, qui portaient tous les mêmes tenues qu'au bal du 5 mai. Le dîner était délicieux, puis nous avons dansé au milieu de la salle en retournant nous asseoir à la table qu'on voulait entre les danses et les rafraîchissements. Des invités sont arrivés après le dîner, si bien qu'on devait être quatre-vingt-dix ou cent en tout. Il y avait quelques personnes d'un certain âge mais aussi beaucoup de mes amis. Me suis beaucoup amusée. Ça s'est fini à trois heures et quand j'ai dit au revoir à la Reine, elle a remarqué ma broche. Grand bien m'a pris de l'avoir mise ! PE était charmante mais PM avait l'air pâle et les traits tirés.

Lundi 18 décembre

Suis restée à la maison pour écrire ce matin. Elizabeth Anne est venue déjeuner : elle a énormément grandi et elle est toujours de bonne humeur quand elle revient de l'école. On est parties se promener dans l'après-midi mais la pluie nous a obligées à rentrer.

---

1. Le duc et la duchesse de Gloucester. Le duc, le prince Henry, était le frère du Roi.

Mercredi 20 décembre

Les nouvelles ne sont pas bonnes : les Allemands ont lancé une grande *offensive* et ont pénétré à l'intérieur d'une zone de vingt kilomètres à plusieurs endroits de la Belgique. Grâce au brouillard, j'ai été dispensée de repartir au Queensmead et pu dormir une cinquième nuit dans mon propre lit. Mais quel inconfort cependant car EA est sortie dans le couloir quand nous sommes montés, en larmes, disant qu'elle avait trop peur pour dormir, de sorte qu'elle est venue dormir avec moi et n'a pas arrêté de tousser ! Elle n'est pas très bien, à cause de cette toux et d'une fatigue générale.

Jeudi 21 décembre

EA est partie à huit heures pour Houghton avec Tante Alathea. Après-midi libre, retour à bicyclette avec Z. Reçu des princesses une carte de Noël charmante avec une photo d'elles en robes d'été près de leur chien, et un E et un M dorés gravés dessus.

Samedi 23 décembre

Au Château avec Zelda et le commandant Loyd pour la pantomime de deux heures et demie. *Old Mother Red Riding Boots*. Sûrement la meilleure de toutes celles qu'elles ont faites. Magnifiques costumes et décors. Les princesses incarnaient toutes les deux des personnages de filles cette fois. Elles chantaient et jouaient à merveille. Mr Tannar aussi était sur scène et nous a, comme d'habitude, agacées, Zelda et moi ! Mais c'était bien. Le Roi et la Reine étaient là.

Lundi 25 décembre
NOËL

Je suis allée à la messe de Windsor à bicyclette et j'ai communié. Retour au Queensmead pour le petit-déjeuner. Temps glacé bien que sans neige, mais tout était blanc de givre. Nous avons peu travaillé et avons mangé notre dinde et notre pudding aux prunes à une heure. Discours du Roi à la radio à trois heures, puis thé à quatre heures. Retour à bicyclette à cinq heures, distribution des cadeaux aux domestiques puis à la famille. Ensuite j'ai ouvert les miens. Celui de Maman était un bracelet en cuivre de Bruxelles qu'elle décrit comme « la huitième merveille du monde » mais que je n'aime pas. Je le mets de côté et je trouverai bien quelqu'un à qui le donner.

Chapelet, bain et préparation pour le dîner : un vrai dîner de Noël avec du sherry et du champagne. Je me suis mise à relire tous les Noëls de guerre dans mon journal : aucun n'a été très joyeux et, si l'an dernier a été correct, celui de cette année est détestable. C'est étrange comme la vie fluctue, un mélange de joies et de peines, mais le plus souvent de petites variations du même motif. Je me suis consolée avec les vases en porcelaine de Dresde que Grand-Père m'a offerts : je les adore.

Mercredi 27 décembre

Le givre se maintient : tout est blanc et le froid est intense. Churchill et Eden sont à Athènes pour des conférences. Les nouvelles du front de l'ouest s'améliorent légèrement.

Dimanche 31 décembre

Dernière page que j'écris dans ce journal. Hâte d'ouvrir le nouveau qui m'attend à la maison, en espérant qu'il soit plus intéressant.

1945

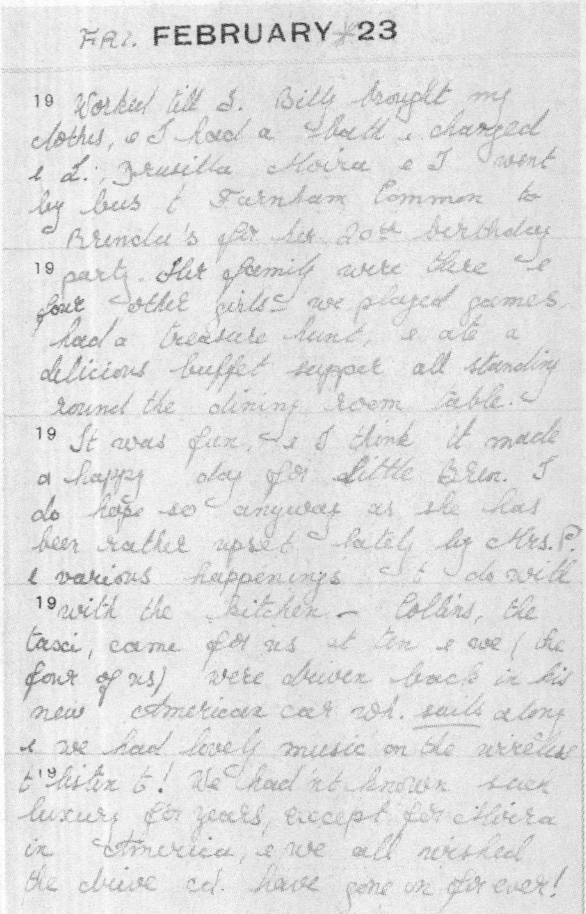
Fri. FEBRUARY 23

19 Worked till 5. Billy brought my clothes, & I had a bath & changed & L. Drusilla Moira & I went by bus to Farnham Common to Brenda's for her 20th birthday

19 party. Her family were there & four other girls & we played games, had a treasure hunt, & ate a delicious buffet supper all standing round the dining room table.

19 It was fun, & I think it made a happy day for little Bren. I do hope so anyway as she has been rather upset lately by Mrs. P. & various happenings to do with

19 with the kitchen — Collins, the taxi, came for us at ten & we (the four of us) were driven back in his new American car wh. sails along & we had lovely music on the wireless

19 to listen to! We hadn't known such luxury for years, except for Moira in America, & we all wished the drive cd. have gone on for ever!

Une page manuscrite du journal d'Alathea.

Cumberland Lodge

Lundi 1er janvier

J'ai travaillé de sept heures et demie à cinq heures, puis retour à la maison. Il n'y avait que Grand-Père et Tante Magdalen puisque Papa est parti pour Houghton. On a eu un délicieux dîner pour le réveillon du Nouvel An, avec un chablis qui m'a remontée car je me sentais mal : rien de spécial, juste une horrible lassitude, des frissons et une vague nausée qui me donnait le sentiment d'être fermée à tout et de ne rien ressentir, ni le bon ni le mauvais. J'ai remis mon uniforme à neuf heures et demie et la voiture m'a emmenée en prenant Zelda au passage.

Lundi 8 janvier

La vie qui pendant quelques jours n'était plus que malheur au-delà des mots est redevenue grisaille routinière, me mettant dans un état apathique familier, bien que légèrement pire que d'habitude, avec aucune perspective devant moi et cette impression de froid et de malaise physique qui me torture.

Dimanche 14 janvier

Maman et Papa m'accordent un budget de quarante livres par an pour mes dépenses courantes et mes vêtements, à l'exception des manteaux et des robes. Ce qui, ajouté à ma paie, me fait quatre-vingt-dix livres par an, et j'en suis ravie.

Mardi 23 janvier

Nous sommes tous allés à Londres en voiture malgré la neige. Grand-Père et moi avons choisi un portefeuille en cuir comme cadeau d'anniversaire pour Élizabeth Anne. Je suis allée ensuite à Park Lane où Maman et Tante Alathea ont trouvé un nouvel appartement : il est plus grand et plus beau mais l'immeuble est affreux. *Elles* préféraient celui de Grosvenor Square, alors que moi je l'avais en horreur. On a déjeuné dans un restaurant à côté. Maman a dit qu'elle n'offrait jamais de cadeau d'anniversaire à EA car c'était vraiment trop proche de Noël et donc assez embêtant. Je trouve qu'en plus d'être pingre ce n'est pas gentil, *pas naturel*.

Jeudi 25 janvier

Tante Magdalen m'a appelée pour me dire que Lavinia avait eu sa quatrième fille ! Quelle déception terrible ! Tout le monde était si certain qu'elle aurait un garçon cette fois.

St Giles, Dorset

Mercredi 31 janvier

Mon congé commence aujourd'hui. Arrivée à St Giles à six heures. EA est bien plus heureuse maintenant qu'elle ne l'était lors de mon dernier séjour, il y a un an.

Jeudi 1er février

Regardé la leçon de danse. EA danse bien, beaucoup de grâce. Elles font les mêmes exercices de ballet que ceux qu'on faisait au Château.

Burloes, Hertfordshire

Samedi 3 février

Petit-déjeuner avec EA puis trajet jusqu'à la gare. Annabel m'a retrouvée à Royston. C'était formidable de les revoir, je suis si heureuse avec eux ! Après dîner, trois Américains qu'A connaît de sa cantine sont venus. On a discuté et, par moments, on allait boire du sherry dans la salle à manger. Ils sont extraordinaires : ils n'ont juste pas de temps à perdre avec des gens trop vieux, en jouant aux cartes, par exemple. Non, ce qu'ils aiment, c'est passer la soirée à traîner, à tenir les filles par les épaules, à dire des bêtises sans complexe et à aller *jusqu'au bout* de la nuit. L'un d'entre eux, Dreiling, m'a proposé de m'acheter des clubs de golf et, soi-disant pour en discuter, il m'a entraînée sur le sofa du salon. Là, j'ai attendu ce qui devait venir : il m'a pris la main, m'a caressé le bras puis finalement embrassée pendant cinq minutes ! Enfin, jusqu'à ce que les autres arrivent ! C'était la première fois qu'on m'embrassait et honnêtement j'ai trouvé ça dégoûtant ! Mais quand même, je n'arrêtais pas de sourire de joie, même pendant, tellement j'étais curieuse de ce qui m'arrivait. Ils ne sont partis qu'à minuit, sur quoi, avec A, qu'est-ce qu'on a pu rire !

Cumberland Lodge

Jeudi 8 février

Churchill, Roosevelt et Staline discutent quelque part, sur les rives de la mer Noire. On a une fois de plus lancé l'offensive sur le front ouest mais nous avançons doucement à cause de la boue. Les avancées russes aussi sont lentes. Je relis mon journal de 1944 et je mesure à quel point j'ai pensé toute l'année que je resterais seule et non désirable. Qu'en un mot, le monde ne me réservait rien de bon. Je me sens bien différente à présent, peut-être parce que les oiseaux chantent au dehors, ce qui annonce le printemps, mais aussi parce que je crois avoir une place dans le monde, et que je commence à en apercevoir les contours. C'est encore flou mais ça se précise doucement.

Jeudi 15 février

Bicyclette, Château, dessin.

Seulement PM et moi aujourd'hui. On a continué nos découpes de linogravure. Sommes sorties avec Crawfie : toilette des poulains puis thé. PM a attrapé les oreillons à Sandringham mais elle est guérie, et c'est au tour de PE de les avoir depuis samedi dernier, un peu plus fortement que sa sœur. Quand j'étais sur le point de partir, PM a ouvert la porte et a voulu que j'entre, mais j'ai juste aperçu PE dans le fauteuil près de la cheminée et lui ai parlé de loin. PM m'a dit que le prince Philip avait envoyé une photo de lui à PE pour Noël et qu'elle avait dansé de joie ! Ensuite, elle a dit : « Je me demande qui épousera Lilibet ! » Prince Philip doit l'envisager et PE certainement le souhaiter.

Jeudi 22 février
Bicyclette, Château, dessin.
J'ai vu PE et lui ai parlé « avec une chambre entre nous » car elle est debout mais toujours contagieuse.

Mardi 27 février
Malgré mon gros rhume, j'ai retrouvé mon entrain. James Denny[1] a dîné ici. Je lui ai appris à jouer au backgammon après dîner. Il est si gentil.

Jeudi 1er mars
Travail jusqu'à deux heures, puis me suis changée.
Bicyclette, Château, dessin.

1. Un officier grenadier.

PE m'a invitée mercredi à une réception d'un autre type : début à six heures avec dîner et danse. Je suis aux anges !

Lundi 5 mars

A été annoncé officiellement aujourd'hui que PE avait pris la tête d'une unité ATS et apprenait à conduire. Bizarre. Je ne peux pas croire qu'elle y consacre tout son temps. Elle a toujours aimé les WRNS, mais j'imagine que pour des tas de raisons pratiques, les ATS lui conviennent mieux puisque leur siège est à Windsor. Je ne trouve pas ça indispensable mais c'est sans aucun doute un bon signal pour ces derniers mois de guerre. Les nouvelles du soir disent que la bataille de Cologne et notre progression sur le front ouest se déroulent du mieux possible.

Mercredi 7 mars

Travail jusqu'à cinq heures, pas trop, puis j'ai sauté dans ma robe en velours bleu et dans l'autobus pour le Château. On a dû se rendre par petits groupes dans la Red Drawing Room car la duchesse de Kent n'aime pas voir trop de monde à la fois. On lui a serré la main, ainsi qu'aux princesses, puis on a bu et discuté avant la chasse au trésor très intelligemment organisée par les princesses. J. Denny était mon cavalier et on a gagné le premier prix ! Nous étions vingt-quatre en tout : parmi les femmes, Anne Anson, Diana (Bowes-Lyon), Mrs Townsend (la femme de Peter Townsend) dont je n'ai cure – une petite bonne femme insignifiante –, Joan P. Toni, Crawfie et Madame Poklewska (Zoia), qui était avec la duchesse de Kent et qui, comme toujours, nous a fait hurler de rire. Parmi les hommes, je ne connaissais que quelques grenadiers. On a fait des charades : j'étais dans l'équipe de la duchesse (de Kent) qui était des plus drôles et des plus charmantes. Ensuite on a joué à cache-cache : PM et moi nous sommes cachées dans un grenier au-dessus de la salle de l'orgue qui contenait des rayons de vieilles boîtes en fer dans lesquelles étaient rangés les chapeaux que les valets portaient autrefois ! Ensuite, nous avons soupé dans la salle à manger privée au-dessus de l'entrée des Souverains, répartis en trois tables. J'étais à celle de PE : on nous a servi du poulet froid, des pâtisseries, des glaces délicieuses et des gâteaux. On a rejoué aux charades, cette fois entre tables : la duchesse de Kent a très bien mimé et s'est amusée à incarner ses rôles avec beaucoup de gaieté. Puis on a commencé à danser : j'ai dansé une merveilleuse valse avec J. Denny, puis on a fini par une dashing-white-sergeant qui m'a follement amusée. Il était presque minuit quand nous avons dit au revoir aux princesses dans le couloir. C'était une soirée splendide et je pense que même les personnes qui n'aiment pas faire des jeux – et j'en connais certaines – se laissent gagner par la gaieté naturelle des princesses et par leur manière de profiter sans limites de leur propre réception.

Jeudi 8 mars
Bicyclette, Château, dessin.

Les deux princesses étaient chez le dentiste à Londres, si bien qu'après la leçon Crawfie et moi avons sorti les chiens à Frogmore puis pris le thé dans son salon. On a longuement parlé de tout et de tous. Elle a dit qu'elle déplorait que PE n'ait aucun goût et qu'elle attendait tellement d'elles qu'elle était chaque fois déçue, qu'elle n'avait personne avec qui partager ses critiques et que ça la soulageait. Elle a dit que PE pouvait commencer à conduire pour les ATS et devait se rendre tous les jours pendant trois semaines à Camberley pour sa leçon de conduite, mais qu'après, Dieu soit loué, elle arrêterait. Enfin, l'expérience lui aura fait du bien selon elle.

Jeudi 15 mars

Bicyclette, Château, dessin.

Promenade avec les princesses et Crawfie : PE portait sa tenue d'ATS, c'est-à-dire un pantalon. Je l'ai trouvée affreuse et presque indécente dans cet accoutrement. Elle conduit tout le temps maintenant, même jusqu'à Londres : je ne comprends pas qu'ils la laissent faire et tout le monde semble d'accord avec moi, mais je me garde bien d'en parler. C'est *peut-être* une bonne chose pour le monde d'après-guerre qui commence, mais selon moi, elle ne devrait veiller qu'à préserver sa dignité. Nous sommes rentrées pour le thé. Deux cadres des ATS étaient là : l'une l'accompagne quand elle prend le volant, l'autre lui apprend à lire les cartes. Elles venaient de Camberley. Elles étaient gentilles et nous avons été très polies et très discrètes pendant le thé. PE commence sa formation à Camberley vendredi prochain. Elle s'est fait couper les cheveux mais ça ne lui va pas car son visage paraît plus large.

Jeudi 22 mars

Nous sommes sorties à quatre heures avec les princesses et Toni. Elles m'ont demandé de fixer une date pour le pique-nique, qui semble leur tenir à cœur. On s'est mises d'accord sur le samedi 7. Le R et la R sont de retour mais je ne les ai pas vus. On a pris le thé dans la classe, bien plus gaiement que la semaine passée, et tout le monde était de bonne humeur.

Samedi 24 mars

Elizabeth Cavendish est arrivée. Elle est très amusante, elle ne cesse de parler et à tout le monde, de Grand-Père au chauffeur de taxi. Je n'ai jamais rencontré personne qui connaisse autant de monde. Elle dîne en ville au moins trois fois par semaine mais je n'envie pas sa vie car trop d'empressement dans tous les sens, les clubs, les affaires, les night-clubs. Je détesterais ne plus jamais avoir de moment à moi en rentrant le soir, mais si *moi* je vivais à Londres, je sortirais sûrement très peu.

Mercredi 28 mars

Bicyclette jusque chez les Philipps à Frogmore et dîner là-bas. On a joué au rami. Très amusant. Jackie était tordant. Lui aussi désapprouve grandement que PE entre aux ATS et trouve qu'elle ne devrait pas autant prendre le volant.

Jeudi 29 mars

Au Château à pied. Dessin. On a commencé de nouvelles découpes de lino. Temps plus froid et plus venteux mais je suis sortie avec PM et Crawfie. On a marché jusqu'en bas de la colline, cueilli des primevères pour que je les rapporte, hélas pas chez moi, mais au Queensmead. On est rentrées pour le thé, et juste à la fin le R et la R sont arrivés : nous avons longuement discuté dans le couloir, notamment de comment j'allais faire bouillir trente œufs pour le petit-déjeuner du lendemain ! PE aussi est arrivée, juste de retour de Camberley – elle était très jolie dans son uniforme plutôt digne de la princesse royale. Elle m'a priée de les accompagner à une réception à Coppins, lundi en huit, ce qui m'a évidemment réjouie au-delà des mots. Je suis rentrée à pied. Plusieurs lettres m'attendaient. Mais j'étais si heureuse que j'ai dansé en travaillant toute la soirée ! Les nouvelles aussi sont bonnes : on a *pénétré* à plus de deux cents miles à l'intérieur de l'Allemagne et les Russes ont atteint la frontière autrichienne.

Jeudi 5 avril

Dernière leçon de dessin aujourd'hui. PE est arrivée juste à la fin. Elle semble beaucoup apprécier sa formation à Camberley, ce que je peux comprendre car passer ses journées dans un environnement nouveau et inhabituel, et presque entièrement seule, doit être une expérience excitante et pas déplaisante, enfin pendant un temps, je ne pense pas qu'elle aimerait que ça dure toujours.

Vendredi 6 avril

Elizabeth Anne est arrivée à trois heures et a pris le thé avec nous. J'ai pris un bain, me suis changée et suis partie bavarder avec elle.

Samedi 7 avril

EA est venue prendre son petit-déjeuner dans mon lit puis nous sommes sorties cueillir des fleurs pour la maison. Il faisait si froid et si gris dehors. Crawfie a appelé et nous avons dû servir le thé dedans. La petite bande est arrivée à cinq heures : PM, Crawfie, les Philipps, Zelda et James Denny. On a joué au cadavre exquis en attendant PE qui est allée voir un match de football à Wembley. On a tous pris le thé une fois PE arrivée, puis fait des cadavres exquis plus *poétiques*, suivis de jeux en équipes dans la salle à manger et d'un téléphone arabe. Tout s'est très bien passé et j'en étais très contente. Les deux princesses étaient joyeuses, peu protocolaires et détendues.

Lundi 9 avril

Me suis changée après le thé, puis Château. Les princesses sont venues et nous sommes allées en voiture à Coppins – dans le break avec PM, Mary Palmer qui est devenue Mary Strachey (s'est mariée en novembre) et quelques messieurs. MS est tout à fait charmante, avec sa voix douce, qui est selon moi son atout majeur puisqu'elle n'est pas jolie. Les princesses portaient les mêmes robes que pour leur soirée mais PE n'était pas aussi ravissante et j'en étais désolée. Nous avons été accueillies par la duchesse (de Kent) en robe de soie couleur aigue-marine. On était trente en tout avec toute la famille royale du Luxembourg[1]. Les filles sont toutes très timides, silencieuses, terriblement mal habillées, mais gentilles. On a commencé par faire des jeux puis nous sommes montées nous apprêter pour le dîner qu'on nous a servi par petites tables dans la salle à manger. Nous avons mangé des œufs au curry avec du homard, du poulet en gelée et de la salade, un soufflé au chocolat, de la salade d'oranges et des cornets pâtissiers remplis de crème, du champagne et du café. J'étais assise près de Freddy Shaughnessy[2], qui s'est entiché de moi, mais je ne le trouve pas séduisant. On a dansé toute la soirée, à part le temps de quelques jeux amusants, puis nous avons fait des gages dansés pendant lesquels j'ai dû faire une danse arabe avec J. Lascelles[3], et PE un duo de ballet avec Lord Herbert[4] ! Une sacrée soirée !

---

1. La famille royale du Luxembourg était en exil à Londres pendant la guerre.

2. La mère de Freddy Shaughnessy avait épousé Piers Legh, le maître de la Maison royale.

3. John Lascelles était le fils du courtisan Tommy Lascelles.

4. Lord Herbert était le secrétaire particulier de la princesse Marina.

Jeudi 12 avril

Congé l'après-midi. À bicyclette jusqu'à Eton pour acheter un livre pour l'anniversaire de PE. Trouvé un vieux volume, relié en vélin blanc, de robes du soir magnifiquement dessinées, et pour moi un splendide volume de contes de fées illustrés par Edmund Dulac et relié en cuir brun et or. Une merveille pour des enfants…

Vendredi 13 avril

Appris *la mort du président Roosevelt*. Il est mort subitement mais paisiblement hier. C'est un grand coup pour notre cause et celle du monde en général, une grande malchance à l'heure qu'il est, alors qu'il était une figure essentielle et précieuse pour la paix difficile qui suit la guerre. Vienne a été libérée, mais après d'âpres combats, je crois.

Lundi 16 avril

J'ai travaillé jusqu'à quatre heures, puis suis allée directement au Claridge où j'ai retrouvé Joe Dormer pour un verre. On a vu *The Gayeties* qui m'a moyennement plu, et avons dîné ensuite chez Quaglino's que j'ai adoré. On a dansé une fois : il s'est révélé aussi ennuyeux que prévu et absolument dépourvu de charme, mais c'était gentil à lui de m'inviter à sortir pendant sa permission et de commander le vin rouge le plus cher ! Il m'a aussi raccompagnée en voiture jusqu'à Paddington, puis est venu s'asseoir avec moi dans le train jusqu'à ce qu'il démarre. Il m'a ensuite murmuré une chose à l'oreille que je n'ai pas comprise, donc il a répété, ce qui a dû beaucoup le gêner. Il a dit : « Pensez-vous envisageable que je vous vole un baiser ? » Il y avait des soldats dans le compartiment, donc j'ai pensé qu'il me demandait si ça ne me gênait pas qu'il m'embrasse devant eux. J'étais donc sur le point de répondre « Oh oui, très envisageable », quand je me suis ravisée pour dire : « Est-ce que nous le voulons vraiment ? » J'ai ensuite enseveli *notre gêne mutuelle* en le remerciant et en lui serrant la main tandis qu'il se levait pour partir. Dire que c'était Joe le nigaud qui avait fait ça, je n'en revenais pas ! Alors j'ai éclaté de rire. Je crois que si je me montrais encourageante, Joe m'épouserait : il est bien décidé à se trouver une bonne petite catholique, sous la pression de sa mère.

Vendredi 20 avril

Grand-Père m'a appelée ce soir pour me rappeler que c'est l'anniversaire de la mort de Granny demain. C'est aussi l'anniversaire de PE. Elle aura dix-neuf ans, alors comment pourrais-je donc oublier cette date ?

Vendredi 27 avril

Reçu une lettre charmante de PE qui a manifestement beaucoup aimé le livre sur les belles robes. Elle m'a dit qu'on se verrait samedi.

Samedi 28 avril

Travail jusqu'à quatre heures. J'ai manqué m'évanouir dans la cuisine après le déjeuner et une matinée éreintante ! Me suis changée, puis train pour Londres. Pris un bain, mis ma robe en dentelle imprimée. Ensuite, taxi jusqu'au Claridge à sept heures quinze, où j'ai retrouvé les Philipps et leur bande, dont John Stanley[1]. La princesse est arrivée avec Anne Anson, sa dame d'honneur, et je me suis demandé si elle ne remplaçait pas provisoirement Mary Strachey qui ne doit plus pouvoir faire grand-chose. (Elle est enceinte.)

Excellent dîner arrosé de vin de Bordeaux, puis on nous a conduits à une maison de Grosvenor Place qui se loue parfois pour des soirées dansantes. Elle a dû être belle autrefois mais elle paraît sordide aujourd'hui, avec une ou deux fenêtres barricadées, pas de meubles, une entrée sale et une fuite d'eau qui coule par le dôme du palier. PE portait une horrible robe de satin blanc très brillant qui lui faisait une silhouette affreuse. Avec ses cheveux courts et drus, elle a une allure très camarade solidaire. Quel dommage car elle *peut* être si jolie et, avec toutes les belles choses qui l'entourent, elle aurait de quoi toujours porter des vêtements pleins de grâce et d'originalité. John Stanley m'a beaucoup invitée à danser et je dois dire que je l'aime plutôt bien malgré ses airs *hautains* et supérieurs comme on n'a jamais vus, mais il a un certain charme mélancolique. La princesse est partie à une heure et demie et m'a ramenée. On s'est dit au revoir au Palais mais la voiture m'a raccompagnée

1. John Stanley était le futur comte de Derby et le frère aîné de Richard Stanley.

chez moi, ce qui était gentil de la part de PE après cette nuit éprouvante.

Dimanche 29 avril

Les journaux étaient hier pleins de reportages sur la paix tandis que la radio annonçait autre chose. Himmler est censé avoir fait une déclaration de capitulation aux trois grandes puissances, mais il n'y a encore rien d'officiel. Pendant ce temps, Mussolini a été exécuté à Milan et on dit qu'Hitler est mourant. Le R et la R sont repartis pour Londres et on attend la fin *officielle* de la guerre *d'un jour à l'autre*.

Mercredi 2 mai

Hitler est déclaré *mort* mais les détails sont si flous qu'on peut penser qu'il est soit mort il y a longtemps, soit vivant et caché quelque part. L'amiral Doenitz a été désigné comme son successeur.

Jeudi 3 mai

Je n'arrive pas à croire que demain je vais dans le Yorkshire pour le bal de St Nicholas. J'ai si hâte. Berlin s'est à présent rendu aux Russes, et hier les combats ont officiellement cessé en Italie.

St Nicholas Abbey

Samedi 5 mai

J'ai une chambre ravissante, cette fois avec un lit à baldaquin vert et rose. Suis restée à l'intérieur cet après-midi à cause de la pluie. Lu dans le *Times* la nomination de Mrs Gibbs[1] au titre de dame d'honneur suppléante de PE. Un léger voile de tristesse a recouvert ma journée, plus épais quand je me suis retrouvée seule. Une fois encore *contrariée* qu'une autre inconnue, qui n'est même pas d'ascendance noble, débarque, mais je dois me faire à l'idée qu'ils n'engagent que des femmes mariées, parce qu'elles ont peut-être plus d'expérience de la vie, et que ce n'est pas elle qui choisit parmi ses amies. À huit heures, on était seize à dîner. Puis on a dansé. Je portais ma robe de brocart bleu et or. Sont arrivées une soixantaine de personnes et la soirée était très gaie. Les hommes n'étaient ni intéressants ni amusants, mais c'est rarement le cas de nos jours. La plupart des filles ont eu du succès auprès de *quelqu'un*, alors pourquoi moi jamais ? Les hommes ne me regardent jamais deux fois. Ils ne rêvent jamais de danser tout contre moi, ce dont je leur suis reconnaissante car je déteste ça, mais le désespoir m'entame d'année en année et me glace de solitude. Ursula avoue qu'elle a le plus grand mal à *se protéger* de l'amour, alors que moi je ne comprends même pas qu'on puisse *tomber* amoureuse !

---

1. Mrs Gibbs, de son nom de jeune fille Jean Hambro, avait épousé le capitaine Vicary Gibbs, un grenadier tué à Nijmegen en 1944. Après la guerre, elle épousa le neveu de la reine Elizabeth, Andrew Elphinstone.

Lundi 7 mai

Retour au Queensmead hier soir. En pause l'après-midi, donc au jardin sur une couverture où j'ai dormi. Puis Moira[1] m'a brusquement réveillée pour m'annoncer que la guerre était finie ! On s'est tous précipités sur la radio. Ce n'était pas encore officiel mais ils ont dit que Churchill l'annoncerait officiellement demain à trois heures et que le Roi parlerait à neuf. C'est d'une certaine façon impossible à croire, impossible à fêter, et très étrangement, ma dépression n'a fait qu'empirer : ça fait si *longtemps* que je suis dans cet état que je le remarque de plus en plus.

Mardi 8 mai

Le jour de la victoire en Europe

Le grand jour s'est enfin levé et pourtant il ressemble à tous les autres ! Nous avons marché jusqu'à Victoria Barracks pour le roulement de tambours sur Castle Hill. Il a fallu grimper jusque-là alors qu'il faisait très chaud, mais c'était amusant car tous les officiers de la Croix-Rouge faisaient les gros bras et exhibaient leurs médailles ! Il y avait des centaines de gens. Un très beau service où on a chanté des hymnes, puis retour à sept heures et travail jusqu'à neuf. Mrs Bathurst nous a ensuite demandé de venir écouter le Roi en buvant du champagne. Le Roi a parlé dix minutes, meilleur encore que d'habitude.

1. Moira (nom de famille inconnu) était une jeune fille de Windsor qui avait été envoyée en Amérique puis recrutée au Queensmead en 1944.

Ensuite quatre grenadiers sont venus, dont un que Moira connaissait. Nous sommes allées toutes les quatre à la *Old House* pour discuter et boire un verre avant de parader sur Eton High Street : il faisait assez nuit mais il y avait des *centaines* de gens qui criaient et chantaient en agitant des drapeaux. Toutes les fenêtres étaient tendues de rouge, blanc et bleu, et nous nous sommes enveloppées nous-mêmes dans deux énormes drapeaux. Tous les garçons d'Eton étaient là, réunis en un cortège vigoureux qui cependant allait dans tous les sens ! On s'est perdues dans le noir et je me suis retrouvée avec deux officiers dont je ne connais toujours pas le nom ! Mais ils étaient gentils et nous avons passé notre temps à faire des tours en voiture : c'était follement drôle et je me suis amusée comme jamais. En dépit de l'agitation extrême, c'était une foule extraordinairement tranquille et *amicale*, comme celle d'une *fête de village* où les soldats célébraient leurs officiers et où on tombait toujours sur quelqu'un qu'on connaissait.

Mercredi 9 mai

On a repris le travail. On n'a hélas jamais deux jours de congé d'affilée. Suis rentrée en autobus. On a encore bu du champagne au dîner pour fêter la paix. La famille royale est, bien sûr, à Londres et est plusieurs fois apparue au balcon de Buckingham Palace. Des milliers de gens attendent leur venue dans le East End aujourd'hui. C'était merveilleux d'entendre ce moment à la radio. J'ai dormi à la maison cette nuit.

Vendredi 11 mai

Une mauvaise nouvelle m'a bouleversée. Immense peine pour les parents de Miles Marriott qui est mort des suites de ses blessures en Allemagne. Je n'aurais jamais cru qu'il mourrait. Quel horrible chagrin ils doivent avoir, eux qui *idolâtraient* leur fils unique !

Mercredi 16 mai

Crawfie a appelé hier pour dire que les leçons de dessin reprenaient jeudi mais que PM ne serait pas là cette semaine. Elle se rend à la Chambre des lords où le Roi doit écouter les allocutions des deux Chambres du Parlement. Grand-Père a essayé d'avoir des places pour Tante Magdalen et moi, mais malheureusement il n'y en a pas assez pour qu'on accepte les femmes.

Jeudi 17 mai

J'ai déjeuné seule, puis bicyclette jusqu'au Château. Il n'y avait que Dawn et moi mais la leçon a été formidable. Toni m'a priée de rester prendre le thé avec elle et nous avons promené les chiens à Frogmore. J'imagine qu'elle me trouve solitaire et trop sérieuse et, quand je lui ai dit que je vivrai probablement dans le Yorkshire, elle a paru perturbée et s'est exclamée, un peu hostile : « Mais vous n'allez tout de même pas vous enterrer ? » J'ai pédalé lentement jusqu'à la maison car il faisait très chaud, en tâchant de me convaincre qu'il était inutile de m'en faire et que ma vie s'arrangerait d'elle-même, qu'il suffisait d'avoir du courage pour affronter ces moments de cafard et ma peur de l'avenir.

Mercredi 23 mai

Le gouvernement de coalition a démissionné aujourd'hui : Churchill est allé voir le Roi deux fois. Étrange et inquiétant de penser qu'il n'est plus Premier ministre. Ils étaient sombres à la maison. Le monde entier semble sombre.

Samedi 26 mai

Le gouvernement par intérim a été formé et paraît donner satisfaction.

Elizabeth (Cavendish) et moi avons fait une longue marche avant le déjeuner. Ensuite, on nous a emmenées en voiture au Home Park voir le concours hippique avec Grand-Père. Toute la famille royale y assistait. PE et PM ont de nouveau conduit le phaéton et gagné la coupe. Elles la méritent vraiment. PE avait l'air tout du long concentrée et tendue.

Mardi 29 mai

Après-midi de pause. Accompagné les PoWs[1] visiter les alentours du Château. On a aperçu PM avec les Guides sur la terrasse. Elle m'a dit plus tard qu'elle m'avait vue, mais sur le moment personne ne l'a reconnue et je me suis vite éclipsée.

---

1. Le Queensmead accueillait pour de courts séjours des soldats issus de l'Empire qui avaient été faits prisonniers de guerre par les nazis (PoWs ou Prisoners of war).

Jeudi 31 mai

Bicyclette, Château, dessin.

On a bavardé jusqu'à cinq heures puis pris le thé avec PE et Toni. Mrs Gibbs aussi était là car PE doit se rendre à Slough ce soir. Elle est séduisante et gentille mais je persiste à croire que je pourrais tout aussi bien m'acquitter d'une telle charge, ce dont je ne me sentais pas capable la première fois que j'ai vu Mary Strachey. Les deux princesses étaient adorables aujourd'hui. Avec elles, je me sens si heureuse et si bien que toutes mes craintes pour le futur fondent comme neige au soleil.

Vendredi 1er juin

Grand-Père a aujourd'hui quatre-vingt-dix ans. Un déjeuner devait avoir lieu en son honneur au Claridge avec tous ses amis, mais comme il ne se sentait pas bien, il a été reporté. J'ai appelé Maman qui m'a conseillé de rester au Queensmead jusqu'à ce qu'il ferme puis de me trouver un travail à Londres cet hiver.

Mercredi 6 juin

Grand-Père descend dîner de nouveau avec nous, mais il a tellement changé qu'on se demande s'il pourra reprendre ses activités, ce qui paraît bizarre quand on pense que sa seule *maladie*, c'est un rhume dont il s'est remis. Il est certes pris de quintes de toux pendant les repas, ce qui est très désagréable pour nous tous : Tante Magdalen se lève et sort mais tout le monde ne peut pas faire de même, alors, avec Papa, on reste assis et on fait comme si de rien n'était. Je ne peux pas dire que c'est agréable d'être là désormais, mais ma chambre est confortable et j'ai Billy. J'ai cependant le sentiment que je dois en profiter le plus possible. Je pourrais presque compter sur les doigts de la main le nombre de nuits où j'y dormirai encore, ce qui me cause une intense tristesse.

Jeudi 7 juin

Après déjeuner, bicyclette, Château, dessin.

PE m'a ensuite appris qu'ils donnaient un bal à BP le 20 : joie au-delà des mots. PM m'a emmenée regarder les photos qu'ils venaient d'accrocher dans le Grand Corridor dont on s'est habitués à voir les murs entièrement nus pendant cinq ans et qui semble aujourd'hui surchargé. Les photos sont si belles qu'on les a contemplées pendant une demi-heure.

Mardi 12 juin

Simon Worsthorne est arrivé et Mrs P[1] m'a donné congé pour la nuit, ce qui m'a paru une grande faveur. Simon a l'air en forme, pas plus maigre bien qu'il ait été prisonnier de guerre d'octobre à mai. Grand-Père est à présent beaucoup mieux et a été content de voir Simon.

---

1. Mrs Pearson succéda à Mrs Hovell au Queensmead.

Mercredi 13 juin

Suis allée à Londres au cocktail des Cavan. PE y était, ravissante en bleu marine. Elle a passé son temps à discuter avec des gens plus vieux et n'a pas eu de mots pour ses amies, mais ça ne l'a pas empêchée de dire qu'elle s'était amusée.

Mercredi 20 juin

En train jusqu'à Londres où je suis tombée sur Tim Barclay qui m'a ensuite déposée en taxi à Park Street (où sa mère a un appartement). Tim est revenu à huit heures et nous avons dîné au Coq d'or : il est gentil mais il m'ennuie. On a pris un taxi jusqu'au Palais. On nous a fait attendre dans une petite pièce jusqu'à dix heures dix, puis les portes de la salle de bal se sont ouvertes et nous avons salué le R et la R, la duchesse de Kent et les princesses. La R portait une belle robe de gaze pastel très ornée, avec des bandes de paillettes dorées. Les deux princesses étaient délicieuses avec leurs robes rose pâle. On a commencé à danser. Les fenêtres sont restées toute la nuit grandes ouvertes sur la terrasse où on avait installé des chaises pour pouvoir contempler la lune en écoutant la musique. Il y avait environ cent quarante personnes et, bien que je n'aie dansé avec aucun cavalier formidable, j'ai passé un bon moment et n'ai pas eu à *supporter* de cavalier ennuyeux. J'ai soupé à la table de PE, dans une pièce à colonnade où je n'étais encore jamais allée. La robe de PE était de loin la plus belle de la salle bien qu'il y ait là des tas de filles magnifiquement habillées. Ça s'est fini vers quatre heures.

Nous avons soupé de nouveau, puis la famille royale est repartie vers la salle de bal pour saluer les invités tandis que le jour se levait.

Jeudi 21 juin

Je me suis levée à dix heures et j'ai pris le petit-déjeuner avec Maman qui veut que je suive une formation de secrétaire cet hiver : cette perspective est si *nouvelle* qu'à moins d'avoir un véritable intérêt ou de vraies dispositions, on ne peut que *se laisser porter*. Le seul rôle pour lequel je suis taillée, Dieu semble toujours m'en priver. PE et Crawfie doivent bien se douter que ça m'a traversé l'esprit et je n'arrive pas à savoir si c'est ma jeunesse, ma religion, mon absence de titre ou simplement mon inexpérience qui joue contre moi.

Jeudi 28 juin

La nouvelle lubie de Maman, et qu'elle prend au sérieux, c'est d'acheter une maison aux Bahamas pour pouvoir s'y réfugier en cas de problème. Elle est désormais si profondément convaincue que l'Angleterre est devenue *dangereuse* qu'il est inutile de discuter avec elle. Au Queensmead à huit heures : tout le monde était contrarié et de mauvaise humeur. Tension insupportable. Me suis changée pour aller à la leçon de dessin, puis promenade sous la pluie avec PM et Toni. PE là pour le thé. M'a dit qu'elle avait aussi été invitée au week-end du 28 mais qu'elle n'était pas sûre de pouvoir s'y rendre. Je l'ai suppliée de faire en sorte que oui. Ce serait une bonne chose pour elle qui ne part jamais, hormis en famille, de se montrer en train de s'amuser dignement. Dans cette atmosphère calme et sereine, j'ai retrouvé confiance et apaisé ma crainte de l'avenir au contact de ces gens qui l'affrontent sans peur, avec une force tranquille, le sens du devoir, le souci de s'attirer l'affection et le respect en se comportant simplement et dignement. C'est parce qu'ils ne sont en rien excentriques qu'ils donnent l'impression d'être solidaires et endurants, autant de qualités innées et prisées du peuple britannique.

Jeudi 5 juillet

En voiture au Château pour la leçon de dessin. Puis promenade avec les princesses et Crawfie. Il faisait à nouveau chaud et nous nous sommes assises dans l'herbe, mais PE est restée pensive et silencieuse.

Jeudi 12 juillet

Bicyclette, dessin. PM et moi avons dessiné une bergère d'après une statuette du Straffordshire. Je me suis ensuite rafraîchie dans la chambre de PE où j'ai vu une immense photo du prince Philip trôner sur la cheminée, mais il n'y avait pas de dédicace.

Lundi 16 juillet

Reçu une autre lettre de Joe Dormer qui m'invite à dîner durant sa permission. Pourquoi n'est-ce pas quelqu'un d'autre ?

Mardi 24 juillet

Travail jusqu'à trois heures et quart, puis bicyclette jusqu'au Château. Attente dans la cour carrée avec les Philipps. Les princesses et Crawfie sont sorties et nous sommes montés dans la voiture à cheval pour aller au Royal Lodge. Journée parfaite, bonheur parfait. Promenade dans le jardin en attendant que le thé soit servi dans l'herbe sous un immense parasol. On a lancé un canot pneumatique dans la piscine et je me suis emballée en disant que j'y monterais avec Jackie P. Résultat, il s'est rempli d'eau et tout le bas de ma robe était *trempé* ! Crawfie a dû me *l'essorer* puis elle a séché sur moi. Mais tout le monde a rigolé. Deux autres garçons ont ensuite navigué avec plus de succès ! La soirée s'est passée agréablement et tranquillement. On est rentrés se préparer pour le dîner qui a aussi été servi dehors : saumon mayonnaise, poulet froid, salade et fruits délicieux. Après, on a dansé au son du gramophone sur, entre autres, *Strip the Willow* et la *Dashing White Sergeant*. PE était d'une gaieté et d'une gentillesse folles aujourd'hui. Elle s'est bien amusée. Elle m'a demandé si je voulais bien l'accompagner à Arundel samedi, ce qui est adorable et très pratique pour moi. On nous a ramenées en voiture normale, cette fois, et ils m'ont déposée au Queensmead.

Jeudi 26 juillet

Le Parti travailliste a remporté les élections avec une majorité de cent cinquante-trois sièges.

Churchill et Eden ont gardé leurs sièges. Suis montée pour la leçon de dessin, puis marche jusqu'à Frogmore avec les princesses. Rentrées pour le thé et discussion sur les élections. On a écouté les informations, notamment les accusations mesquines d'Attlee envers Mr Churchill. Quel triste jour pour lui ! Temps froid et humide au-dehors et au-dedans, réflexions mélancoliques en pensant que tout devait changer, mais qu'on passerait d'une époque sombre et difficile à des temps d'un noir abyssal. Je n'ai pas réussi à dormir en songeant à tous ces hommes qui avaient rampé pour servir leur pays et qui, à présent vaincus, devaient rejoindre les sombres rangs de l'opposition, à toutes ces masses d'ignorants qui avaient voté travailliste sans savoir ni pourquoi ni comment, en croyant que tout leur serait dû alors qu'au contraire, ils seront privés de tout.

Samedi 28 juillet

PE a appelé tôt pour dire que Jean Gibbs était malade si bien que nous irions juste elle et moi à Arundel[1], ce qui signifie que je serai presque sa dame d'honneur ! Suis allée en autobus au Château pour cinq heures. PE est arrivée et nous sommes parties. À Arundel, nous avons retrouvé Bernard, Lavinia et le reste du groupe. L nous a emmenés dans nos chambres : PE a eu la première dans le Red Passage, et moi, celle d'à côté. On s'est habillées pour le dîner : elle avec sa robe en satin blanc, moi, avec celle en

1. À Arundel pour la réception des Emmet, près d'Amberley.

dentelle bleue. Après le dîner, plusieurs voitures nous ont conduits à Amberley[1]. Lavinia est montée avec la princesse et deux hommes, moi avec John Stanley. Le bal était merveilleusement organisé et le décor somptueux : ils ont éclairé les ruines et nous avons dansé sous un immense barnum dans le jardin où on entrait en passant un petit pont de bois au-dessus d'un étang plein de nénuphars, et d'où on pouvait rejoindre la petite maison qui servait d'excellents rafraîchissements. Mais comment dire ? L'ensemble manquait d'âme et de spontanéité, à l'image de l'hôtesse, Mrs Emmet. Lavinia Emmet[2], dont c'était le vingt et unième anniversaire, était *affreuse* dans sa robe en *grosse laine* rose qui ressemblait à une robe de chambre. Nous nous sommes quand même bien amusés mais n'étions pas mécontents que la soirée se termine. En rentrant, on a filé à la cuisine manger des gâteaux, ce qui a beaucoup amusé PE, puis on a discuté au salon avant d'aller nous coucher. Je suis allée voir PE et on a encore bavardé. Je lui ai dit qu'il n'y avait pas de papier toilette, alors elle a sorti un rouleau de ses affaires et nous l'avons déroulé dans toute la chambre !

---

1. Un château médiéval et romanesque près d'Arundel dans le Sussex. Autrefois celui des ducs de Norfolk, il fut racheté en 1926 par la famille Emmet.

2. La baronne Emmet vivait à Amberley, près d'Arundel. Étonnamment pour l'époque, elle était diplômée d'Oxford. (Gloria) Lavinia était sa fille et avait l'âge d'Alathea.

Dimanche 29 juillet

Messe dans la chapelle à neuf heures. Petit-déjeuner après. La princesse a pris le sien dans sa chambre et est allée à l'église avec Lavinia plus tard. Dans l'après-midi, toute la bande a été conduite à Angmering Park pour voir l'étalon. Je n'en saisis pas trop l'intérêt, mais ici tout le monde est passionné de courses hippiques. PE aussi. On est rentrés prendre le thé et on a joué à un jeu désopilant appelé « ladida » : ça consiste à s'asseoir en cercle par terre et à se passer des cendriers d'une certaine manière. Nous avons poursuivi au fumoir qui est devenu une salle à manger et joué à un jeu très drôle appelé « Freda[1]» qui se joue à une table de billard avec deux boules. On est montées s'habiller pour le dîner : PE portait la plus merveilleuse robe noire en voile transparent avec des nœuds rouges sur les manches et à la taille. Moi aussi j'étais en noir. Les hommes nous ont attendues trois quarts d'heure le temps que nous redescendions, puis nous avons fait d'autres jeux. Le week-end aura été un grand succès : le premier séjour privé que la princesse passe seule et qu'elle a adoré. Tout le monde était ravi. Moi aussi, je suis ravie que son premier dîner et sa première réception aient eu lieu dans *notre* famille.

---

1. Le jeu a été baptisé en hommage à Freda Dudley Ward, la petite amie d'Édouard VIII avant qu'il ne rencontre Mrs Simpson.

Lundi 30 juillet

On a pris le petit-déjeuner en bas avec la princesse, puis nous sommes reparties au Château vers dix heures. Je me suis sentie subitement très mal en voiture et j'ai *dû* demander à PE de me pencher à la fenêtre si bien qu'on s'est retrouvées, elle à frissonner dans le violent courant d'air, et moi, le nez collé à la fenêtre jusqu'à Windsor, sur quoi je me suis rassise normalement en retrouvant un peu de dignité : quelle honte mais ç'aurait pu être vraiment pire !

Mercredi 1er août

La BBC a fait un très bon reportage sur la première séance du nouveau Parlement à la Chambre des communes. Quand Churchill a fait son entrée, toute l'opposition s'est levée comme un seul homme et lui a chanté « For he's a jolly good fellow » avec une telle vigueur et une telle chaleur que l'ensemble des travaillistes, bien que majoritairement écrasants, en sont restés bouche bée. Puis quelqu'un a entonné « The red flag » et tout le monde a repris en chœur. Un chœur *rugissant* dans toute la chambre. Ensuite, ils se sont tous congratulés en y mettant autant de cœur qu'en chantant ! Une telle scène ne peut se passer *qu'en Angleterre* qui, malgré tous les changements, reste toujours le même pays !

Jeudi 2 août

Bicyclette, Château, dessin.

Crawfie m'a appelée pour me prévenir que personne ne serait là pour le thé puisque les princesses étaient de sortie. PM est partie rapidement et je n'ai pas du tout vu PE. C'était la dernière leçon et c'était bien triste car elles ne seront plus à Windsor au prochain trimestre et qui sait ce qui se passera ? Et cependant je ne me résous pas à penser que c'est la fin du chapitre, une simple parenthèse due à la guerre, comme je le redoutais autrefois. La continuité est une des bizarreries de la vie : rien ne s'arrête jamais d'un coup, rien ne redémarre à partir de rien. Les vieux fils s'enroulent autour des nouveaux, les liens persistent entre *les gens* malgré les changements survenus dans l'existence, et ce sont bien *les gens* qui nous entourent qui font ce qu'est notre vie. Alors je suis partie à quatre heures en me demandant si je traversais ces pièces, dont j'avais été si familière ces cinq dernières années, pour la dernière fois.

Samedi 4 août

Travail jusqu'à cinq heures puis à sept heures, marche jusque chez les Crichton où j'ai pris un bain puis mis encore ma robe en dentelle. Brian Gething[1], J. Denny et un autre garçon sont venus. Après dîner, Barbara, Anne et moi avons mis nos gants avec l'aide de Nannie, et nous sommes parties en voiture pour le Château. Attente comme d'habitude dans la Green Drawing Room, puis en file pour le salut à la famille royale dans la Red. Le Roi portait son uniforme de la

1. Brian Gething était le neveu de Lady Joan Philipps, née Fitzwilliam, et avait l'âge d'Alathea. Leurs familles essayaient régulièrement de les rapprocher mais en vain.

Marine, la Reine une robe en tulle gris, la duchesse de Kent une somptueuse robe à la grecque en dentelle, et les princesses, respectivement une robe en dentelle et une robe d'organdi, toutes deux roses. La première personne à qui j'ai parlé était Lady Hyde[1], elle m'a demandé si je me plaisais à Arundel et a dit : « Vous étiez dame d'honneur. » Une phrase qui m'a réjouie et rassurée car je craignais de n'avoir été *pour eux* que l'accompagnatrice du moment de PE. Il n'y avait pas plus de cent vingt personnes. Une cornemuse jouait pour nous des quadrilles écossais *fabuleux* et on a pu sortir sur la terrasse toute la nuit où il faisait si bon. John Stanley m'a invitée deux fois à danser, tout à fait de son plein gré : il a l'air de bien m'aimer et je ne peux nier que c'est flatteur, car c'est un homme qui prête peu attention aux femmes hors de son cercle et je suis loin d'être son genre. Beaucoup de gens ne l'aiment pas parce qu'il est arrogant, mais je le préfère nettement à son frère Richard : en vérité, c'est le seul gentleman que je connaisse pour lequel j'éprouve de l'admiration. Le bal s'est achevé d'une manière inédite : l'orchestre est reparti à quatre heures sans jouer « God save the king », puis Andrew Elphinstone a joué du piano et on a mis le gramophone. Le R et la R sont repartis, ainsi que la plupart des gens, mais beaucoup n'en avaient *pas envie* et ont attendu que les princesses se retirent à *cinq* heures. Il est tout de même préférable que ça ne s'étire pas autant *en*

---

1. Lady Hyde, née Marion Glyn, était dame de compagnie de la reine Elizabeth.

longueur car tout le monde *voulait* rentrer sans savoir si c'était poli de le faire. Il faisait grand jour dehors, ce qui a conclu d'une manière un peu sordide une soirée pourtant merveilleuse.

Samedi 11 août

Mrs Woolcombe veut que je revienne pendant deux semaines au Queensmead après mes vacances. J'ai demandé si c'était *vraiment seulement* pour cette courte période et on m'a répondu que je pourrai repartir dès le 17 septembre. J'étais *abattue* à l'idée de remettre les pieds dans cet endroit de malheur alors que je m'en croyais partie à jamais et terrifiée d'être de nouveau entre leurs griffes. Ai dû aller en métro à l'appartement et m'habiller en vitesse. (Robe en dentelle imprimée.) À pied jusqu'au Dorchester où je devais dîner avec Sir Algar Howard[1], Lady Howard et leurs deux filles. PE y dînait aussi à une grande table, avec les Legh. Nous avons rejoint la salle de bal et nous sommes tous mélangés, si bien que j'ai pu saluer toutes mes connaissances et m'amuser follement. PE m'a dit que si la paix était signée avec le Japon, ce qui est imminent, ils devraient repartir pour Londres et fêter « le jour de la victoire sur le Japon » ; ils ne pourraient donc pas dîner mardi. Elle est extrêmement dynamique quand elle danse, ne s'assoit *quasiment* jamais, sans doute aussi parce qu'elle a

1. Sir Algar Howard était un lointain cousin Howard et roi des Armoiries de la jarretière.

peur de décevoir la file de prétendants qui veulent l'inviter.

Mardi 14 août

PE a appelé à dix heures pour dire qu'ils pouvaient dîner puisque la réponse officielle du Japon était retardée. Je suis rentrée à cinq heures et j'ai écrit deux lettres avant de réciter mon chapelet. Grand-Père m'a appris que Tante Gwen est *très malade* bien qu'elle ne soit pas alitée. Bernard pense qu'elle n'en a plus pour longtemps et j'en suis très triste. Zelda est arrivée à huit heures avec John Ashley-Cooper[1] qui est charmant, les princesses à huit heures et quart, et seules. PE était ravissante dans sa robe noire et PM portait celle en mousseline jaune avec les nœuds en velours vert. Elle était en grande forme et très mignonne. Je portais ma robe en crêpe vert pomme que PE n'avait encore jamais vue et qu'elle a admirée. Le dîner s'est très bien passé, après quoi on a fait des jeux. Papa était si mauvais, le pauvre chéri, qu'il en aurait été risible s'il n'avait pas été embarrassant ! John A-C a donné à cette soirée le piquant et la gaieté que seul un homme peut donner en pareilles occasions.

Mercredi 15 août

« Le jour de la victoire sur le Japon » a été proclamé à minuit ainsi que deux jours fériés. Notre dîner a eu lieu *juste à temps*, même si mon rendez-vous chez le

1. Le fils du comte de Shaftesbury.

coiffeur a dû être annulé ! Mrs Loyd est très gentiment venue chercher Z et moi pour nous emmener au Queensmead, où du travail nous attendait comme d'habitude. En service jusqu'à huit heures et demie, je suis ensuite allée écouter le discours du Roi sur le seuil d'un pub, en ville. Il y avait un de ces bruits, des gens qui trinquaient et bavardaient sans y prêter la moindre attention. J'ai fini par entrer pour mieux entendre et quand a retenti le « God save the king », eh bien *personne* ne s'est levé, pas même les soldats en uniforme ! Écumante de rage, je me suis raidie et propulsée dehors à toute vitesse. Le reste de la soirée, nous nous sommes promenées, nous avons regardé les feux d'artifice. Bien qu'il y ait du monde, ce n'était pas aussi gai ni aussi bruyant que « le jour de la victoire en Europe ». Moi-même, j'étais moins passionnée et j'ai trouvé ce jour presque mortel. L'enthousiasme initial qu'on a tous ressenti lors de la défaite de l'Allemagne s'est estompé pour céder la place aux difficultés que chacun affronte avec la paix retrouvée.

Blair Drummond, Écosse

Samedi 18 août

Le voyage en train jusqu'en Écosse m'a paru interminable. Nous sommes arrivées à Blair Drummond pour le déjeuner. On m'a donné la même jolie chambre que l'an dernier. On s'est promenées dans le jardin avant le thé. Il y faisait si chaud qu'on a toutes mis des robes en coton. Heureusement que j'en avais apporté une !

Dimanche 19 août

À Doune pour la messe. Église remplie de soldats polonais qui chantaient à gorge déployée en polonais ! J'ai fait de la tapisserie, écrit dans mon journal avant qu'on aille tous marcher près de la rivière en attendant le thé. Ensuite Mrs McGrath[1], qui séjourne ici, m'a fait monter dans sa chambre pour me montrer des photos des Bahamas, où elle s'est fait construire une maison : en vérité, c'est *elle* qui a mis cette idée folle dans la tête de Maman, qui veut absolument acheter un terrain là-bas. Je l'aime beaucoup : elle est intense, vivante, dramatique, toujours très affectée, mais très gentille. J'aime rencontrer des gens très différents car cela rend la vie plus intéressante et cela développe le caractère. Comment se fait-il que j'aie tant de succès ici alors que je n'en ai aucun dans les bals et avec les gens de ma génération ? *Je sais* que leur admiration est sincère. *Je sais* qu'ils me *comprennent*, alors qu'entre les jeunes gens et moi il y a d'insurmontables barrières qu'*ils* sont parfaitement incapables d'enjamber et, quand moi, je m'avise de le faire, je souffre et je ne suis pas à ma place.

1. Mrs McGrath était née Rosita Torr. Elle écrivait des journaux de voyage et des romans. Elle épousa Robert Forbes en 1911. Ils divorcèrent et elle épousa le colonel Arthur McGrath en 1921.

Vendredi 24 août

On a beaucoup parlé aujourd'hui de la situation en Europe, de la menace que sont les Balkans et la Russie pour l'Angleterre. Je me demande si le bonheur individuel a la moindre valeur à présent : les chagrins liés au mariage et les peines intimes semblent dérisoires et inconséquents à côté du désespoir immense que rencontre l'Europe, en particulier nous autres, la jeune génération, qui sommes jetés dans une telle insécurité qu'on ne peut faire aucun projet ni fonder aucun espoir.

Houghton, Yorkshire

Lundi 27 août

J'ai quitté Blair Drummond à mon cœur défendant. Ils sont si bons avec moi et, bien que j'aie moins de la moitié de leur âge, je suis heureuse parmi eux et me sens des leurs. Mangé des sandwichs, lu et dormi dans le train, puis pris une correspondance à Market Weighton. J'ai retrouvé Ursula James et nous sommes arrivées ensemble à Houghton. Revu ma chère Ming-Ming, qui est en forme et ravie de me revoir aussi.

Mardi 28 août

Lettre de PM me remerciant pour le coquillage rose que je lui ai envoyé pour son anniversaire. Mot très court mais très mignon.

Mercredi 29 août

Elizabeth Anne va au couvent de l'Assomption d'Aldeham, dans le Shropshire, au trimestre prochain. Cela lui réussira sûrement. C'est petit et on ne dirait pas une école.

Samedi 1er septembre

Nous sommes allées cueillir des mûres avec EA le matin. Promenade l'après-midi avec Ming-Ming. On a joué au bridge après dîner, me suis amusée. Toutes les conversations tournent autour des Pôles et des Bahamas mais je suis contente de voir que je ne suis pas la seule qui *ne partage pas* les idées noires de Maman au sujet du futur et qui désapprouve sa façon de parler de l'Angleterre comme d'un navire en perdition.

Dimanche 2 septembre

Messe à dix heures et quart. Toujours aimé cette chapelle[1]. Ensuite suis allée parler avec Ming-Ming dans la salle de jeux, laquelle m'a conseillé fermement de prendre ma vie en main sous peine de désaccords et de chagrins grandissants. Elle m'a dit que Maman me trouve de plus en plus vieille fille et chaperonne, au point qu'à mes côtés elle se sent une enfant. Je sais qu'elle me compare sans cesse à EA qui lui ressemble bien plus que moi, et qu'elle ne voit pas, ou ne veut pas voir, que j'ai un autre genre et qu'il plaît à certains. Résultat, avec elle, je perds confiance en moi et

1. La mère d'Alathea la fera détruire.

sens ma personnalité se vider tout entière. C'est une situation sans espoir et sans remède.

Cumberland Lodge

Lundi 3 septembre

Je suis arrivée à temps pour le thé. J'ai pris un bain, mis mon uniforme avant le dîner et la voiture m'a conduite au Queensmead à dix heures. Je n'étais pas trop contrariée à l'idée d'y retourner puisque c'était seulement pour deux semaines. J'ai dormi avec Zelda et nous avions beaucoup à nous dire.

Mercredi 5 septembre

Nous avons toutes passé une journée infâme à cause de cette fête de la Croix-Rouge dans le jardin, pour laquelle nous avons dû préparer des sandwichs et servir le thé sans interruption de sept heures et demie ce matin à neuf heures ce soir. Indigestion terrible à cause de tout ce pain puisqu'on a fini les restes au souper.

Vendredi 7 septembre

Discussion lugubre pendant le dîner au sujet de l'avenir de l'Angleterre. Je n'ai à vrai dire presque pas ouvert la bouche car c'était impossible *d'en placer une* avec Papa. Il me fait tellement de peine : c'est l'homme le plus triste que j'aie jamais rencontré.

Dimanche 16 septembre

Le dernier jour au Queensmead, celui que j'attends depuis si longtemps est enfin arrivé ! J'ai travaillé de huit à cinq heures et dit au revoir à tout le monde. Les adieux de cette pauvre vieille Mrs Hambrook et ceux de l'équipe de Bathurst étaient bien tristes. La domestique de Mrs Bathurst, Miss Watkins, et Fanny[1] étaient vraiment désolées de nous voir partir Z et moi, car, ainsi qu'elles l'ont toujours clamé, nous étions leurs préférées !

Lundi 17 septembre

Papa a reçu ce matin une lettre de Lady Winterton[2] à qui il avait demandé un appartement et qui lui a répondu qu'elle pouvait m'héberger dans sa maison d'Eccleston Square. Quelle gentille proposition et quel soulagement de pouvoir m'installer vraiment, même provisoirement, d'autant que j'aime beaucoup Lady W.

Dimanche 30 septembre

Je suis arrivée hier à Dyneley[3]. Tante Joey a installé son petit salon dans la chapelle et c'est adorable. Je suis allée me confesser et communier avant de

1. Fanny travaillait aussi pour Mrs Bathurst.

2. Née Cecilia Wilson, Lady Winterton était mariée au comte Winterton, qui, en tant que pair irlandais, sera membre de la Chambre des communes et plus tard ministre du Cabinet.

3. Dyneley était situé dans le Lancashire. Y vivaient sa grand-tante Joey, Lady Alice Bertie, qui était la sœur de la défunte grand-mère d'Alathea, Lady Fitzalan.

prendre un petit-déjeuner avec le prêtre. Ensuite j'ai repris ma tapisserie et discuté avec Tante J. L'après-midi, lu les journaux du dimanche à haute voix, puis longue marche dans les collines. J'adore la campagne ici, qui me rappelle notre chère maison de Derwent[1]. Cela me rappelle aussi ma dernière et très heureuse visite ici juste avant la guerre, avec les garçons[2], et cela m'attriste car nous étions si jeunes et si insouciants alors que menaçait la guerre mondiale. Qu'en est-il aujourd'hui ? Actuellement, il y a de graves tensions en Palestine, entre les Juifs et les Arabes.

Lundi 1er octobre

Perry (Worsthorne) est arrivé et nous avons passé la soirée à bavarder. Simon est déjà sur le bateau pour la Palestine.

Mercredi 3 octobre

Perry est parti. C'était triste car j'ai vraiment aimé le revoir : il est devenu très beau garçon et a beaucoup de charme. Tante Joey me dit que P est un grand admirateur de Catherine Macmillan[3].

---

1. Derwent dans le Derbyshire était la propriété de la famille Fitzalan. Elle avait été réquisitionnée sans appel pour devenir un réservoir, ce qui avait contribué à la mélancolie du père d'Alathea.

2. Simon et Peregrine Worsthorne, les petits-fils de Tante Joey.

3. Catherine Macmillan était la fille d'Harold Macmillan, futur Premier ministre. Elle épousa le politicien conservateur Julian Amery.

Personnellement, je la trouve physiquement et moralement très laide.

Lundi 8 octobre
Je suis arrivée à Houghton à cinq heures pour le thé. Il n'y avait que Maman, Grand-Père et Tante Alathea. Maman a été *bien plus* agréable avec moi cette fois : elle a dit à Ming-Ming que j'avais complètement changé avec ma raie sur le côté et que je faisais moins vieille fille depuis que je m'étais éloignée de Cumberland Lodge. Elle dit des bêtises mais c'est l'effet que produit sur elle ma nouvelle coiffure puisqu'elle détestait l'ancienne.

Cumberland Lodge

Vendredi 12 octobre
Suis allée au Queensmead. Très étrange d'y être comme une étrangère ! Mais suis bien *reconnaissante* d'en être partie car, pour leurs nouvelles équipes, elles affichent les tableaux de service au seuil des portes, ce que je n'aurais pas supporté ! Autobus, puis marche jusqu'à la maison. Lecture jusqu'à l'heure du chapelet. Me suis changée pour dîner. L'ennuyeuse futilité de la conversation ici me cause des tremblements.

Samedi 13 octobre
Suis partie en train pour Londres avec le sentiment curieux et fébrile que commence aujourd'hui

pour moi une nouvelle vie qui devrait être couronnée de succès. Je romps complètement avec mes vieilles routines et m'offre à de nouvelles possibilités. Je suis arrivée à l'appartement de Mrs Wyndham à Sloane Square à six heures. Mollie Wyndham-Quin[1] partage ma chambre, alors que je ne l'ai jamais rencontrée, mais elle est gentille. Elle a de très beaux cheveux et une peau magnifique. Nous avons eu un buffet pour dix-huit personnes, dont très peu que je connaissais, puis nous sommes allés danser au 23, Knightsbridge. Nous y sommes allés en *autobus*, ce qui m'a beaucoup amusée, et heureusement les autres passagers étaient aimables et pleins d'humour. Parmi nous, il y avait Robert Cecil : il m'a invitée à danser, et peu après Mollie m'a proposé de les accompagner au *400*. Nous y sommes restés jusqu'à quatre heures du matin, puis Mollie m'a demandé si elle pouvait me déposer à la maison puis repartir (car nous partageons la même clé) puisqu'elle *vient de se fiancer* avec Robert Cecil ! Quelle drôle de chose que la vie : je n'aurais jamais pensé il y a cinq ans, quand mon cœur s'emballait pour Robert Cecil, que j'assisterais à la soirée où précisément il ferait sa demande à une autre et qu'en plus je serais la première à être dans la confidence. Il ne doit rien y avoir de plus beau que d'être fiancée à RC. Je pense toujours qu'il est

1. Marjorie (Mollie) Wyndham-Quin était la fille du capitaine Valentine Wyndham-Quin et avait été principalement élevée en Irlande. Elle était célèbre pour sa beauté. Elle devint une paysagiste de renom.

l'homme le plus séduisant du monde : Mollie est donc sans aucun doute la jeune fille la plus chanceuse de *toute* l'Angleterre.

61, Eccleston Square

Lundi 15 octobre

Je me suis rendue à neuf heures et en autobus à Wimborne House, le service de relations internationales de la Croix-Rouge. On m'a mise dans la section Allemagne-Autriche, une bonne chose, et mon travail consiste à écrire des cartes à tous les gens qui demandent ou auxquels on demande ce qu'il en est de leur famille en Allemagne ou en Autriche. Je me suis un peu emmêlé les pinceaux mais tout le monde était très gentil et très aidant. Vu le nombre de gens qui travaillent dans la pièce, j'aurais pensé qu'ils ne s'occuperaient pas de moi. J'ai déjeuné dans la cantine située au sous-sol. La maison est belle – ou du moins a dû l'être – avec ses pièces interminables et richement décorées dans un style XVIIIe. Celle dans laquelle je travaille donne sur Green Park. Les murs sont tendus de soie rouge et son plafond est une mosaïque rouge, bleu et or. J'ai fini à cinq heures et demie et suis allée au 61, Eccleston Square, chez Lady Winterton, où je dois séjourner les prochains mois. Elle m'a montré ma chambre, et quand j'ai eu fini de défaire mes bagages elle m'a emmenée dîner dans un petit restaurant italien du quartier. Elle était très gentille mais un peu inquiétante et rien ne vaut le confort d'un chez-soi. Sans compter que dîner hors de la maison et ne pas être avec les miens m'a donné le sentiment de ne pas avoir d'amis et d'être seule au monde. Je me suis mise au lit tôt. Je suis restée assise à écrire mon journal, mon manteau de fourrure sur ma chemise de nuit en mousseline, car ma robe de chambre n'est toujours pas arrivée ! Ma chambre est vaste et confortable. Je dispose d'un téléphone et d'un bureau.

Mercredi 17 octobre

On m'a mise à la table « Tchécoslovaquie » aujourd'hui, ce que j'ai moyennement apprécié car il n'y avait que des formulaires de déportation à envoyer et pas de lettres à lire. J'ai un gros rhume et j'ai dû lutter toute la journée contre la fatigue. En rentrant, je me suis couchée directement après avoir avalé une pomme et parcouru le journal. Je me sentais mal au-delà des mots. Lady W est montée me voir : elle a été adorable et a tenu à me donner un whisky chaud et des cachets.

Vendredi 19 octobre

Travail jusqu'à six heures. Déjeuner avec Papa chez Pruniers. Il semble avoir perdu toute patience à l'égard de la vie et de la civilisation en général. C'est très douloureux pour moi et je ne vois pas comment il en sortira. J'espère que ma vie va peu à peu trouver son rythme. Je ne l'avouerai à personne mais je trouve que Londres aggrave ma solitude. Les autres paraissent avoir des centaines d'amis avec qui sortir alors que je reste désespérément seule. Je ne vois pas comment je me trouverai un mari et je préférerais de loin qu'on m'en présente un. À moi de jouer ensuite pour que ce soit un succès. J'ai toujours pensé que c'était là donner plus de chances au bonheur que de laisser cela au choix de chacun et de chacune.

Lundi 22 octobre

Vu un message de Crawfie : j'ai donc appelé et elle m'a priée de venir à la leçon de dessin de jeudi, comme d'habitude. J'avais résolument décidé de ne plus y penser, de ne pas commencer à imaginer des choses, pour éviter d'être surprise ou déçue. J'ai retrouvé Joe Dormer au Berkeley et nous sommes allés voir *Les Amants terribles* de Noël Coward, que j'ai adoré, puis avons dîné au Bagatelle et bu la bouteille personnelle de champagne de J au 400. Un champagne venu d'Allemagne. Il m'a ramenée à trois heures et demie. Passer neuf heures exactement avec Joe relève de la prouesse – il est affreux et ennuyeux – mais ça m'a permis de sortir et de lui extorquer quelques coupons ! Il a voulu qu'on sorte aussi le lendemain, ce que j'ai refusé en lui concédant un soir de la semaine prochaine.

Mardi 23 octobre

Je ne me suis pas réveillée et j'ai dû courir au travail ! J'ai fini à six heures et pris l'autobus pour Westminster pour voir le nouvel appartement de Grand-Père au 61, Westminster Gardens. Tante Magdalen et lui y passent désormais deux nuits par semaine. J'ai été agréablement surprise par l'endroit et nous y avons pris un délicieux dîner préparé à Cumberland Lodge.

Jeudi 25 octobre

En taxi jusqu'au Palais à deux heures et demie. Fait des natures mortes avec PM dans *le passage* car on n'a pas encore rétabli les fenêtres dans leurs chambres[1] et on n'y voit rien ! On a parlé dans la salle de jeux et elle m'a raconté l'Écosse mais on ne m'a pas priée de rester pour le thé car ils avaient des rendez-vous et PE n'était pas là.

Vendredi 26 octobre

Je suis désormais assignée à la table « Tchécoslovaquie », ce qui me donne l'occasion de traiter avec les Russes, les Lettons, les Estoniens et les Lituaniens, ce qui me plaît beaucoup.

Samedi 27 octobre

Travail jusqu'à une heure puis course à Windsor pour le mariage de Diana Legh. Suis allée directement chez les Crichton pour me changer. Mis ma robe verte, mon manteau marron et mon nouveau chapeau à dentelles, rubans et fleurs aux couleurs de l'automne, que je trouve très joli. On nous a placés au premier rang, juste *en face* de l'allée centrale à l'extérieur de la chapelle. Diana Legh est

---

1. Pendant la guerre et du fait des bombardements, les fenêtres avaient été barricadées.

arrivée en carrosse royal. Elle était pâle et menue et, sans être jolie, avait *très fière allure* dans sa robe en satin gris perle et son magnifique voile en dentelle retenu par un bandeau de perles. Le marié, Johnny Kimberley[1], était affreux, une vraie tête de poisson. Le Roi, la Reine et les princesses étaient à l'avant de l'église, puis ont descendu l'allée derrière la mariée mais devant sa famille, et tout le monde leur a fait une révérence. Nous sommes remontés au Château où la réception s'est déployée dans les trois salons, le rouge, le vert et le blanc, avec un buffet dans la salle à manger. Le Roi a proposé un toast auquel le marié a répondu par un discours judicieux et digne, mais sans aucun charme. J'ai parlé avec PE et revu de nombreuses amies.

Jeudi 1er novembre

Zelda est venue pour la première fois et a travaillé dans la même pièce que moi. Je n'ai pas pris ma pause déjeuner aujourd'hui puisque j'ai dû partir à deux heures pour le Palais. La leçon de dessin s'est bien passée et j'ai vu PE après : de très bonne humeur, revenant de trois jours à Newmarket. Je pense que je ne dois plus prendre le thé là-bas car elles le prennent désormais avec le R et la R, et, aujourd'hui, par exemple, aussi avec la reine Mary. C'est triste puisque nous avons vécu de bons moments – nous étions si gaies et si heureuses – mais on m'invitera peut-être à la

1. John Woodehouse, comte de Kimberley, quitta sa première femme au bout d'un an et se maria ensuite cinq fois.

faveur des voyages du R et de la R. Sans compter qu'il y aura encore certainement des réceptions.

Lundi 5 novembre

Rendez-vous au Berkeley avec Joe Dormer. Mis ma robe longue noire. Il avait commandé une Rolls et nous avons dîné au Savoy. Il devait reprendre le train pour Douvres puisqu'il lui fallait repartir en Allemagne et n'arrêtait pas de regretter de ne pouvoir rester au Savoy jusqu'à minuit avant de poursuivre au 400. Moi, j'ai apprécié la soirée justement parce qu'elle était courte ! Quel dommage que Joe soit le seul garçon qui m'invite à sortir et qu'il n'y en ait pas d'autres ! Il m'a donné douze coupons, ce qui n'est pas rien, et nous nous sommes quittés à la gare Victoria. Le pauvre garçon me fait de la peine car il a le béguin pour moi mais n'a pas de chance auprès des femmes.

Jeudi 8 novembre

À pied jusqu'au Palais. On a dessiné Crawfie mais la princesse M a dû repartir tôt et pas de PE aujourd'hui. J'attendais tant le jeudi autrefois, mais à présent, bien que je n'y renonce pour rien au monde, c'est devenu un jour triste et maussade. Au retour, j'ai dû aller à Caxton Hall chercher mon carnet de rationnement : la dame a été si désagréable avec moi que je me suis sentie encore plus seule et j'ai retenu mes larmes pendant tout le trajet de retour.

Samedi 17 novembre

J'ai appelé PE au Royal Lodge pour les inviter à prendre le thé dimanche prochain. Elle a été si gentille ! Je suis bien contente d'être ici seule et de les recevoir pour le thé le jour de mon anniversaire.

Jeudi 22 novembre

Grande excitation aujourd'hui : je suis arrivée à Wimborne House [où Alathea travaillait] et j'ai appris que des cambrioleurs avaient dérangé tous les papiers de notre pièce en en *brûlant* certains pour s'éclairer ! Heureusement, nous n'avions rien laissé de précieux dans les tiroirs. On n'a pas eu le droit de toucher à quoi que ce soit avant que la police n'arrive à cause des empreintes digitales. Il nous a ensuite fallu déplacer tous nos cartons puisqu'il semblerait que le plancher de notre pièce menace de s'effondrer à cause d'une moisissure ! PE a appelé pour nous dire que la pauvre PM s'était fait enlever l'appendice aujourd'hui : dans la salle de jeux ! En conséquence de quoi elles ne pourront pas venir dimanche pour le thé car PE devra rester à Londres. On ne l'a pas opérée en urgence et apparemment PM va bien. Je suis triste qu'elles ne viennent pas dimanche mais ce n'est que partie remise. Je suis allée en taxi chez Quaglino's où j'ai retrouvé Annabel, Charles Stourton[1] et John Wiggin pour la réception d'A qui fête ses vingt-trois

---

1. Charles Stourton, plus tard baron Mowbray, Segrave et Stourton, premier baron d'Angleterre, était un cousin de la mère d'Alathea.

ans. On a dîné, dansé et fini au 400. Un grand succès, tout le monde s'est amusé.

Vendredi 23 novembre

À six heures, je suis allée au Wigmore Hall assister à un concert pour mon anniversaire. Elizabeth Lumley est venue ainsi qu'Anne Anson et Rosemary Lyttelton[1]. C'était du Mozart et j'ai *adoré* ! J'aurais pu rester toute la nuit à écouter. On a ensuite soupé chez *Manetta's*, excellent repas, puis Skip (Elizabeth Lumley) et moi sommes rentrées en autobus. J'ai bien aimé ma petite soirée et je crois que les autres aussi.

Samedi 24 novembre

J'ai vingt-deux ans.

Travail comme tous les jours puis déjeuner avec E. Lumley au *Berkeley Buttery*. En rentrant, j'ai trouvé une belle boîte de mouchoirs blancs envoyée par Zelda. J'ai écrit des lettres et lu, puis suis sortie pour le thé car j'avais faim et froid. J'ai commencé à m'habiller à six heures et demie, avec la plus grande difficulté car les plombs ont sauté. Il n'y avait pas d'eau chaude à cause d'une grève du gaz, alors j'ai dû me laver dans une marmite d'eau bouillante ! Mis ma robe en dentelle bleue. Charles Stourton est venu me chercher et nous sommes partis chez *Quaglino's* – dîner d'huîtres – avant de rejoindre le bal de Lady

1. Rosemary Lyttelton était la fille du vicomte Chandos et la sœur de l'ami d'Alathea, Julian, qui fut tué en 1944.

Somers[1] au 23, Knightsbridge. C'était absolument fabuleux, l'un des plus beaux bals de ma vie. PE y portait une nouvelle robe en taffetas imprimé, très jolie. Elle m'a chaleureusement souhaité ses meilleurs vœux.

Cadeaux d'anniversaire

2 petites boîtes en argent, l'une simple, l'autre embossée	*Tante M*
Jupe crayon vert clair à rayures blanches avec blouse en coton blanc à dentelle ajourée	*Maman et Papa*
Jupe évasée bleu ciel	*Gpa*
Rouge à lèvres et béret	*Sonia*
4 mouchoirs blancs	*Zelda*
Barrette d'épingles à nourrice	*Billy*
Ceinture en cuir vert	*Annabel*

Dimanche 25 novembre

Pris le train de midi pour Egham et suis arrivée à Cumberland Lodge pour le déjeuner. Lettre de Maman me disant de rester ici pour Noël, ce qui

1. Lady Somers fut veuve en 1944. Sa fille unique, Elizabeth, en l'honneur de qui fut donné le bal, était l'héritière du château Eastnor dans le Herefordshire où elle épousa le commandant Benjamin Hervey-Bathurst.

m'a beaucoup déçue car je voulais vraiment le passer à Houghton ! Me suis changée pour dîner. Nous avons bu du champagne mais Papa a fait l'un de ses discours démoralisants, cette fois sur l'inutilité des cadeaux de Noël « puisque la vie n'en vaut pas la peine ». Tante Magdalen n'a pas du tout ri car elle était à court de cigarettes et a dit une chose qui m'a si profondément blessée que je n'ai pas pu me retenir et j'ai fondu en larmes. Tante M s'est tout de suite excusée mais Papa a dit : « Taisez-vous ! » Il peut être si gentil et en même temps manquer *totalement de compréhension.* Seigneur, que je suis malheureuse dans cette famille ! Pourquoi faut-il que les choses empirent ? Ma mère m'a demandé dans sa lettre si l'un de ces garçons flirtait avec moi, en m'assurant qu'il allait se passer des choses merveilleuses pour moi qui suis si bonne et si gentille. N'importe qui en conclurait que je n'ai aucune autre qualité, mais si au moins c'était vrai car je me vois comme quelqu'un de renfrogné, de fourbe et de cupide.

Jeudi 29 novembre

À pied jusqu'au Palais pour la leçon de dessin à deux heures et demie. J'ai apporté un livre à PM qui m'a priée d'entrer et de passer un moment avec elle. Elle était ravissante sur son lit au milieu des fleurs et des cadeaux.

Vendredi 30 novembre

Le monde entier est sombre, socialiste et sans espoir. J'ai travaillé jusqu'à six heures puis suis rentrée à la maison dans la nuit en allant dans le sens opposé. Que de contrariétés ! Grosse frayeur !

Mardi 4 décembre

Les journaux ne parlaient que de la visite de PE au *Bagatelle* et la montraient sous toutes les coutures au restaurant puis au théâtre. À l'occasion de la réception des Will, d'après ce que m'a dit Sonia qui le tenait de Myra Wernher. Je ne sais pas pourquoi mais je déteste que Sonia me raconte ce genre de choses.

Lundi 10 décembre

Suis rentrée à Cumberland Lodge pour la nuit. Reçu une invitation au bal de Buck House vendredi, ainsi qu'au mariage de Robert Cecil le 18 décembre. J'étais épuisée mais quel bonheur d'être à la maison !

Mardi 11 décembre

Papa et moi à Londres en voiture. Suis allée directement à Wimborne House. Lettre de Maman. Elle m'énerve à chaque ligne et encore plus depuis que je suis à Londres où je lui en veux davantage encore. Sans autre raison que la solitude dont je fais l'expérience qui me rend plus sensible et plus amère à son égard, alors que jusque-là je pouvais l'ignorer. Elle écrit : « Pourquoi les princesses ne *vous* emmènent-elles pas au théâtre ? » Je déteste qu'elle parle d'elles en ces termes d'autant qu'elle appuie là où ça fait mal, car, le lendemain matin, les journaux titraient sur la sortie des princesses en « petit comité ». Bien entendu, elles ne peuvent m'inviter chaque fois mais je redoute tellement que PE m'oublie. Ce qui m'affecte le plus car je suis fière et jalouse, c'est que les autres s'attendent à ce que je sois invitée. C'est bien ça qui me ronge de l'intérieur. C'est quelquefois terrible d'être l'amie d'une princesse*.

Vendredi 14 décembre

Ai pris un bain et suis restée sur mon lit jusqu'à huit heures et demie. Mis la robe en dentelle imprimée avec les bandeaux de velours noir et mon médaillon en cristal attaché à un ruban noir. Les Lumley sont venus me chercher en voiture et m'ont emmenée au Palais. Nous avons tous attendu dans le couloir, puis la famille royale nous a accueillis dans la salle de bal. La Reine et PE étaient en noir car Lady Southesk[1] est morte aujourd'hui. PM n'était pas là car elle n'est pas assez rétablie pour danser. Le Roi en uniforme de la Marine. Tout le monde a remarqué qu'il avait dansé longuement avec Vi de Trafford[2] alors qu'il se donne pour règle de ne jamais inviter de jeunes filles ! Il l'avait fait la dernière fois à Windsor : une victoire spéciale pour Vi qui, selon moi, la mérite car elle était de loin la plus belle fille du bal. Elle portait une robe en velours noir ornée d'une fleur blanche. Il y avait moins de monde que d'habitude, ce qui clairsemait étonnamment la piste :

---

1. La princesse Maud, comtesse de Southesk, était la fille de la princesse Louise, duchesse de Fife, et par conséquent cousine germaine du roi George V.

2. La fille de Sir Humphrey de Trafford.

beaucoup d'habituées étaient absentes comme Anne Anson, Joan Philipps (à cause de son divorce ?), Sonia, Diana Legh, Sarah Dashwood. Beaucoup de jeunes filles nouvelles aussi, tout juste arrivées dans le monde, ce qui me paraît normal. Les garçons étaient tous très jeunes. Étrange que même à ce bal-là, je ne rencontre pas d'homme qui me plaise. Il y avait deux cornemuses et on a dansé deux quadrilles. Je me suis amusée mais pas follement. J'aime de plus en plus Peter Townsend avec lequel j'ai dansé et bavardé agréablement !

Jean Gibbs était là. Malgré mes efforts, je ne me défais pas d'une jalousie profonde et douloureuse à son égard. Quelle injustice que ce à quoi j'aspire si passionnément soit accordé à quelqu'un qui s'en fiche comme d'une guigne et qui, de plus, ne connaît aucun membre de la famille royale ! Je commence à croire que je ne me suis jamais remise du coup mortel qui a été asséné au premier de mes vœux les plus chers. L'espoir que j'y fondais m'a maintenue en vie pendant si longtemps que je dois maintenant admettre ma défaite. Il m'en reste une profonde cicatrice, cicatrice que j'essaie désespérément d'apaiser et d'effacer avec un beau mariage.

Dimanche 16 décembre

Déjeuner au *Claridges Causerie*. Brita nous a rejoints (je l'ai vue hier soir), ainsi que d'autres connaissances. B est rentrée avec moi et nous avons bavardé un moment dans ma chambre. Quel plaisir de la revoir ! Elle m'a dit qu'ils projetaient sérieusement de l'envoyer en Suède l'hiver prochain et que je *pourrai* l'accompagner. Je n'ose y penser mais ce serait merveilleux.

Mardi 18 décembre

Mis mon grand chapeau marron et mes nouveaux souliers rouges pour aller au mariage de Robert Cecil et de Mollie Wyndham-Quin. En voiture avec Grand-Père et Tante M. Nous étions très bien placés et ce fut le plus joli mariage que j'aie jamais vu. Mollie était resplendissante dans sa robe de satin et de dentelle ivoire. Robert ne portait *pas* l'uniforme. Il y avait des centaines de gens, tous d'une élégance folle. Beaucoup de jolis chapeaux à plumes d'autruche. Grand-Père était insupportable, bien trop vieux désormais pour assister à ce genre d'événement.

Samedi 22 décembre

Arrivée à Cumberland Lodge à temps pour le thé. Elizabeth Anne était là, mais en réalité j'aurais préféré que *non* car je sais qu'elle déteste cet endroit et ne supporte pas que je la laisse seule une minute. J'avais une énorme pile de cartes de Noël à ouvrir, dont une magnifique des princesses avec une photo d'elles en robe du soir sur un escalier, avec couronne et initiales gravées.

Dimanche 23 décembre

EA est absolument adorable et je l'aime profondément, mais être avec elle en permanence est *épuisant*.

Elle a tellement grandi, elle ressemble de plus en plus à Maman. Nous sommes si différentes et, au fur et à mesure qu'elle grandira, j'ai peur qu'un fossé se creuse entre nous.

Mardi 25 décembre

On a tous pris notre petit-déjeuner au lit. EA est venue me rejoindre et nous avons ouvert nos cadeaux. Malheureusement sa chaussette de Noël est restée à Houghton. J'ai reçu de Papa un magnifique pot en faïence de Wedgwood rouge carmin. Maman m'a offert un vanity-case *que je n'aime pas*. EA et moi sommes parties nous promener longuement avant le déjeuner, et l'après-midi nous avons écouté le discours du Roi qu'on a trouvé parfait. Nous avons donné leurs cadeaux aux domestiques. À quatre heures, nous avons eu une bénédiction, puis ce fut l'heure du thé, sur quoi EA et moi avons fait son puzzle jusqu'à l'heure du dîner. On nous a servi de la dinde et du pudding aux prunes, du sherry et du porto, mais je me languis d'un Noël plus gai, peuplé de jeunes gens et d'enfants. C'est pour moi si lointain que j'en ai presque oublié la saveur.

Samedi 29 décembre

Zelda et moi avons déjeuné à la buvette de Green Park puis avons rejoint sa maison. Nous avons écrit dans la salle de jeux jusqu'au thé, et à six heures nous avons pris notre bain et nous sommes habillées. J'ai mis ma robe en crêpe vert pomme. Nous avons dîné ensemble, sur quoi un taxi nous a conduites à

Farnham Common où, au milieu des familles du village, se tenait le bal. Il y avait là une ou deux personnes plaisantes dont un jeune homme charmant rattaché au régiment des Life Guards. Un certain Dunlop[1], qui s'est violemment entiché de Zelda au point de la remercier pour cette exquise soirée et de souhaiter la revoir ! Z était sans aucun doute l'étoile de cette soirée : elle était fraîche, jeune et joyeuse, alors que je me sentais lasse et souffrante, à l'orée d'un nouveau rhume et totalement désenchantée. Zelda, elle, a encore beaucoup d'illusions et c'est cette naïveté qui la rend si charmante.

---

1. Malcolm Dunlop que Zelda épousera en 1954.

Postface

En mai 1945, Alathea se demandait quelles conséquences la fin de la guerre aurait sur sa vie :

« Je me demande si la famille royale restera à Windsor cet été et si la princesse Elizabeth passera l'essentiel de ses semaines à Londres. J'espère que les leçons de dessin reprendront la semaine prochaine et j'ai dans l'idée qu'ils garderont Windsor ouvert jusqu'à leur départ pour l'Écosse. Je pense que cet automne ils resteront tout le temps au Palais. Mon horizon est nuageux et incertain, comme celui d'une vie d'adulte, une vie que je mène en réalité depuis si longtemps. J'avais comme objectif la fin de la guerre, et maintenant qu'il est atteint, je me sens perdue et menacée. Que l'on soit à l'orée de grands changements, je n'en ai aucun doute, et de fait, ces changements, je les souhaite, mais quelle forme, quelle tournure prendra ma vie, je n'en ai pas la moindre idée. C'est comme se réveiller d'un long rêve en se retrouvant projeté dans une époque à des années-lumière de la sienne, de celle qui nous était familière, si bien qu'on est comme submergé par des nappes de stupéfaction et incapable d'avancer. Et dans cet intervalle obscur, le rêve lui-même, bien que passé et en aucun cas rattaché à la vraie vie, était trop réel pour qu'on l'oublie, s'étirant en longueur, de ses longs doigts froids posés en travers des décennies et des générations, tout ratatinés et tremblants alors qu'ils étaient vifs et verts, des fleurs dans un jardin qui mêlaient les pensées conscientes et inconscientes. »

Après 1945, Alathea n'eut pas une vie facile. Son rêve d'un grand mariage ne se réalisa pas car elle épousa un fils cadet en 1953, lors d'un simple mariage civil puisque son mari avait déjà été marié. Son souhait le plus cher était d'avoir des enfants, mais tristement elle n'en eut aucun. Elle me laissa entendre que si nous nous étions connues pendant les années où elle pouvait encore devenir mère, elle ne serait jamais devenue mon amie (je suis la mère de six enfants). Elle ne fut pas heureuse en ménage car son mari était difficile, mais ils restèrent ensemble et elle s'occupa de lui jusqu'à son dernier jour.

Elle ne devint jamais dame d'honneur. Était-ce parce qu'elle était catholique, rêveuse ou pas assez robuste, je l'ignore. Peut-être était-ce depuis le début un espoir erroné, bien que j'aie dans l'idée qu'elle eût été très à sa place à la cour. Elle le regretta. « Je me rends bien compte que mon journal raconte une histoire bien ennuyeuse de nos jours, écrit-elle en 1982, et eussé-je été nommée dame d'honneur de la Reine, ce qui alors me semblait à moi comme aux autres non seulement possible mais probable, cette différence aurait donné plus de valeur à ce journal. Eh bien, tant pis*, et jamais je ne m'en remettrai. »

Elle fut invitée au mariage de la princesse Elizabeth en 1947 et son journal en décrit les robes et le protocole.

Elle écrit que « la solennelle beauté du cérémonial et du cortège majestueux était certes impressionnante mais qu'elle rendait surtout hommage au bonheur grandiose de la Princesse ». Elle décrivit aussi les autres invités et la réaction de la foule dans les rues. « J'ai remarqué que la femme de Don Juan (le comte de Barcelone) était d'allure très royale avec son grand nez bourbon… dès que je suis arrivée à la maison, je me suis précipitée au balcon pour les acclamer. L'enthousiasme des foules était extraordinaire. Les gens laissaient libre cours à leur affection. Comme c'était beau à voir et quel jour merveilleux pour Lilibet ! » À la fin de la journée, elle conclut : « Mes pensées sont toujours avec PE qui voit le vœu qu'elle chérit depuis si longtemps enfin exaucé. Mais il m'est difficile de réaliser qu'elle est mariée, elle qui a toujours fait plus jeune que moi, elle qui, à Windsor, en dépit de son statut et de sa maîtrise d'elle-même, était si immature. »

Quand Alathea apprit la mort du Roi le 6 février 1952, elle en fut extrêmement bouleversée alors même qu'elle le savait malade :

> « Elle est Reine désormais et rentre immédiatement du Kenya… Je la plains de tout mon cœur, horrible nouvelle alors qu'elle se détendait joyeusement dans le pavillon de chasse… Tout ce qu'elle va devoir affronter dès lors qu'elle sortira de l'avion. Quand elle m'a écrit après ses fiançailles, elle a dit : "Il m'est aussi d'un grand réconfort de savoir que dans ces temps difficiles il y aura toujours quelqu'un vers qui me tourner." J'espère seulement qu'elle pourra compter sur lui : aucun homme ne peut espérer une

meilleure épouse, ni aucune Reine de meilleure fille, ni l'Angleterre de meilleure Reine. »

Le jour suivant, Alathea écrivit à la nouvelle Reine : « J'ai commencé par "Votre Majesté" et ne puis plus finir par un "avec toute mon affection", confie-t-elle à son journal, mais j'ai continué de la manière la plus simple possible car c'est à une amie que j'écris, une amie dont j'ai constamment perçu l'amour qu'elle avait pour son père. »

Le 8 février : « La Reine fut sacrée ce matin Elizabeth II. La pauvre, comme ce doit être épuisant et usant ! »

Alathea assista aux obsèques du Roi le 15 février depuis le deuxième étage du restaurant *Scott's* à Piccadilly :

> « Tout était si triste et si émouvant. Je n'ai cessé de penser à l'épreuve et au chagrin de cette pauvre petite Reine et de sa mère. C'est tellement au-delà d'une simple transmission de pouvoir car il n'avait que cinquante-six ans et a succombé à une existence trop exigeante pour sa constitution. Sa famille l'adorait et lui était dévouée. La jeunesse et la solitude de sa fille commandent l'admiration, le respect et l'affection du monde entier. »

Elle se rendit plus tard dans l'après-midi au mémorial du Roi dans l'abbaye de Westminster, le corps du Roi ayant été enterré à Windsor. Elle qualifia la cérémonie de « simple et raffinée ».

Alathea ne fut pas conviée au couronnement et écrit, tandis que sa mère s'y rend, parée de ses plus beaux atours : « Il était une fois où moi aussi j'aurais été invitée mais mon étoile a décliné il y a bien longtemps. » Elle regarda la cérémonie à la télévision et partit voir l'apparition de la Reine au balcon en précisant : « En dépit de la pluie, la foule était dense et les gens fous de joie. »

L'amitié d'Alathea pour la Reine perdura jusqu'à la fin de sa vie. En 1999, elle donna un petit cocktail en son honneur dans un appartement de famille situé à Ennismore Gardens. Je lui avais demandé si je pouvais l'aider à faire quoi que ce soit, par exemple les canapés, mais elle m'avait répondu qu'elle avait tout organisé avec l'aide de Marks & Spencer, comprenez que c'étaient des canapés surgelés qui auraient fait l'affaire si au moins elle les avait décongelés ! Quand la Reine arriva, Alathea ne fit qu'esquisser une révérence car elle s'était tordu la cheville en skiant. La Reine lui conseilla l'arnica. Quand la Reine s'en alla et qu'Alathea refit une révérence, la Reine dit : « Celle-ci était bien mieux que la première ! »

La dernière fois qu'elle écrivit dans son journal fut le 25 janvier 2001. Elle mourut trente-neuf jours plus tard à l'âge de quatre-vingt-sept ans.

L'autre jour, je suis allée voir le bosquet d'Alathea. C'est une petite plantation composée de six jeunes chênes que nos enfants ont aidé à disposer pour honorer sa mémoire un ou deux ans après sa mort. Les chênes se déploient à la lisière d'un bois, ici, à Milton, et poussent allègrement. Alors je lui ai parlé de ses journaux et lui ai dit qu'elle avait été la meilleure des tantes et des grands-tantes.

Alathea avec Tom et Violet,
son petit-neveu et sa petite-nièce, en 1983.

REMERCIEMENTS

J'aimerais remercier toutes les personnes sans lesquelles ce livre n'aurait jamais pu voir le jour :

Richard James qui a commencé à transcrire les journaux en 2010. Il est venu à bout de quatorze volumes en cinq ans, ce dont je lui suis extrêmement reconnaissante.

Charlotte Mosley dont j'ai suivi les précieux conseils et qui m'a orientée vers Zuleika.

Tom Perrin pour son enthousiasme, sa gentillesse et sa diplomatie. Rowena Webb, Karen Geary et Ian Wong qui, chez Hodder comme chez Stoughton, m'ont inlassablement encouragée.

Lesley Hodgson pour son aide en matière de photos et Mouse Vickers pour son savoir-faire iconographique. Hannah Gates pour avoir persuadé Alathea et avoir toujours cru en son talent d'écrivain. Elle s'est toujours montrée serviable et astucieuse. Eleo Carson pour son agréable compagnie, ses conseils éditoriaux continuels et avisés. Sarah Molloy pour le temps qu'elle m'a accordé et le mal qu'elle s'est donné. Florence Houston pour son plan fabuleux.

Philip pour son intelligence, son anglais parfait, son soutien technique et son infatigable capacité à corriger mes fautes de langue. Et mes enfants, pour l'intérêt et la sollicitude qu'ils me portent.

Enfin, j'aimerais remercier Celestria Noel qui, en plus d'être une amie, aura été une partenaire de travail exquise et professionnelle, toujours à l'écoute, toujours là pour m'épauler et partager avec moi les décisions difficiles.

Isabella Naylor-Leyland
Juillet 2020

CRÉDITS ICONOGRAPHIQUES

Cahier photos

Avec la permission de *Country Life*, 1947 : page 4, en haut.

© Lisa Sheridan/Studio Lisa/Getty Images : page 4, au milieu ; page 5 : en bas.

© Royal Collection Trust/Tous droits réservés : page 7, en bas.

© William Hustler et Georgina Hustler/National Portrait Gallery : page 8.

Toutes les autres photographies font partie de la collection privée de l'autrice.

Chapitres

Collection de l'autrice :

Page 16 : portrait d'Alathea pour son dix-neuvième anniversaire, 1942.

Page 170 : invitation à la cérémonie de décoration de la princesse Elizabeth faite colonel des grenadiers, 1942.

Page 242 : photo de groupe au Queensmead, 1943.

Page 294 : carton d'invitation à un bal au château de Windsor, 1944.

Page 358 : une page manuscrite du journal d'Alathea, 1945.

Page 424 : Alathea avec son petit-neveu et sa petite-nièce, 1983.

Autres sources :

Table

PAPIER À BASE DE FIBRES CERTIFIÉES

Le Livre de Poche s'engage pour l'environnement en réduisant l'empreinte carbone de ses livres. Celle de cet exemplaire est de :
300 g éq. CO_2
Rendez-vous sur www.livredepoche-durable.fr

Composition réalisée par PCA

Achevé d'imprimer en France par
CPI BRODARD & TAUPIN (72200 La Flèche)
en septembre 2022
N° d'impression : 3049692
Dépôt légal 1re publication : octobre 2022
LIBRAIRIE GÉNÉRALE FRANÇAISE
21, rue du Montparnasse – 75298 Paris Cedex 06

70/2318/8